Disney
Un capitalisme mondial du rêve

Alexandre Bohas

Disney
Un capitalisme mondial du rêve

Préface de Philip G. Cerny

L'Harmattan

© L'Harmattan, 2010
5-7, rue de l'Ecole polytechnique ; 75005 Paris

http://www.librairieharmattan.com
diffusion.harmattan@wanadoo.fr
harmattan1@wanadoo.fr

ISBN : 978-2-296-11310-7
EAN : 9782296113107

Collection Chaos International
contact@chaos-international.org
Dirigée par Josepha Laroche

Comité de lecture
Thomas Lindemann, François Manga-Akoa,
Frédéric Ramel, Jean-Jacques Roche
et Catherine Wihtol de Wenden

Désordre, violences, chaos... ainsi est-on tenté de qualifier ce qui se joue aujourd'hui sur la scène mondiale.
Ce **Chaos International** laisse l'observateur souvent démuni, sinon désemparé, devant ce qui semble se dérober à l'entendement.
La collection **Chaos international** offre à ses lecteurs des grilles de lecture qui permettent de dépasser une simple approche événementielle et descriptive des relations internationales. Dans un style clair et accessible, ses ouvrages analysent les nouveaux enjeux transnationaux et restituent le processus de mondialisation dans sa complexité.
Avec **Chaos International**, les éditions L'Harmattan s'engagent à publier sur les grands enjeux internationaux, des grilles de lecture claires et accessibles aux non-spécialistes, sans pour autant céder sur l'essentiel, à savoir la qualité épistémologique des ouvrages.

Turmoil, violence, chaos – these are the words we are inclined to use when characterizing the current state of world affairs.
Faced with today's **International Chaos**, we often react with bewilderment – indeed with hopelessness – before a perplexing reality seemingly impossible to grasp.
In response, the **International Chaos Series** offers readers an indispensable framework of analysis that goes beyond the simple descriptive approach to international events. Clearly written and accessible to the non-specialist, this series critically investigates the opportunities and risks of the new transnational order and reappraises the complex process of globalization.
With the focal point of **International Chaos** on today's most pressing international dangers, the publishers at L'Harmattan promise a series that is both accessible to general readers and grounded in the most recent and empirical research.

Déjà parus

Annelise Garzuel, *L'Allemagne aux Nations Unies. Une diplomatie modeste*, 2009.
Hervé Pierre, *Le Hezbollah, un intrus sur la scène internationale ?*, 2008.
Auriane Guilbaud, *Le Paludisme. La lutte mondiale contre un parasite résistant*, 2008.
Josepha Laroche, Alexandre Bohas, *Canal+ et les majors américaines*, 2ème éd., 2008.
Cyril Blet, *Une Voix mondiale pour un Etat. France 24*, 2008.
Guillaume Devin (Éd), *Faire la paix*, 2005.
Léa Durupt, *Notation et environnement*, 2005.

Remerciements

Je tiens à exprimer ma très grande gratitude à Madame le Professeur Josepha Laroche sans qui je n'aurais pas pu mener à bien ma thèse puis ce livre. Au cours de ces quatre années, son soutien, ses encouragements et ses conseils ont été absolument essentiels.

Sommaire

Préface 13
Introduction 19

Partie I
L'imposition d'une économie-monde des divertissements 29

Chapitre I
Un capitalisme du septième art dans le cinéma-monde 31
1. L'*ethos* hollywoodien des divertissements 31
2. Les stratégies d'expansion du cinéma-monde 50

Chapitre II
L'emprise hollywoodienne sur les marchés médiatico-culturels .. 79
1. L'intégration d'Hollywood dans des stratégies globales 79
2. Les *majors* au cœur de l'économie mondiale 94

Partie II
La constitution mondiale de symboliques commerciales 125

Chapitre I
L'émergence d'une économie des divertissements 127
1. La civilisation hollywoodienne des loisirs 127
2. Les contraintes symboliques des *majors* 142

Chapitre II
Vers une structuration hollywoodienne des imaginaires ? 173
1. Une diffusion transnationale des narrations cinématographiques ... 173
2. Une appropriation aléatoire de l'*American Way of Life* 196

Conclusion 219
Bibliographie 229
Glossaire 233
Index des noms de personnes citées 235
Index des noms d'auteurs 237
Index analytique 241
Table des matières 247

Préface

Je suis un enfant des années cinquante, époque au cours de laquelle notre culture et nos imaginaires ont été transformés par l'irruption de la télévision. En 1954, quand ma mère a acheté notre premier téléviseur, le principal loisir, pour un enfant de huit ans comme moi, consistait à regarder le nouveau programme *The Disney Hour*. Quelques mois plus tard, en 1955, notre connaissance de l'histoire américaine devait tout au film *Davy Crockett, King of the Wild Frontier*. Peu après, mes camarades et moi, nous regardions chaque après-midi *The Mickey Mouse Club*. Je me souviens encore de la plupart des paroles qui accompagnaient le refrain musical. Alors que le parc Disneyland venait d'ouvrir à Los Angeles, la firme Disney combinait films et programmes télévisés, commençant ainsi tout juste d'atteindre le *summum* de son pouvoir culturel. L'adaptation à ce nouveau média s'est révélée cruciale pour la domination de ses imaginaires sur la jeunesse américaine et plus tard la jeunesse mondiale. En fait, la génération du *baby boom*, c'est la génération Disney.

Dans cet ouvrage, Alexandre Bohas analyse ce processus en détail avec l'émergence et le développement du phénomène Disney, sa diffusion, sa capacité à captiver le public et ses défis actuels dans un monde globalisé. Événement aussi bien économique que culturel, américain que global, Disney représente un acteur essentiel pour qui veut comprendre le monde d'aujourd'hui. À cet égard, la question la plus ardue concerne le débat opposant matérialisme et idéalisme dans la relation existant entre le politique et l'économique. Elle ne se réduit pas en effet au clivage droite-gauche. Par exemple, les libéraux et les marxistes sont souvent taxés de déterminisme économique parce que – comme l'a expliqué Nicos Poulantzas – les uns comme les autres considèrent le critère économique, déterminant en dernière instance. De même, les thèses sur le pouvoir des idées émanent-elles de tous les courants idéologiques. Ainsi, Antonio Gramsci pensait-il que la prépondérance du capitalisme provenait, non seulement du pouvoir économique, mais aussi de l'hégémonie culturelle, tandis que des critiques conservateurs dénonçaient le caractère idéologique de la notion de *politique de classes*.

Alexandre Bohas traite de la manière dont nous – les chercheurs en sciences sociales – expliquons grâce à l'Économie politique internationale, les relations entre le monde matériel et celui des idées. La *commodification*[1] et la magie des imaginaires deviennent alors parties prenantes d'un même mouvement dialectique et non de simples alternatives. Elles sont inextricablement enchevêtrées au cœur d'un processus schumpétérien de destruction créatrice et d'innovations incessamment renouvelées, inhérent au capitalisme. S'y mêlent tour à tour le rationnel et l'émotionnel – deux dimensions évoquées par le général de Gaulle dès les premières lignes de ses *Mémoires de guerre* – comme les capacités profanes de produire et les moyens sacrés d'imaginer et de créer le futur. La clé de cette influence sociale demeure la familiarisation, ce qui signifie non seulement l'assimilation et l'appropriation personnelle des symboles, mais aussi leur intégration consciente et/ou inconsciente dans nos comportements ultérieurs.

Dans notre monde globalisé, la machine de production culturelle des États-Unis n'est pas toujours ce qu'elle semble être. Comme Alexandre Bohas le démontre dans son analyse minutieuse et perspicace, la tension dynamique – et non peut-être la seule contradiction – entre les entrepreneurs culturels, scénaristes, animateurs, designers et professionnels innovants d'une part, et les bureaucrates des conglomérats hollywoodiens d'autre part, détermine des transformations sociales qui produisent paradoxalement homogénéité et hétérogénéité, convergence et diversité. Ces frictions permanentes s'apparentent au postfordisme en action –, non pas celui symbolisé par la chaîne d'assemblage – mais plutôt celui de la production flexible, de l'imagination créatrice et de l'action humaine.

---

1. La transformation des relations sociales en marchandises ou en relations d'échange (note du traducteur).

Parfois ce phénomène peut se révéler très discontinu. Entre les années vingt et quatre-vingt, la propre vision de Walt Disney a suffi à assurer sa cohérence. Naturellement, au cours de toute cette époque, elle a dû être façonnée, interprétée et mise en oeuvre par des collaborateurs loyaux, fidèles et acquis à l'éthique de la magie. Ces derniers ont ainsi stimulé et formé les imaginaires de la jeunesse pendant au moins deux générations. Certes, cela ne s'est pas accompli dans le vide bien sûr. En fait, ce mouvement s'est développé dans le contexte d'un consumérisme croissant – la force dominante du capitalisme – en particulier avec la *modernisation* qui a considérablement augmenté le temps de loisir tout au long du XXème siècle. Il en a résulté une magie culturelle, chargée d'émotions et non une simple facilité matérielle. Ceci a conduit à la pénétration culturelle par les États-Unis, de larges parties du monde et à la cristallisation du *village global*, pour reprendre l'expression de Marshall McLuhan.

Néanmoins, ce processus s'est intensifié avec la course accrue au profit maximal dans un marché global. Il s'est aussi accentué avec l'apparition d'un nouveau type de consommateurs, des enfants et des adolescents qui se lassent de plus en plus vite des programmes Disney. À cela s'ajoutent le vieillissement de la génération du *baby boom* et le foisonnement des nouvelles technologies, notamment des effets spéciaux et de l'animation numérique. Dans les années quatre-vingt-dix et deux mille, la compagnie Disney elle-même a été traumatisée par sa financiarisation, le rapide *turn-over* de ses équipes, sa dépendance grandissante à l'égard des produits et activités dérivés – les parcs à thèmes, les vêtements et les jouets – et plus encore par l'échec de ses dirigeants qui ont vainement tenté d'emprunter une orientation créative.

Burbank[2], s'est hollywoodianisée. Mais elle n'a pas pu le faire aussi efficacement que les autres *majors* concurrentes et ses rivaux de taille plus réduite, tels que les firmes spécialisées,

---

2. Nom de la ville où se trouve le siège de la compagnie. Par métonymie, il renvoie ici à la firme Disney elle-même (note du traducteur).

Pixar ou Miramax. L'expérience Disney – dont le succès est dû à la synergie existant entre des contenus audiovisuels d'une part et des activités interactives comme les parcs à thème, d'autre part – a désormais perdu son emprise sur les imaginaires sociaux de l'Amérique et du monde. La familiarité avec l'univers Disney s'est réduite car la firme s'est laissé dépasser par le phénomène qu'elle a elle-même initié, à savoir la dialectique du consumérisme, de la technologie, de la magie et de l'imaginaire présents dans la vie quotidienne. À l'évidence, en essayant de s'adapter à des marchés plus segmentés, la marque Disney a pris le risque de paraître démodée et peu attractive aux yeux des jeunes.

Toutefois, le pouvoir idéologique et social de Disney demeure encore profondément ancré dans le psychisme des habitants du *village global*. Comme Alexandre Bohas le montre, une combinaison unique de simplicité et de complexité lui permet d'être intégrée, reformulée et finalement appropriée par les autres cultures, sans pour autant miner ces dernières qui essaient toutes de s'adapter à la mondialisation. Elle transcende la simple *commodification*, l'occidentalisation et la capitalisation, précisément grâce à la magie qu'elle cherche à incarner, transformant la vie de tous les jours en une expérience émotionnelle durable, tant individuelle que collective.

Dans cette logique, la *Disneyfication* désigne autant l'américanisation et le consumérisme – selon la problématique gramscienne de l'hégémonie culturelle d'un capitalisme mondialisé et néolibéral – que l'appropriation par les cultures nationales d'un patrimoine transnationalisé. Fausse conscience ? Peut-être. Mais quelles sont les frontières de la vraie conscience, quand des gens peuvent créer leur propre avenir à travers des idées et des imaginaires ? La *Dysneyfication* s'avère paradoxalement et simultanément nationale et globale. La question ne se limite pas par conséquent au *néoimpérialisme* d'un Ariel Dorfman et d'un Armand Mattelart exposé dans *Donald l'imposteur ou l'impérialisme raconté aux enfants*. Elle ne se réduit pas davantage à la critique culturaliste d'un Douglas Brode.

Au contraire, Donald Duck, Riri, Fifi et Loulou, résistant à l'éthique matérialiste du richissime Oncle Picsou, témoignent de notre propre effort pour comprendre le monde globalisé et fluctuant du XXIème siècle. Aussi, quel que soit le sort de Disney comme modèle de firme, son héritage reste-t-il profondément enraciné dans le psychisme des Américains et dans celui des hommes du monde entier. Alexandre Bohas a fait un merveilleux travail de recherche qui nous montre les coulisses de Disney et par-delà ces dernières, celles parfois confuses, mais toujours puissantes du *rêve américain*. Il a su en révéler les tensions et les paradoxes, ainsi que la centralité dans une économie politique mondiale en mouvement constant.

Pour reprendre les paroles de la chanteuse américaine, Nanci Griffith, dans *It's a Hard Life* : « *J'étais un enfant des années soixante, quand les rêves étaient façonnés par la télévision, celle de Disney, Walter Contkrite et Martin Luther King. Oh j'y croyais, j'y croyais, j'y croyais. Maintenant je suis assise à l'arrière de la voiture Amérique et je ne la contrôle pas* ».

Philip G. Cerny

Traduit par Josepha Laroche

Introduction

Seule *major* historiquement fondée sur les dessins animés, Disney représente aujourd'hui une vaste entité dirigée, depuis Burbank, en Californie. De nos jours, elle emploie de manière permanente 133 000 personnes, tandis qu'elle a enregistré un chiffre d'affaires de 37,8 milliards de dollars en 2008. Elle se compose de quatre pôles : Studio Entertainment (20% du chiffre d'affaires) qui regroupe toutes les filiales liées directement au septième art ; Media Networks (42%) devenu une composante centrale et rassemblant les instruments de diffusion télévisuelle. Enfin, Walt Disney Parks and Resorts (30%) et Consumer Products (8%), en charge des produits dérivés représentant une part considérable de l'activité. Les revenus nets d'exploitation se sont élevés à 8,4 milliards de dollars dont 56% proviennent de l'audiovisuel, 13% du cinéma, 22% des parcs et 8% de la division des biens annexes[1].

Une littérature abondante et critique porte sur cette firme. Dans l'ensemble, les études académiques se sont montrées très hostiles à l'égard de ses activités[2]. Dépeinte tour à tour comme conservatrice, sexiste et commerciale, elle est devenue le sujet favori des recherches menées sur le consumérisme et le fétichisme de la consommation. Or, dresser ce constat revient à éluder l'analyse de son attrait mondial. Au contraire, de telles observations pourraient justifier un désaveu des consommateurs pour la compagnie – qui tarde pour le moins à venir. En fait, il apparaît que les chercheurs se sont davantage fondés sur leur propre subjectivité que sur ses publics. Thomas Doherty l'a constaté en ces termes : « *les spécialistes ne se sont jamais blottis [dans les bras] de Walt et de ses amis et n'ont jamais voulu une photo souvenir avec la personne déguisée en Dingo* »[3]. Aussi apparaît-il difficile pour ces derniers d'expliquer tant d'attachement et de dévotion sans recourir à des schémas simplificateurs : dénoncer la propagande et évoquer la manipulation et l'aliénation. Et pourtant, il faudrait bel et bien prendre la mesure des sentiments ressentis par les spectateurs envers les personnages Disney. Il s'avère donc nécessaire de se fonder sur un examen empirique, plutôt que d'en rester à des *a priori* négatifs.

Centrées sur Hollywood, les *majors* sont reliées par des interdépendances et des solidarités diverses, malgré de vives rivalités quant aux succès de leurs propres films. Il demeure donc nécessaire d'étudier le studio de Burbank avec ces entités car « *de par leur dépendance réciproque, [elles] sont liées entre elles de multiples façons* »[4]. Bien qu'elles aient subi de considérables transformations à la suite de recompositions sectorielles, elles continuent de former un milieu spécifique, n'hésitant pas le cas échéant à s'allier pour s'imposer mondialement. En dépit de leur relative perte de puissance et de la fragmentation des structures productives, elles restent aujourd'hui encore hégémoniques au centre des sphères audiovisuelles.

Reposant sur l'accumulation du capital cinématographique, le capitalisme culturel exploite de manière commerciale les imaginaires de ses films. Il s'appuie notamment sur les émotions que suscitent ses longs métrages sur les populations. Bénéficiant durablement de l'attrait de ses symboles, il les exploite directement ou indirectement sous diverses formes dans de nombreux domaines et ce sur plusieurs générations, ce qui décuple les opportunités de profits[5]. Il en résulte donc une concentration exceptionnelle de ressources propres à Hollywood dont la puissance s'étend au plan mondial.

Certes, cette filière capitaliste reproduit massivement ses biens, ce qui réduit prématurément leur aura, rendant nécessaire un renouvellement artistique. Bien que l'École de Francfort ait souligné la *décomposition* de l'art que produiraient ces firmes, elle a ignoré la créativité dont elles ont cependant besoin[6]. Au contraire, elle a souligné les similitudes existant entre les industries culturelles et le reste de l'économie, manquant ainsi d'appréhender leur spécificité. Reprenant à son compte les lieux communs des professionnels suivant lesquels les films ne sont produits que pour divertir et s'enrichir, ce courant de pensée a conclu trop hâtivement à la standardisation de la production, à la soumission des spectateurs et à la corruption de l'art. Or, il convient de s'interroger également sur les raisons qui ont conduit à une telle réussite dans un secteur où beaucoup d'industries nationales ont été ruinées. Il s'agit par conséquent plutôt d'identifier à travers les usages et les discours, un *ethos* particulier qui favorise un développement capitalistique par une rationalisation accrue du processus productif. Nous verrons aussi combien ces filières restent instables, marquées de manière cyclique par une destruction créatrice, propre à l'activité sectorielle. En d'autres termes, la capacité de faire émerger des imaginaires attrayants demeure un travail hasardeux, voire mystérieux. À cet égard, le milieu hollywoodien reste pleinement soumis à ces règles, bien que ses réseaux de distribution constituent des organisations durables.

Les films, les attractions et le *merchandising* hollywoodiens forment des économies, des mentalités et des modes de vie qui fondent une civilisation mondiale des loisirs. En effet, les *majors* les diffusent par les activités qu'elles promeuvent : d'une part en familiarisant les personnes à leurs symboliques, d'autre part en favorisant des pratiques particulières à travers les médias utilisés[7]. Trop souvent oubliées, sinon négligées, elles pèsent considérablement sur ce qui détermine les continuités socio-économiques, ce qui « *dicte les attitudes, oriente les choix [et] enracine les préjugés* »[8] d'ordre civilisationnel. Par ailleurs, leur enchevêtrement dans de nombreuses sphères sociales les a intégrées dans l'« *immense royaume de l'habituel et du routinier, 'ce grand absent de l'histoire'* » selon Fernand Braudel[9]. Leur pouvoir se fait sentir autant sur le plan des consciences collectives que des univers matériels, modelant le quotidien des populations se trouvant sous leur emprise[10].

Créateurs de magie et de plaisir, les biens culturels revêtent des caractères cognitifs et émotionnels qui s'avèrent centraux pour la prospérité de la firme. Leurs dimensions artistiques ont été en particulier systématiquement sous-estimées d'autant plus que leur appartenance à la culture populaire leur a valu dès leurs débuts l'opprobre des intellectuels. Or, il convient de démontrer que les capitalistes culturels bénéficient d'imaginaires narratifs dont la puissance évocatrice conditionne leur réussite et la rentabilité de toutes leurs productions, audiovisuelles comme *dérivées*.

Les firmes cinématographiques structurent les marchés et les sociétés par l'avantage concurrentiel de nature socio-culturelle qu'elles détiennent. Au lieu de se concentrer sur une hypothétique collusion avec Washington, la contribution d'Hollywood à la prépondérance américaine doit être considérée comme structurelle. Elle donne à l'État et aux acteurs non-étatiques « *la chance de trouver des personnes déterminables prêtes à obéir à un ordre de contenu déterminé* »[11] par leur capacité d'action sur *la « formation des perceptions, des cognitions et des préférences, de telle sorte que les populations acceptent leur rôle dans la logique des choses existantes* »[12]. Cette dimension renvoie à un ensemble de pratiques et domaines plus larges que le politique *stricto sensu*. Ainsi, s'agira-t-il d'observer au plan mondial le « *pouvoir structurel* » de l'Amérique[13].

Tandis que les approches stato-centrées étudient la structure des idées en matière de diplomatie, de manière générale le culturel reste encore négligé en relations internationales[14]. Lorsqu'il est toutefois abordé, il est soit assimilé d'emblée à un impérialisme, soit réduit à la question du pouvoir dans ces flux. En l'espèce, la théorie du *soft power* élaborée par Joseph Nye paraît occulter cet enjeu pourtant sous-jacent à ce type d'emprise[15]. De surcroît, la dimension individuelle apparaît ignorée. Or, les sociologues ont souligné que la mondialisation entraîne « *la compression du monde et l'intensification de la conscience de ce monde comme un tout* »[16], ce qui oblige à un détour par l'observation de la vie quotidienne afin d'analyser la globalisation des *habitus*. Cette étude consacrée à Disney s'efforcera donc d'examiner celle-ci « *et les canaux par lesquels [ses] croyances, idées et connaissances sont communiquées* »[17].

Par ailleurs, il importera aussi de se livrer à un effort de contextualisation des entreprises hollywoodiennes. En effet, elles bénéficient de ces restructurations mondiales en même temps qu'elles en constituent une de leurs matrices. Elles revêtent aussi des dimensions culturelles qui peuvent se rattacher à un mouvement de « *modernité radicalisée* » ou « *postmodernité* »[18], où les univers transnationaux se composent autant de biens que de symboliques et d'imageries multiples. Bien que les identités nationales perdurent, elles sont de plus en plus enchevêtrées avec des symboles de provenance diverse diffusés par des opérateurs privés. Ainsi sont-elles imprégnées de valeurs et de repères hétérogènes qui contredisent leur primauté et l'exclusivité[19]. Les États paraissent moins centraux que par le passé, à une époque où ils détenaient le monopole de l'arène internationale, tenant successivement les rôles d'intermédiaires, de médiateurs et de représentants de leurs sociétés. Une pluralité d'acteurs se trouve désormais engagée dans les phénomènes mondiaux où l'interétatique et le transnational apparaissent indissociablement liés[20]. Ces processus s'accompagnent aussi d'une *pluralisation* des champs[21]. Par conséquent, il s'agit d'examiner la puissance globale des firmes dont l'activité affecte aussi bien les domaines du politique, de l'économique que du culturel et du social. Autrement dit, il convient d'étudier le caractère hégémonique d'Hollywood par le prisme de Disney et de ses symboles, afin de montrer qu'en « *dirigeant* »[22] plutôt qu'en « *dominant* » la sphère mondiale, ses compagnies contribuent pleinement à la suprématie américaine.

S'appuyant sur cette prépondérance économico-symbolique, la superpuissance prévaut sur les autres nations[23]. Au lieu de considérer qu'elle se fonde essentiellement sur son gouvernement, ses diplomates et ses capacités militaires, elle doit être aussi estimée à l'aune de la structuration socio-culturelle qu'elle exerce à l'étranger par le biais de sa société et de ses entités non-étatiques. Ces dernières se livrent au plan individuel à une socialisation des populations nationales avec lesquelles elles entretiennent une proximité émotionnelle, leur conférant un avantage fondamental sur ses concurrents. Aussi, importe-t-il de montrer comment ces vecteurs du *soft power* participent à la domination américaine au même titre que le *hard power*. Contrairement aux thèses stato-centrées de l'Économie politique internationale, les suprématies économico-culturelle et politico-militaire demeurent interdépendantes : la première ne s'impose pas uniquement au terme d'une guerre décisive sur des pays soumis à un « *État hégémonique* »[24]. Autant dire que ces dimensions contribuent chacune au renforcement de la puissance.

Dans notre recherche, il faut combiner d'une part les investigations menées auprès des responsables et des producteurs ayant travaillé avec Disney, et d'autre part celles portant sur les personnes successivement spectatrices, visiteuses et consommatrices. Les premières analyses doivent traiter du processus productif d'Hollywood ainsi que de la constitution de son économie-monde[25]. Avec le cas Disney, elles étudient les ressources stratégiques dont disposent les entreprises de l'*entertainment* : leurs imaginaires. En second lieu, nous nous intéresserons à la réception de leurs biens et activités auprès des populations afin de rendre compte de leur enracinement dans les consciences collectives[26]. L'examen de leurs savoirs et de leurs comportements implique l'étude de la « *structure of feeling* »[27]. Aussi, faut-il étudier sociologiquement le *skilled individual* de James Rosenau, en fonction de ses propriétés sociales[28]. La combinaison de ces perspectives concourt à la compréhension du pouvoir global d'Hollywood.

Cet ouvrage examine donc dans quelle mesure le capitalisme culturel des *majors* contribue à la prépondérance américaine. Imposant l'*American Way of Life* et structurant les marchés, il diffuse à l'échelle globale des biens et des symboles, qui restent diversement appréciés par les populations.

Dans une première partie, nous montrerons que les capitalistes hollywoodiens ont établi une économie-monde des loisirs. Puis, dans un second temps, nous observerons qu'ils ont formé au plan mondial des symboliques commerciales.

Notes

1. Cf., The Walt Disney Company, *2008 Annual Report*, obtenu sur le site web : http://corporate.disney.go.com/.
2. Depuis l'ouvrage d'Ariel Dorfman et d'Armand Mattelart, *Donald l'imposteur ou l'impérialisme raconté aux enfants* (Paris, A. Moreau, 1976), de nombreux ouvrages ont dénoncé les agissements de la firme.
3. Thomas Doherty, « The Wonderful World of Disney Studies », *Chronicle of Higher Education*, 19 July 2006, pp. B10-B11. Pour un ouvrage sur l'ensemble des analyses, cf., Janet Wasko, *Understanding Disney : the Manufacture of Fantasy*, Cambridge, Blackwell, 2001.
4. Norbert Élias, *Qu'est-ce que la sociologie ?*, trad., Paris, Éditions de l'aube, 1991. Coll. Monde en cours, p. 10.
5. Nous entendrons par culture, un système de significations communément partagé par des populations. Cf., Clifford Geertz, *The Interpretation of Culture*, New York, Basic Books, 1973.
6. Theodor W. Adorno, « L'industrie culturelle », *Communications*, (3), 1964, p. 15.
7. Cf., Pierre Bourdieu, *Esquisse d'une théorie de la pratique*, Paris/Genève, Droz, 1972. Coll. Travaux de droit, d'économie, et de sciences politiques (92), p. 178.
8. Fernand Braudel, *Grammaire des civilisations*, Paris, Arthaud-Flammarion, 1987, p. 47.
9. Fernand Braudel, *La Dynamique du capitalisme*, Paris, Arthaud, 1985, p. 21.
10. Cf., Sharon Zukin, Paul DiMaggio, *Structures of Capital. The Social Organization of the Economy*, 2ème éd., Cambridge, Cambridge University Press, 1990.
11. Max Weber, *Économie et société*, trad., 2ème éd., t. I, Paris, Plon/Pocket, 1995, p. 95.
12. Steve Lukes, *Power : A Radical View*, 2ème éd., Londres, Palgrave/Macmillan, 1974, p. 18.
13. Susan Strange, *States and Markets*, 2ème éd., Londres, Pinter, 1994, pp. 24-25.
14. Judith Goldstein, Robert Keohane (Eds.), *Ideas and Foreign Policy : Beliefs, Institutions and Political Change*, Ithaca/Londres, Cornell University Press, 1993.
15. Joseph Nye, *Soft Power. The Means to Success in World Politics*, New York, Public Affairs, 2004. Pour une réflexion critique, cf., Alexandre Bohas, « The Paradox of Anti-Americanism : Reflection on the Shallow Concept of Soft Power », *Global Society*, 20 (4), Oct. 2006, pp. 395-414.

16. Cf., Roland Robertson, *Globalisation : Social Theory and Global Culture*, Londres, Sage, 1992, p. 8.
17. Strange, *States and Markets, op. cit.*, p. 119.
18. Sur la notion de postmodernité et de *modernité radicalisée*, cf., Mike Featherstone, *Undoing Culture : Globalization, Postmodernism and Identity*, Londres, Sage, 1995 et Anthony Giddens, *Les Conséquences de la modernité*, trad., Paris, L'Harmattan, 1994.
19. Sur l'hétérogénéité ou la complexité de la mondialisation, cf., John Tomlinson, *Globalization and Culture*, Chicago, Chicago University Press, 1999 ; Philip Cerny, Mark Haugaard, Howard Lentner (Eds.), *Power in Contemporary Politics. Theories, Practices, Globalizations*, Londres, Sage, 2000.
20. Cf., James Rosenau, *Turbulence in World Politics : a Theory of Change and Continuity*, Princeton, Princeton University Press, 1990.
21. Philip G. Cerny, « Plurality, Pluralism, and Power : Elements of Pluralist Analysis in an Age of Globalization », in : Rainer Eisfeld (Ed.), *Pluralism : Developments in the Theory and Practice of Democracy*, Opladen & Farmington Hills, Barbara Budrich Publishers, 2006, pp. 81-111.
22. Antonio Gramsci, *Cahiers de prison. 1*, Paris, Gallimard, 1996, pp. 40-54. Le savant italien distingue les classes dominantes des classes dirigeantes. Pour accéder au pouvoir – et donc dominer – celles-ci doivent au préalable exercer la direction sociale en établissant un bloc historique, avec des classes alliées, fondé sur des valeurs, des représentations et pratiques socio-économiques. Pour une approche gramscienne des relations internationales, cf., Stephen Gill (Ed.), *Gramsci, Historical Materialism and International Relations*, Cambridge, Cambridge University Press, 1993.
23. Bohas, « The Paradox of Anti-Americanism », *op. cit.* Sur la puissance culturelle de la France, cf., Joan DeJean, *The Essence of Style. How the French Invented High Fashion, Fine Food, Chic Cafés, Style, Sophistication, and Glamour*, New York, Free Press, 2006.
24. Robert Gilpin, *Global Political Economy : Understanding the International Economic Order*, Princeton, Princeton University Press, 2001, pp. 5, 21.
25. Sur le cinéma-monde, cf., Charles-Albert Michalet, *Le Drôle de drame du cinéma mondial. Une industrie culturelle menacée*, Paris, La Découverte/FEN, 1987 ; Braudel, *La Dynamique du capitalisme, op. cit.*
26. Stuart Hall, Dorothy Hobson, Andre Lowe, Paul Willis (Eds.), *Culture, Media, Language*, Londres, Hutchinson, 1980. Sur le cinéma, cf., Janet Staiger, *Media Research Studies*, New York, New York University Press, 2005.
27. Raymond Williams, *The Long Revolution*, New York, Columbia University Press, 1961, p. 48 *sq*. La « *structure of feeling* » est la « *culture d'une époque, une culture vécue à un moment et à un endroit particulier* ».
28. Rosenau, *Turbulence in World Politics, op. cit.*

Partie I

L'imposition d'une économie-monde des divertissements

Hollywood a commencé à produire des films au début du siècle dernier. Ce foyer est parvenu au succès mondial dans le septième art puis dans les loisirs. Malgré les aléas de la création, son emprise s'est avérée durable grâce à une éthique et des pratiques spécifiques qui encouragent les professionnels à rationaliser le processus productif et favorisent une accumulation du capital cinématographique. En outre, la domination de studios est maintenue par des filiales de distribution qui leur assurent un enracinement socio-économique dans les pays étrangers. Par ailleurs, la Motion Picture Association les représentant au plan juridico-politique s'efforce d'imposer sur les marchés le respect de la propriété intellectuelle et de la libre concurrence. Cette économie-monde est centrée autour de ces sociétés dont les productions constituent de véritables événements de portée mondiale.

Ces divertissements occupent une place centrale dans le reste de l'économie où leurs imaginaires sont exploités à travers des partenariats conclus avec d'autres industries. En effet, les compagnies d'Hollywood tirent profit de leur patrimoine cinématographique en l'associant à des biens produits par d'autres firmes. Ainsi, contribuent-elles à la diffusion d'une culture consumériste.

Chapitre I

Un capitalisme du septième art dans le cinéma-monde

Les *majors* forment un foyer de création à l'*ethos* particulier qui appréhende le septième art comme un simple divertissement. Contrôlant rigoureusement les créatifs, elles rationalisent les étapes de production et de distribution afin d'exploiter pleinement les films pour accumuler ainsi un capital cinématographique. Les capitalistes culturels sont parvenus à constituer une économie-monde de l'*entertainment* fondée sur de puissants réseaux de diffusion et une diplomatie mondiale.

1. L'*ethos* hollywoodien des divertissements

Malgré des reconfigurations profondes, les pratiques d'Hollywood favorisent toujours une accumulation des capacités productives. Si l'ère classique s'est caractérisée par une domination rigide des *majors*, elle a été ensuite remplacée par un système où celles-ci assument désormais les fonctions de financeurs et de distributeurs. Il convient de bien voir que ce milieu est mu par une éthique spécifique qui le conduit à rationaliser son processus créatif, ce qui le place en affinités électives avec le capitalisme.

La rationalisation incomplète de la création cinématographique. Le mode de production artistique est marqué par un effort de rationalisation qui se traduit par la recherche d'une formule, la dépersonnalisation et une définition collective de l'œuvre. Observons les logiques spécifiques qui perdurent dans le secteur, selon les époques, à travers des organisations et des comportements différents. Il se dégage en effet un *ethos* qui peut se définir comme un système de dispositions imprimant une orientation rationalisante à l'action ; structurant celle-ci en une « *conduite de vie* » (*lebensführung*)[1].

Dès les débuts d'Hollywood, ses savoir-faire témoignent d'une recherche de rationalisation sur le plan narratif et matériel[2]. Les longs métrages sont produits selon un mode de création standardisé qui décompose de manière stricte et dirigée le travail artistique avec les étapes de : 1) préproduction, 2) réalisation et 3) postproduction, ce que David Bordwell, Janet Staiger et Kristin Thompson ont parfaitement montré. Ce processus fait du producteur le maître d'œuvre depuis le scénario jusqu'à la sortie du film. Il initie en général le projet ; convainc les financeurs ; établit les relations entre les talents et les studios ; contrôle l'écriture du script ; constitue le *casting* ; supervise le tournage ; vérifie le montage. Enfin, il accompagne le lancement commercial et la distribution[3]. Il se considère donc souvent comme un créatif à part entière, au même titre que le réalisateur ou les acteurs[4]. En l'espèce, il est souvent qualifié d'« *entrepreneur créatif* »[5]. Quant aux productions, il se dégage également des récurrences : des narrations avec une causalité claire, des temps et des espaces particuliers.

Aujourd'hui, la filière hollywoodienne est toujours organisée de la sorte en dépit des fragmentations productives. Les transformations sectorielles et l'arrivée de nouveaux cinéastes n'ont pas fondamentalement bouleversé les usages et le classement des films. Certains ont démontré que « *bien que l'exploitation marketing et l'utilisation d'effets spéciaux se soient renforcées, la manière classique de faire des films n'est pas simplement une école stylistique mais un cadre par défaut pour le cinéma international* »[6]. Toutefois, la volonté rationalisatrice prend de nos jours différentes formes, comme la méthode *high concept* qui repose sur le principe d'une intrigue formulée en quelques mots. Ces derniers doivent convaincre le studio de financer le projet, puis le public d'aller le voir. De même, la multiplication des *sequels* (suites de film) populaires illustre également le désir de « *reproduire et combiner les narrations précédemment réussies* »[7]. Autant dire que le renforcement actuel des aspects commerciaux n'a fait qu'accentuer ces pratiques au sein du secteur.

Par ailleurs, les dirigeants des *majors* essaient d'établir des formules justifiant leurs choix artistiques. Alors à la tête de la Paramount, l'ancien Président-Directeur général de Disney, Michael Eisner, a élaboré à ce propos la thèse selon laquelle « *il faut favoriser le développement des idées élaborées de manière interne plutôt que de recourir à des agents et des 'packagers' hors de prix [...] une stratégie destinée à préférer les 'singles' et les 'doubles' aux 'home runs'* »[8]. Par cette référence au baseball, ce dirigeant entendait produire à un coût faible des succès modérés, plutôt que des superproductions. Autrement dit, il voulait réaliser des longs métrages sans vedette dont l'attrait se fonde sur l'originalité du sujet abordé.

De fait, Disney a lancé des productions populaires aux budgets modérés dégageant des profits considérables, où les responsables exerçaient un contrôle strict qui peut s'apparenter à un *micromanagement*. À cet égard, un scénariste confie que les dirigeants « *veulent savoir chaque petit détail ; ils sont obsédés par les choses superflues* »[9]. Ils se sont distingués également par leur redoutable capacité à négocier, comme l'a affirmé l'agent de Nick Nolte et Richard Dreyfuss. Ayant traité avec eux pour le film *Down and Under Out in Beverly Hills*, il a sévèrement décrit des managers dont « *on ne pouvait pas imaginer l'avarice* »[10].

Toutefois, voulant attirer les artistes les plus innovants en « *s'immisçant peu dans le processus créatif* », Joe Roth ainsi que ses successeurs n'ont cependant pu éviter un certain alignement sur les autres compagnies[11]. Autant dire que Disney a poursuivi une normalisation inéluctable liée à son intégration au milieu hollywoodien, finançant des superproductions et contribuant pleinement à la surenchère publicitaire, bien qu'Eisner ait prétendu le contraire[12].

Remarquons que cette rationalisation s'accompagne d'usages qui tendent à dépersonnaliser les créations cinématographiques pour que celles-ci ne résultent pas d'un seul créatif. Ainsi, tandis que le producteur reste souvent à l'origine du projet, il confie l'élaboration du script à plusieurs équipes « *pour éliminer les caractéristiques personnelles* »[13]. De surcroît, les firmes acceptent très difficilement le cumul des fonctions, qu'il s'agisse de combiner les postes de réalisateur, de scénariste ou d'acteur. Elles souhaitent plutôt rester maîtres de l'ensemble du processus productif : elles achètent les scénarios (*spec script*), les idées de films (*pitch*) et les droits d'adaptation de livres dont beaucoup ne seront pourtant jamais réalisés[14].

En outre, des logiques juridico-économiques sont introduites par le biais des avocats et des agents dont les rapports doublent en permanence les liens qu'entretiennent les professionnels du cinéma. Ce processus alourdit la conclusion des accords car « *les décisions procèdent souvent simultanément à deux niveaux* »[15]. D'une part, les talents sont conseillés par des spécialistes ; chacun ayant son champ de compétence propre. D'autre part, le personnel des studios reste très impliqué dans la réalisation des projets cinématographiques. À ce titre, il supervise la production, mais il décide aussi de financer le film au cours de l'étape du *greenlighting*. Pour ce faire, il commande des analyses plus ou moins approfondies selon le budget prévu. Comme l'a confié un responsable de Buena Vista, « *fondée sur des statistiques, le script et des études externes, chaque division économique est conduite à estimer les revenus futurs* »[16]. À cette occasion, chacun des éléments peut être modifié en matière de *casting*, tournage et post-production ; d'où les droits sur le *final cut* que détient la *major* et les *sneak previews* menés avant la sortie en salles. Autrement dit, cette séparation introduit des gestionnaires et des juristes au cœur des relations artistiques.

Les dirigeants des compagnies sont souvent soupçonnés de n'être intéressés que par le résultat financier. En l'espèce, après avoir établi comment il contrôlait le travail créatif, Adam Leipzig a déclaré qu'il « *ne se considère pas cinéaste [filmmaker]. Le rôle d'un Vice-président à la production – poste que j'ai occupé dans la firme Disney – doit être d'offrir un environnement favorable afin qu'ils [les artistes] puissent réussir leur travail [...] car en définitive, c'est leur film* »[17]. En outre, soulignons que, comme les *majors* deviennent les propriétaires du négatif, ils n'ont généralement que peu de contrôle sur leurs créations.

Toutefois, la prépondérance détenue *a priori* par la *major* peut être affaiblie par le prestige, la reconnaissance et par conséquent le pouvoir de talents tels que Steven Spielberg et George Lucas[18] car ces professionnels vedettes s'efforcent alors de garder prise sur leurs films[19]. C'est pourquoi ils montent leur société de production afin de disposer de plus d'autonomie[20].

Cette définition collective du travail artistique est radicalement opposée au cinéma européen où le caractère individuel est mis en avant. Dans cette configuration favorable à l'auteur, le producteur est soumis au réalisateur, à qui il fournit les moyens d'accomplir son œuvre. Autant dire que ce modèle conteste les limitations introduites à Hollywood. Par conséquent, on peut comprendre les difficultés que les Français y ont rencontrées. En l'occurrence, ils se sont trouvés dépossédés de leurs prérogatives et pris dans une mécanique les dépassant largement[21]. Bien que très européenne, voire hexagonale, cette conception cinématographique ne s'avère pas spécifique à ce continent. Des mouvements de protestation contre les coupes et les modifications opérées arbitrairement par les *majors* apparaissent régulièrement comme à Hong Kong, où une pétition sur internet a été signée par 9 000 personnes[22].

La formation de cet *ethos* spécifique s'explique en partie par les conditions dans lesquelles Hollywood a émergé. En effet, ce centre mondial du cinéma s'est développé hors des foyers traditionnels de création artistique. Au début du XXème siècle, un groupe de professionnels s'est implanté en Californie pour échapper au contrôle exercé par le cartel de la Motion Picture Patents Company dirigé par Thomas Edison[23]. Il comprenait pour la plupart des immigrés pauvres cherchant à faire fortune dans le milieu du spectacle. En l'occurrence, cette industrie de la culture s'est imposée en constituant le *studio system*[24], dont les manières de travailler restent encore imprégnées de cette structuration verticale de l'ère classique. Cet éloignement géo-culturel, la population atypique et cette concentration sectorielle ont engendré sur la côte ouest une éthique et des pratiques caractéristiques. Contrairement aux affinités et aux amitiés qui président selon Monique Dagnaud à la naissance d'une entreprise audiovisuelle en France, l'aspect économique est systématiquement mis en avant à Los Angeles d'où la formule : « *l'argent est la seule finalité du secteur* » (« *It is all about the money* »)[25].

Il reste même de nos jours une différence majeure entre New York et Los Angeles qui réside dans « *l'état d'esprit* » et « *l'attitude* » : le milieu new-yorkais est « *plus ouvert et entretient des relations étroites avec les arts classiques* »[26]. À ce propos, Adam Leipzig évoque sur ce point une « *vibration différente. Il y a un niveau plus élevé d'excitation et d'énergie, tandis que Los Angeles est moins intellectuel, mais travaille plus dur et plus longtemps* »[27].

Toutefois, la tentative de rationaliser la création propre à la filière californienne est condamnée à l'incomplétude car les frictions entre les studios et les créatifs demeurent permanentes. Ces tensions existaient déjà entre Walt Disney et son fidèle compagnon, Ub Iwerks. Ce dernier refusait alors de ne réaliser que les principaux dessins et de laisser à ses assistants le soin de produire les autres. En outre, il supportait mal le contrôle et les modifications arbitraires que Walt Disney exerçait sur la composition et la disposition des dessins[28].

Remarquons que, malgré le contrôle des *majors*, les budgets n'ont cessé d'augmenter à cause des stars exigeant des salaires considérables et un intéressement substantiel aux recettes. Les coûts moyens de production et de commercialisation ont atteint en 2007 respectivement, 70 et 36 millions de dollars, tandis qu'ils ne se montaient qu'à 16,8 et 5,2 millions en 1985[29]. Dans le domaine des attractions, Gérard Couturier s'est également plaint du manque de limites imposées aux créatifs : « *nous les avons laissé aller beaucoup trop loin à Disneyland Paris. D'où les coûts excessifs de construction* »[30].

Par ailleurs, se pose un problème qui concerne toutes les sociétés de l'*entertainment* : la création demeure toujours aléatoire car les conditions rendant les films attrayants évoluent continuellement. Irréductible à une simple formule, elle garde son mystère. Analysant l'échec de la superproduction Disney, *Atlantis* (2001) dont il était chargé, Igor Khait s'interroge en ces termes : « *Pourquoi soudain les histoires de Lasseter [Chef de Pixar] se sont-elles révélées davantage stimulantes que celles de Disney ? Tout à coup, celles-ci ont perdu la capacité de séduire le public [...] Et quand elle en essayait une supposée plus 'cool', ses œuvres paraissaient soudain ennuyeuses, comparées au style loufoque, joyeux et ironique de ses concurrents [Dreamworks et Pixar]* »[31].

En 1984 comme en 2005, il est apparu très difficile de remplacer les dirigeants en place bien que ceux-ci aient échoué à maintenir le studio parmi les plus innovants. Dans les années quatre-vingt, la compagnie ne s'est réellement revitalisée qu'avec l'arrivée d'une nouvelle équipe dirigée par Michael Eisner, Frank Wells et Jeffrey Katzenberg et au prix d'un millier de licenciements. Elle a alors renouvelé ses productions ; les divisions internationales et vidéo de Buena Vista ont été créées précisément à cette époque.

Si les professionnels d'Hollywood travaillent avec un sérieux et une grande rigueur, ils manifestent une croyance démesurée dans le processus créatif. Selon eux, la décomposition rationnelle et la dépersonnalisation de la création résolvent les problèmes inhérents au cinéma. C'est la raison pour laquelle Jean-François Lepetit, en bon observateur de la filière cinématographique, évoque avec finesse « *un mélange de professionnalisme et de naïveté* »[32].

Cette manière simplificatrice – quelque peu réductrice – d'aborder le septième art place les professionnels hollywoodiens en *affinités électives* avec les logiques capitalistes car elle nie l'aspect artistique des films et encourage ce faisant une certaine accumulation du capital. En effet, il s'agit de percevoir une osmose entre ces deux processus, qui : « *se sont adaptés ou assimilés réciproquement jusqu'à ce que, 'finalement un développement d'une intime et inébranlable unité s'installe'* »[33]. Elle peut tendre à un ultime degré vers une « *symbiose culturelle* » et un renforcement mutuel[34]. Autrement dit, il faut examiner la congruence plus ou moins étroite existant entre des phénomènes de natures différentes, et non un simple lien causal.

L'éthique de l'*entertainment* induit des modes de comportements similaires à ceux exigés dans la structure économique, ce qui implique une posture anti-artistique. En son temps, Walt

Disney déclarait déjà qu'il souhaitait tout simplement « *divertir et faire rire les gens [...] en leur faisant plaisir, plutôt que de se préoccuper de s' 'exprimer' ou de réaliser des créations obscures* »[35]. À l'évidence, ce profil confine à l'anti-intellectualisme. À titre illustratif, lorsque le court métrage des *Trois petits cochons* (1933) provoqua une polémique sur les valeurs diffusées par ce film, il expliquait : « *pour nous ce n'était qu'une nouvelle intrigue [...] nous avons essayé de blaguer comme pour tous les autres films* »[36]. Nul doute que, Walt Disney – mieux que quiconque – ait voulu incarner les idéaux traditionnels de l'Amérique profonde.

De nos jours, les professionnels du cinéma nient, sinon occultent, la dimension artistique de leurs longs métrages. Interrogées sur leur réussite, des figures emblématiques telles que Steven Spielberg ou Jeffrey Katzenberg affirment : « *l'essentiel réside dans une bonne histoire, nous sommes des conteurs* »[37]. Par ailleurs, l'ambition affichée se réduit à vouloir divertir et procurer du plaisir, ce que l'utilisation de termes comme *créatif* au lieu d'artiste et *entertainment* plutôt qu'art, met bien en exergue. En outre, l'aspect financier de la production est toujours souligné à travers des formules telles que « *vous valez ce que vos derniers films ont rapporté* » ou la *bottom line mentality*. Seuls les producteurs *bankable* – c'est-à-dire ceux ayant procuré des bénéfices – sont recherchés tandis que l'on considère le *box-office* et non le nombre d'entrées[38].

Les membres de l'École de Francfort n'ont pas remis en cause ce déni car selon eux : « *le cinéma et la radio ne sont plus que du business : c'est là leur vérité et leur idéologie qu'ils utilisent pour légitimer leur camelote qu'ils produisent délibérément* »[39] ; déni repris par les instances académiques[40]. Or, il s'avère pourtant indéniable que l'appât du gain ne constitue pas le seul objectif. Nous montrerons ultérieurement que Walt Disney a subi bien des déboires avant de parvenir au succès et qu'il a risqué de nombreuses fois sa fortune personnelle pour réaliser des avancées créatives telles que le premier film d'animation et Disneyland. En outre, son obsession à l'égard de l'innovation, son souci de perfection et son désir d'imposer au sein du cinéma les dessins animés comme genre à part entière, témoignent de visées bien éloignées d'une simple préoccupation mercantile.

À l'esprit artistique, est opposée une éthique du travail. Les responsables ayant entretenu des rapports avec d'autres foyers de création se plaisent à rappeler cette caractéristique. À cet égard, Igor Khait affirme que la différence entre les Américains et les Français ou les Canadiens réside dans cette morale « *qui tourne souvent à l'obsession ici à Hollywood* »[41]. « *Disney en particulier* » confie un ancien dirigeant « *présume que ses employés travaillent tout le temps. La blague menaçante de Katzenberg était de dire que s'ils ne viennent pas le samedi, ils n'auraient plus à venir le dimanche...* »[42]. Dans les descriptions de leur activité au sein de cette firme, les personnes consultées se sont toutes attachées à décrire « *l'intelligence de l'équipe, le niveau de son excellence, son efficacité à résoudre les problèmes et la concentration de ses membres* »[43]. Autant dire que, comme Disney, le milieu hollywoodien se caractérise par un grand professionnalisme.

Permettant un contrôle sur la production et une division accentuée du travail créatif, la posture antiartistique d'Hollywood encourage une véritable accumulation du capital cinématographique. Elle favorise l'établissement de structures hiérarchiques et durables, à tel point que certains ont parlé d'« *ingénierie de l'enchantement* » (*engineering of enchantment*)[44]. À cet égard, la société Disney fait figure de modèle. Elle s'est en effet montrée particulièrement disciplinée en raison de la rigueur qu'exige l'exécution des dessins animés. Bien que durant l'entre-deux-guerres elle soit restée indépendante, ses succès ont induit la formation d'une bureaucratie considérable. Ne dépassant pas à ses débuts plusieurs dizaines d'employés, ses effectifs se montaient dix ans plus tard à 200 pour atteindre en 1940, 1 200 personnes ; rien que la section effets spéciaux en comptait 60. Autrement dit, comme l'explique Watts, « *les réalisations des studios n'ont pas été l'œuvre d'un seul – aussi brillant et énergique qu'il ait été – mais plutôt d'une organisation complexe de douzaines puis de milliers d'individus extrêmement talentueux* »[45].

Une stricte séparation des fonctions et une hiérarchisation systématique ont été rendues nécessaires afin de coordonner efficacement un si grand nombre. Par exemple, les animateurs se partageaient entre ceux qui s'occupaient des héros et des actions, et ceux qui se contentaient du coloriage des fonds devant lesquels évoluaient les personnages. Puis, au sein de ces deux ordres, il y avait les maîtres, les assistants, les dessinateurs s'occupant des celluloses mineures et enfin ceux chargés du nettoyage (*clean-up artists*). Derrière l'image d'Épinal de « *la démocratie détendue de Disney* »[46], la firme, à la recherche de qualité et de discipline, connaissait en fait un processus continu de bureaucratisation.

Son fondateur est encore bien souvent qualifié d'artiste de génie alors qu'en réalité il a cessé de dessiner dès 1924. Se consacrant à des responsabilités de direction, de gestion et de promotion, il s'est davantage illustré en tant que « *chef d'orchestre* »[47] pour reprendre l'expression de Bruno Girveau. À ce titre, il devait choisir les histoires, travailler avec les scénaristes, sélectionner également des équipes innovantes, les intéresser, les stimuler et superviser leur création. Par conséquent, à la manière des Zanuck, Thalberg et Zukor, Walt Disney est parvenu à la célébrité, en dirigeant et gérant les créatifs dans le domaine de l'animation. À cet égard, il s'inscrit donc dans la lignée des figures les plus emblématiques d'Hollywood, ce que David Bordwell, Janet Staiger et Kristin Thompson ont exprimé avec un certain mépris en écrivant qu'« *il a simplement transposé dans les dessins animés des pratiques hollywoodiennes* »[48].

Sous Michael Eisner, cette volonté de travail strictement ordonné a été maintenue dans les studios Disney qui ont été décrits comme « *les plus disciplinés et les plus contrôlés, alors que les autres étaient relâchés, informels et divisés par des personnalités libres et impulsives* »[49]. Toutefois, le même dirigeant ajoute que le professionnalisme exigé par la société a conduit à « *un étroit contrôle. L'accès aux bâtiments était surveillé par des cartes électroniques. À l'époque, ce dispositif était exceptionnel à Hollywood. Il était moins destiné à protéger les individus qu'à les contrôler et à observer leurs horaires de travail* »[50].

Il faut également souligner le rôle des responsables production, *creative executives* ou *development girls*. Ces derniers sélectionnent puis supervisent les projets de producteurs indépendants que les Vice-présidents et présidents du département décident de financer. Tout au long de la création cinématographique, ces fonctions découlent des contraintes artistiques qu'entraîne l'investissement des *majors*. Comme l'explique Adam Leipzig : « *nous étions vraiment très impliqués à tous les stades du processus productif que nous dirigions de manière pointilleuse* »[51]. Représentant les studios, ces responsables se préoccupent du succès des productions, tant auprès du public que sous l'angle financier. En outre, ils forment le centre autour duquel convergent les branches marketing et distribution de la *major*. De ce fait, ils limitent l'action des artistes. Cet ordonnancement des tâches accompagne et facilite de nos jours encore l'accumulation du capital. Il se produit aussi dans les milieux de l'animation où, selon Igor Khait, « *les créatifs sont soutenus pour qu'ils soient les plus productifs possibles. L'envers de la médaille, c'est que tout le monde est surveillé de façon continue, le travail quotidien est programmé : le nombre de dessins, et le temps qu'ils passent sur chacun d'eux* »[52]. Bien que les sociétés plus réduites ne disposent pas d'une telle structuration, elles encadrent également les talents, sans toutefois détenir de nombreux départements de promotion et de diffusion. Ainsi peut-on affirmer que ce contrôle demeure commun à l'ensemble d'Hollywood, certes à des degrés divers, ce qui permet le maintien de grandes structures et l'émergence rapide de *mini-majors* comme Dreamworks.

En Europe, au contraire, particulièrement en France, les professionnels se sont efforcés d'imposer *une perception artistique* du cinéma, comme l'avaient fait au XIXème siècle les écrivains[53]. Ils ont essayé d'autonomiser le secteur, ce qui suppose la formation d'un champ où prédomine « *un jeu désintéressé de la sensibilité* » et « *l'exercice pur de la faculté de sentir* »[54] : bref l'art pour l'art. Cette revendication latente s'est radicalisée avec l'arrivée de la Nouvelle Vague qui se dressait contre la tradition de la *qualité française* et d'une conception artisanale défendue par leurs aînés. À l'instar de Baudelaire ou Valéry, les artistes ont tendance à proclamer que l'on produit grâce au métier. Ils considèrent qu'il n'y a donc pas vraiment création parce que cet acte reste spontané et disjoint de tout savoir-faire[55]. Or, se réclamant des divertissements, Hollywood n'a pas subi cette autonomisation qui déconsidère de façon générale la maîtrise technique ; contrairement aux filières du vieux continent qui revendiquent une autonomie.

Cette conception artistique du cinéma n'a-t-elle pas empêché le maintien d'organisations d'envergure. En effet, Steve Hulett a souligné qu'en matière d'animation : « *ce qui distingue Hollywood des foyers européens reste la taille des entités. Il en existe outre-Atlantique de nombreuses qui périclitent périodiquement* »[56]. Or, il faut reconnaître le manque de structuration hiérarchique en Europe.

De plus, en limitant la production en interne, la réglementation publique favorise la fragmentation sectorielle[57]. Par conséquent, il s'avère pertinent d'opposer les artisans européens aux industriels américains, comme le faisait déjà Jean Renoir quand il déclarait : « *mes difficultés à Hollywood viennent de ce que le métier que j'essaie de pratiquer n'a rien à voir avec l'industrie du film. Je n'ai jamais pu voir le cinéma sous un aspect industriel* »[58]. Ajoutons que la faiblesse de la filière hexagonale se double d'un clivage idéologique entre les indépendants et les grands groupes qui empêche la « *dialectisation des deux mondes, les transferts et la fertilisation* »[59]. Aussi, ces différences sont-elles moins dues à des raisons économiques qu'à des conceptions divergentes. Force est de constater que l'existence de ces deux lignes doctrinales radicalement différentes explique le conflit en matière audiovisuelle entre la France et les États-Unis, lors des négociations commerciales du GATT et de l'OMC[60].

La constitution hollywoodienne d'une solidarité organique. Au modèle rigide et hiérarchique des années trente, a succédé une configuration instable et fragmentée. Alors que les distributeurs se maintiennent durablement, les entités productrices se recomposent périodiquement. Désormais, une solidarité organique lie les producteurs, les artistes et les distributeurs-financeurs.

Hollywood est traditionnellement envisagée comme un oligopole qui concentre 90% des recettes en produisant trois quarts des longs métrages. Cette industrie se compose d'entreprises concurrentes qui entretiennent des relations interdépendantes de nature économico-culturelle avec leur propre *étiquette*, c'est-à-dire leur imagerie, leurs stars, leur technique et leur style. Le *studio system* de l'ère classique se caractérise par la rigidité du processus créatif. En effet, la filière se construit autour de vastes sociétés qui rassemblent toutes les étapes de production, selon un monopole vertical. En outre, l'ensemble du personnel y est durablement rattaché par l'établissement de contrats de longue durée. Le nombre de films est déterminé à New York par les états-majors du studio, ce qui contraint d'autant le milieu cinématographique. Cette hiérarchisation a notamment permis l'imposition du code d'autocensure Hays qui a prohibé les films contrevenant aux valeurs morales de l'époque[61].

Ces *majors* disposent également des réseaux de distribution internationale. Elles peuvent s'imposer rapidement grâce à des pratiques de *block-booking* et *blind-selling* par lesquelles l'exploitant se trouve contraint d'acheter des films sans même les avoir visionnés[62]. Quant à l'exploitation, elle est régie par une hiérarchie très stricte entre les salles, établie par des prix différenciés et des sorties progressives, ce qui limite d'autant la concurrence dans le secteur. Cette structuration rigide s'inscrit dans une société où les salles de cinéma offrent le loisir principal et constitue le seul média audiovisuel[63]. Ces procédés assurent des coûts faibles et des revenus minimums pour chaque sortie. À partir des années vingt, les Américains établissent des bureaux dans toutes les grandes capitales d'Europe.

Les compagnies se sont plus ou moins explicitement spécialisées dans des genres précis, « *chaque studio ayant, de manière globale, un style reconnaissable, un air de famille* »[64]. Ce phénomène s'explique par l'emploi des mêmes équipes de tournages au sein des *majors*. D'autre part, cette spécialisation résulte également d'une stratégie *firmale* de fidélisation autour de logos et de héros familiers qui sont associés à des films bien particuliers. Les capitalistes culturels ont alors entrepris la constitution d'une

« *image de marque* »⁶⁵. Par exemple, la MGM représente la *major* des stars – avec Joan Crawford, John Barrymore, Greta Garbo et Jean Harlow – mises en scène dans des fresques romanesques grâce à des professionnels de qualité.

Quant aux autres entités, elles sont considérablement marginalisées. À cet égard, Walt Disney a subi à ses débuts bien des déconvenues, à l'instar des indépendants de cette époque. Ainsi, à la suite de son licenciement de Pesmen-Rubin Commercial Art, lance-t-il plusieurs studios qui font rapidement faillite : en 1920 les Iwerks-Disney Commercial Artists et la Laugh-O-Gram Films⁶⁶. Ruiné, il décide alors de migrer en Californie durant l'été 1923. S'étant établi à Los Angeles, il obtient le 16 octobre 1923 un contrat de distribution avec Margaret Winkler et Charles Mintz pour la production des dessins animés *Alice*, puis en 1927 en association avec Universal, pour le lapin Oswald. Cependant, il découvre en 1928 qu'il ne détient pas les 26 épisodes mettant en scène cet animal, tandis que la plupart de ses animateurs le délaissent pour rejoindre Mintz. En 1928, il conclut un accord avec Patrick Powers. Malgré les succès de *Steamboat Willie* et des *Silly Symphonies*, en 1930, un conflit l'oppose à ce dernier en matière de partage des recettes⁶⁷. De surcroît, l'artiste talentueux et compagnon d'infortune, Ub Iwerks, l'abandonne pour ce distributeur.

Pourtant, avec la notoriété grandissante de ses courts métrages, il réussit à se maintenir grâce à un accord signé en 1930 avec Columbia Pictures puis, deux ans après, avec United Artists et Bank of America, bien qu'il refuse toujours l'achat de ses créations. S'étant lancé dans le premier film d'animation, il trouve en 1937 les financements nécessaires auprès de la RKO, ce qui le sauve de la faillite⁶⁸. En dépit du triomphe de *Blanche-Neige et les sept nains*, Odlum, chef de la RKO a continué à exercer de multiples pressions sur Walt Disney, au point que ce dernier a été acculé à baisser les salaires. Selon Douglas Gomery, cette décision aurait en partie déclenché, la grande grève du 20 mai 1941⁶⁹. En fait, ce n'est qu'avec la formation de la structure de diffusion, Buena Vista, que le studio est devenu autonome et durablement rentable et qu'il a pu profiter pleinement de ses œuvres.

Soulignons que l'entreprise Disney n'a pas formé une *major* au sens classique du terme, à savoir une entité intégrée verticalement de la préproduction à l'exploitation. Au contraire, elle a gardé un caractère spécifique durant les décennies au cours desquelles elle a subsisté, grâce à l'immense popularité de ses dessins animés et à la vente de produits dérivés. En cela, elle a également annoncé la période actuelle où les revenus des firmes cinématographiques résultent surtout de la distribution multimédia et d'activités annexes, comme nous allons le voir ultérieurement.

Durant l'après-guerre, des évolutions considérables ont affecté la filière, à tel point que le *studio system* s'en est trouvé atteint : les stars, producteurs et réalisateurs ont alors lancé leur propre société de production, mettant un terme aux contrats de sept ans. L'augmentation du pouvoir des syndicats a limité les profits renforçant la baisse des revenus due à la grande crise et à la guerre ; de manière externe, les actions anti-trust lancées en 1938 par le président Franklin Roosevelt ont conduit à la rupture des liens unissant les exploitants au reste du secteur. Cependant, l'arrivée de la télévision a bouleversé depuis les comportements socio-économiques des spectateurs qui ne se rendent plus à présent régulièrement dans les salles de cinéma. L'importance de ces dernières n'a fait que décroître jusqu'à devenir de nos jours une activité fortement déficitaire. Ainsi, l'économie cinématographique a-t-elle été ébranlée[70].

Les compagnies se sont retirées progressivement des domaines productifs, préférant les financer et se concentrer dans la diffusion. Elles investissent financièrement dans les films et les distribuent, sans toutefois les produire directement. Elles veulent par ce retrait, non seulement maîtriser leurs coûts, mais adopter aussi une organisation qui permette une flexibilité dans la recherche de talents et de projets. Par conséquent, elles demeurent des acteurs puissants et à de nombreux égards, incontournables. À titre d'exemple, Bill Mechanic souligne sa dépendance envers les *majors* en ces termes : « *tout ce que je peux faire, c'est acheter les droits du script, employer un scénariste et trouver le réalisateur, ce qui me donne davantage de contrôle sur la production. Mais je ne peux pas aller au-delà, tant que personne ne finance le film* »[71] ; même si, comme dirigeant de Pandemonium, il a pu conclure une ligne de crédit de 250 millions de dollars avec la Banque Impériale Canadienne de Commerce (CIBC),

En matière de film, la firme Disney s'est intégrée à Hollywood à la faveur d'un rapide essor, ce qui l'a conduite à connaître les mêmes difficultés que les autres studios. Venant de la Paramount, la nouvelle équipe de Michael Eisner a engagé dans les années quatre-vingt une politique de cinéma ambitieuse afin de hisser Disney parmi les plus grandes. L'objectif était de produire vingt longs métrages par an pour constituer une bibliothèque conséquente et « *concurrencer directement les autres majors* »[72]. Walt Disney avait lui-même lancé la production de films *live-action*, comme *Treasure Island* (1950)[73]. Cependant, ils n'ont jamais représenté qu'une part mineure de son activité.

Reprenant le label nouvellement créé, Touchstone Pictures, Michael Eisner a embauché une centaine de personnes de Paramount, à commencer par Jeffrey Katzenberg[74]. Cette entité de production a acquis sa propre autonomie à l'égard de Walt Disney Pictures grâce à l'augmentation considérable de son activité. Cette stratégie a été couronnée de succès avec des films populaires aux coûts moyens, tels que *Cocktail* (1988), *Chérie, j'ai rétréci les gosses* (1989) et *Le Cercle des poètes disparus* (1989) ; 27 des 33 premiers se sont révélés bénéficiaires, ce qui demeure exceptionnel à Hollywood[75]. En 1990, *Pretty Woman*, produit avec un budget de 14 millions de dollars, a dépassé les 463 millions de recettes en salles. Ces résultats impressionnants ont engendré une politique d'augmentation des sorties et inévitablement une baisse des exigences dans la sélection des projets, si bien qu'en 1993 la *major* a lancé plus de 40 longs métrages dont seulement un s'est révélé très réussi : *The Nightmare Before Christmas*. Par ailleurs, Hollywood Pictures a été créé le 1er février 1989 afin d'élargir son offre cinématographique. Néanmoins, cette unité n'a jamais trouvé un « *créneau créatif ren-*

table »⁷⁶, ce qui, en 1996, a conduit à sa fin en tant que structure productive.

La fragmentation du milieu hollywoodien a entraîné un champ moins rigide et stable où les *majors* se concurrencent fortement, en particulier pour l'obtention de talents ou de scripts. Leurs identités, leurs cultures spécifiques, leurs stars ainsi que leurs manières divergentes de produire se sont estompées. Fournissant des financements et des infrastructures en matière de distribution et marketing, elles demeurent centrales dans la filière. Elles reçoivent des petites sociétés sur leur *lot* (l'enceinte des studios) pour de courtes durées. Mais ces contrats sont constamment remis en cause en fonction des résultats des sorties cinématographiques, ce qui donne lieu à de multiples tractations, négociations et rivalités.

Aujourd'hui, la dichotomie canonique entre les *majors* et les indépendants mérite d'être remise en cause puisqu'elle se fonde sur une différence désuète d'ordre économique, esthétique et sectorielle. Aussi il n'est pas surprenant que pour Allen Scott Hollywood représente « *une constellation dense de nombreuses firmes et professionnels, travaillant ensemble projet par projet avec une variété d'arrangements institutionnels fournissant des services de coordination variés* »⁷⁷. Cette agglomération permet les économies d'échelle et la formation d'avantages concurrentiels. Toutefois, bien que cette analyse prenne en considération aussi bien la fluidité relative que la structuration du secteur, conserver une catégorisation comprenant les indépendants, revient à ne pas tenir compte des interconnexions complexes entre les différentes structures.

Après la mort de son fondateur, l'entreprise Disney s'est longtemps distinguée de ce milieu par son esprit singulier et une production déclinante. Comme l'a affirmé le producteur Robert Cort : « *elle vivait surtout sur ses acquis, pensait que l'animation était dépassée et attirait peu de professionnels* »⁷⁸. En réalité, dès sa création, elle a cultivé une certaine distance à l'égard de « *l'hédonisme d'Hollywood, de son star-system, et de sa capacité à mener des négociations acharnées (cutthroat dealmaking)* »⁷⁹. Cette distinction résulte certes d'une stratégie, mais aussi de l'imagination et de l'enfance de Walt Disney, résolument différentes des autres créateurs. La compagnie a donc conservé un label non renouvelé. En revanche, avec l'arrivée de la nouvelle équipe, elle a substantiellement changé, ce qui a conduit à une incontestable normalisation ainsi qu'à son intégration au sein de la filière hollywoodienne. Sa mutation structurelle a impliqué d'autres changements, « *la culture de Disney était jusqu'en 1984 très middle west, paternaliste et vieillotte* ». Elle a totalement évolué ensuite car « *ils [ses nouveaux dirigeants parmi lesquels Michael Eisner, Jeffrey Katzenberg et Frank Wells] étaient d'Hollywood, ils incarnaient Hollywood* »[80].

Il faut aussi considérer la nouvelle cohésion qui existe au centre du cinéma-monde. La rigidité du système présidait alors à l'émergence d'un processus qui s'apparente à ce que Durkheim a défini comme un ensemble « *de croyances et de sentiments communs à la moyenne des membres d'une société, [...] une conscience collective* »[81] d'où résultait un genre spécifique. La division du travail ne se déroulait qu'à l'intérieur de chacune des *Cinq Grandes* qui disposaient de tous les éléments pour organiser la production. Une *solidarité mécanique* unissait durablement les professionnels de chaque *major* ; les contrats de sept ans ne permettaient pas aux artistes de passer de l'une à l'autre. Mais la fragmentation des structures productives et l'abandon des chaînes d'exploitation ont mis fin à cette configuration.

À présent, de nombreuses sociétés s'assemblent juste le temps d'un film, remplissant chacune une fonction particulière, comme le financement, les effets spéciaux, les stars et l'assurance ; l'unité de l'ensemble étant assurée par la complémentarité de ces métiers. Tandis que les divisions *major*/indépendant et *major*/*major* prédominaient auparavant en raison d'un attachement fort des individus à l'entreprise, de nos jours au contraire les talents ainsi que les collaborateurs participent de manière indiscriminée à des superproductions commerciales et des longs métrages à l'audience plus limitée. Par ailleurs, les entités s'allient pour la distribution et la production. Mais il subsiste aujourd'hui une *solidarité organique* où la diversité des activités et des valeurs favorise les consciences individuelles.

Remarquons que les *majors* n'hésitent pas désormais à poursuivre des créations à l'extérieur du milieu hollywoodien. Dans cette perspective, les délocalisations peuvent être envisagées comme le résultat d'un changement de configuration au centre. Les personnes les plus vulnérables forment des groupes substituables par de la main-d'œuvre bon marché, tandis que les acteurs vedettes – irremplaçables – en bénéficient. Disney a financé en vain, la production de *Valiant* (2005) au Royaume-Uni et *The Wild* (2006) à Toronto. Toutefois, Steve Hulett analyse bien la précarité d'Hollywood en ces termes : « *le jour où les dessins animés réalisés en Chine ou ailleurs arriveront en tête du box-office, les animateurs américains seront vraiment menacés. Or, aujourd'hui ils n'ont rien rapporté, alors que Cars, Ice Age II, et Over the Hedge, produits aux États-Unis sont parvenus à un succès mondial* »[82].

Les compagnies se concurrencent sur tous les types de films. Elles s'engagent notamment dans des compétitions acharnées afin d'obtenir les stars et les scripts. L'homogénéisation des pratiques a conduit également à la généralisation des *blockbusters*. En mai 2007, trois superproductions coûtant plus d'un milliard de dollars sont sorties de manière presque simultanée, mettant en scène des personnages *franchisés* : *Spider-Man III*, *Shrek the Third* et *Pirates des Caraïbes : Jusqu'au bout du monde*.

On peut aussi observer des similitudes dans les inspirations cinématographiques. Ainsi, Jeff Holder se souvient-il que lorsqu'il était responsable à Hannah Barbera, une personne travaillait, avant la sortie du *Roi lion*, sur une narration analogue. Puis, le dirigeant consulté ajoute qu'en poste à Cartoon Network, il a reçu : « *en une semaine, trois personnes venues de compagnies indépendantes qui lui ont présenté des ébauches de dessins animés sur le même sujet d'une Supervache volante avec une cape* »[83]. Autant dire que le secteur hollywoodien reste un milieu très intégré malgré la fragmentation des structures productives. L'*ethos* dont nous avons parlé précédemment et la circulation permanente au sein d'un espace restreint maintient donc une forte cohésion marquée par le mimétisme et l'interdépendance.

2. Les stratégies d'expansion du cinéma-monde

Hollywood exerce son pouvoir sur les marchés mondiaux grâce au déploiement de stratégies tant politiques que socio-économiques. Ses *majors* disposent de réseaux de distribution et d'une organisation représentative au plan mondial : la Motion Picture Association.

La collaboration des grands studios dans un univers mondialisé. La prépondérance hollywoodienne est collectivement défendue au plan transnational : d'une part, la Motion Picture Association agit en faveur des *majors* sur le plan politico-juridique, d'autre part, son emprise sur la diffusion assure une assise socio-économique dans les filières nationales.

À sa création en 1922, la Motion Picture Association of America n'avait pas de visées en matière de politique étrangère. Dirigée par Will H. Hays, elle souhaitait en revanche défendre le cinéma américain contre les critiques qui l'accusaient de corrompre les mœurs, ce qui l'a conduite à instaurer un code d'autocensure stricte. Mais son lobbying a rapidement pris une ampleur internationale avec le succès de ses productions et les réactions protectionnistes auxquelles elles se sont heurtées, notamment en Europe. Cette implication grandissante à l'étranger s'est manifestée par la formation de la Motion Picture Export Association of America en 1945, renommée en 1994 Motion Picture Association. Bien que formellement séparées, la MPAA et la MPA sont en fait intimement enchevêtrées, l'une exerçant une pression constante sur les instances fédérales des États-Unis, l'autre coordonnant une action dans pas moins de 150 pays. À présent, ce trust se charge de la diplomatie des *majors* dont les seules recettes en salles se montaient en 2008 à 28 milliards de dollars, parmi lesquels 18 milliards ont été perçus hors de l'Amérique du Nord[84]. Son agenda est dominé par l'expansion du cinéma-monde hollywoodien qui se trouve principalement menacé par le mouvement en faveur de la diversité culturelle et surtout par la piraterie[85].

Très tôt, les États-Unis ont soutenu le développement international de leur industrie cinématographique. Dès les années vingt et quarante, ils se sont efforcés de lui ouvrir de nouveaux débouchés[86]. À titre d'exemple, les accords Blum-Byrnes prévoyaient en échange de l'aide du plan Marshall le démantèlement du système français de quotas et de soutien[87]. Plus récemment, ses représentants ont largement combattu l'objectif de diversité culturelle dans les négociations du GATT, de l'AMI et à présent de l'UNESCO, ce que nous verrons ultérieurement.

À cet égard, Hollywood cultive des rapports privilégiés avec Washington. En effet, l'industrie cinématographique s'efforce de s'attirer les faveurs des pouvoirs publics par le soutien financier et personnel apporté lors des campagnes électorales[88]. En outre, soulignons que les responsables de la MPA ont tous été choisis, compte tenu de leurs relations avec l'appareil fédéral à l'instar de l'actuel dirigeant, Dan Glickman, qui a passé trente-cinq ans dans les organes gouvernementaux, dont dix-huit années au Congrès[89]. Les *majors* sont étroitement associées à la prise de décision dans le domaine commercial – aux plans multilatéral comme bilatéral. En matière de propriété intellectuelle, leur position centrale s'est institutionnalisée avec leur adhésion à l'IIPA (International Intellectual Property Alliance). Regroupant également les industries du disque, du livre et des programmes informatiques, cette alliance défend depuis 1984 les intérêts des filières vivant grâce aux droits d'auteur. Cette organisation s'est notamment employée à convaincre les autorités publiques de veiller à leur protection[90].

Cependant, derrière l'apparente symbiose existant entre le gouvernement de la superpuissance et la MPA, il arrive qu'ils divergent dans leurs politiques. En effet, la position privilégiée occupée à Washington par l'association hollywoodienne doit être relativisée par l'importance accordée aux représentants de toutes les firmes dans le processus décisionnel. Aussi, son poids dépend-il de sa stratégie de lobbying et de son capital politique, comparé à celui des autres acteurs de l'économie nationale. De ce fait, elle s'est parfois heurtée au refus des instances fédérales. Par exemple, au cours de l'Uruguay Round, devant la résistance de la France et du Canada, Bill Clinton a décidé d'exclure de l'accord les domaines audiovisuels, ce qui a provoqué le vif mécontentement des professionnels d'Hollywood.

Les *majors* tiennent une place prépondérante dans les champs de l'audiovisuel, des nouvelles technologies et des télécommunications. Elles y entretiennent des interactions complexes avec nombre de compagnies, sans oublier l'entremise des États. La portée mondiale de la politique interfirmale correspond à la reconfiguration des espaces socio-économiques et culturels dans lesquels la diplomatie interétatique a perdu de sa prééminence. Ces dernières décennies, les transformations technologiques, les déréglementations et les changements spatio-temporels ont conduit à l'émergence d'opérateurs globaux aux productions variées. Évoluant dans des sphères interconnectées, ceux-ci ont poursuivi des relations consensuelles, amicales ou conflictuelles, dont les enjeux consistent rien moins qu'en la structuration des législations nationales, des pratiques interprofessionnelles et des comportements consommatoires. Ainsi se forme-t-il un *capitalisme d'alliances* destiné à instituer des instances de gouvernance globale dans le domaine.

D'autre part, observons que les producteurs de films et de musique intentent également des actions en justice au plan international[91]. En l'espèce, frappée plus tôt que l'audiovisuel, le secteur du disque a initié ces affaires médiatiques aux buts aussi répressifs que dissuasifs. Ces procès revêtent un caractère mondial car ils portent sur des usages qui se déroulent à l'échelle planétaire avec des réseaux transnationaux d'individus anonymes. En effet, d'après Dara MacGreevy – Directrice Régionale de la MPA pour l'Europe, le Moyen-Orient et l'Afrique – les téléchargements illégaux de fichiers dans ces régions ont dépassé depuis 2003, ceux opérés aux États-Unis[92]. Par ailleurs, les problèmes de duplication soulevés par les innovations technologiques conduisent la MPA et la RIAA à exercer des pressions sur les filières hautement interdépendantes des télécommunications et de l'information. Leurs rapports restent conflictuels car les premières souhaiteraient des possibilités de piratage limitées dès la production du matériel. On constate par conséquent qu'elles s'accordent toutes pour condamner ces activités délictueuses mais qu'elles divergent en revanche sur les moyens à employer pour les réduire.

Depuis les années quatre-vingt-dix, la MPA a été conduite à traiter directement avec les gouvernements nationaux. Ses multiples agences établies sur tous les continents répondent aux mutations de cette décennie. Or, cette dernière a été marquée par l'accélération de la mondialisation, l'individualisation de la consommation audiovisuelle et les limites des structures étatiques, mais plus encore par l'émergence de puissants acteurs non-étatiques. Ceux-ci menacent la prospérité des studios en constituant souvent des industries illégales d'enregistrement, de reproduction et de distribution. En outre, leur caractère transnational et mafieux rend tout contrôle difficile et la politique globale des *majors* d'autant plus nécessaire. Jack Valenti a posé à cet égard les conditions d'une action réussie : « *nous ne pouvons faire des progrès dans la lutte contre la piraterie que si l'industrie et les gouvernements unissent leurs forces pour combattre les groupes organisés* »[93].

Alors qu'auparavant l'association hollywoodienne s'opposait vivement aux protectionnismes, elle est conduite de nos jours à collaborer avec les autorités étrangères, bénéficiant d'une stature prédominante dans l'audiovisuel. En effet, elle entre à présent directement en relation avec les administrations publiques et le foyer de création cinématographique, présent dans chaque pays. À titre illustratif, en juillet 2005, la MPA a négocié en Chine – avec le Ministère de la Culture et l'Administration de la Radio, du Film et de la Télévision – la mise en place d'une coopération sino-américaine afin de protéger la propriété intellectuelle[94].

À cet égard, les *majors* peuvent s'appuyer sur le soutien des centres locaux de production car ceux-ci pâtissent au premier chef du non-respect de la propriété intellectuelle. Avec leur aide, elles veillent à l'application du droit international et national. Les solidarités qu'elles nouent avec les professionnels leur permettent d'intensifier les pressions exercées sur les pouvoirs publics. Se posant comme les défenseurs des droits d'auteur, elles rallient de nombreux représentants dans les secteurs audiovisuels qui sont, eux aussi, victimes de la contrefaçon illégale. En Chine, elles entretiennent des relations avec l'Association de Protection des Droits des Films (China Film Copyright Protection Association) en matière de lobbying, et d'échange d'information afin de promouvoir la propriété intellectuelle, dont le non-respect s'est avéré destructeur pour le cinéma. Aussi, les professionnels ont-ils ardemment soutenu la MPA, lorsqu'elle a remis une étude au gouvernement à l'occasion du festival du film de Shanghai[95].

Par ailleurs, l'association peut compter sur les liens socio-économiques que les grands studios nouent avec les filières cinématographiques au cours des productions désormais réalisées hors des États-Unis. En Australie, par exemple, ils ont lancé avec des distributeurs une *joint-venture* appelée la Fédération Australienne Contre le Vol des Droits d'Auteur (Australian Federation Against Copyright Theft)[96]. Soulignons sur ce point que les contacts intersectoriels d'acteurs privés jouent un rôle crucial dans les rapports de forces entre la MPA et les États.

Les pressions hollywoodiennes exercées sur les instances politiques se sont également révélées décisives dans la poursuite des organisations illégales ; les opérations policières contre les *pirates* étant accomplies en étroite coordination avec les agences de la MPA. Des actions ont été poursuivies par les polices locales, tant à l'échelle mondiale que dans la *capitale de la piraterie*, New York[97]. Plus récemment, ces investigations se sont concentrées en Asie où la copie illicite représente, d'après la MPA de Singapour, un manque à gagner annuel de 1,2 milliard de dollars[98]. Sur ce continent, l'opération *Red Card* a été organisée de mai à la mi-juillet 2005 où 1 900 perquisitions dans 12 pays – 405 dans le seul empire du milieu – ont conduit à la prise de 6,25 millions de disques, 1 480 graveurs de CD et à l'arrestation de 915 individus[99]. Notons que de vastes descentes anti-piraterie sont coordonnées de manière transnationale, ce qui constitue la réponse la plus appropriée aux groupes illégaux opérant sur internet. Toutefois, devant la longue liste des démarches qu'elle a initiées, on ne peut que souligner la difficulté de son action qui est remise en cause périodiquement par les innovations technologiques et limitée par les contraintes propres à la traque de réseaux transnationaux. D'après ses études, en une semaine, les grandes productions sorties aux États-Unis se trouvent en vente dans l'ensemble de l'Asie[100]. La MPA s'applique aussi à analyser les *empreintes digitales* des Compact Discs saisis afin d'identifier les chaînes multinationales de production et de distribution[101]. Autant dire qu'elle joue un rôle stratégique et complémentaire de l'activité policière.

L'enchevêtrement étatico-hollywoodien au plan mondial révèle la réussite du représentant des compagnies cinématographiques car, comme Fernand Braudel l'affirmait, « *le capitalisme ne triomphe que lorsqu'il s'identifie avec l'État, qu'il est l'État* »[102]. Il dépasse largement le simple partenariat public-privé, État-firme que d'aucuns ont mis en lumière[103]. Concernant les fonctions régaliennes, ces combinaisons *hybrides* revêtent des configurations où les *majors* se trouvent au centre de la coordination internationale par leur lobbying, leur apport informationnel et leur capacité de pression. Précédant et accompagnant leur expansion, la MPA est engagée dans un lacis formé d'industries, de gouvernements, et de professionnels du cinéma.

Cette position-clef lui a permis de devenir incontournable, ce qui lui confère une *autorité* dans la gouvernance de l'audiovisuel global. Sa contribution au déploiement de l'économie-monde d'Hollywood réside dans l'imposition des conditions légales et économiques du libre-échange et du respect des droits d'auteur. Dans ces territoires, l'association hollywoodienne se révèle cruciale dans la formation d'un marché permettant aux studios de prospérer. Elle exerce par sa présence à Washington des pressions sur les pouvoirs nationaux à la manière d'un *advocacy network* pour que ceux-ci légifèrent et fassent exécuter les lois[104]. Sa force réside dans cette constante diplomatie menée au sein de chaque gouvernement. Ainsi, par exemple brandit-elle régulièrement la menace de rapports officiels en faveur de sanctions tarifaires, mais aussi de plaintes auprès des juridictions des pays concernés.

Outre leur action juridico-politique au sein de la MPA, les capitalistes de la culture ont constitué de grands réseaux de diffusion. Véritables « *matrices du capitalisme mondial* », pour reprendre l'expression de Fernand Braudel[105], ils forment les soubassements socio-économiques de la puissance hollywoodienne. Leurs recettes à l'étranger dépassent souvent le milliard de dollars, tandis que les revenus internationaux représentent la moitié aux deux tiers des montants provenant de l'exploitation des films[106]. Si les producteurs évoluent sensiblement – se fragmentent, se diversifient et même périclitent – depuis les années trente les structures américaines de distribution dominent de manière continue le secteur dans des régions telles que l'Europe. Aussi, parmi les compagnies transnationales se montrent-elles aux avant-postes des nouvelles opportunités économiques, avec 63% des marchés multimédias détenus en 2007 sur le Vieux Continent[107]. Bien que leur poids reste stable, des différences notables peuvent s'observer annuellement parmi ces derniers, selon les succès cinématographiques. Mais remarquons que leurs filiales prennent toujours l'essentiel des parts de marché : en Allemagne par exemple, les quatre premières places sont constamment occupées par celles-ci[108].

Les réseaux de distribution assurent à leur détenteur un enracinement socio-économique et culturel. La diffusion qu'ils mettent en œuvre requiert en effet un travail très délicat qui consiste à introduire des symboliques dans des sociétés nationales. Comme il s'agit de familiariser les publics potentiels avec les films, il convient donc de transmettre le message du long métrage en adoptant un angle commercial attrayant. À cet égard, Bill Mechanic explique qu'« *il ne faut pas changer le contenu, mais le promouvoir commercialement [...] Ainsi, pour Good Morning Vietnam on l'a présenté aux États-Unis comme une comédie et à l'étranger comme un drame* »[109]. Pour les dessins animés, les compagnies emploient des vedettes nationales comme le maire de Rome, Walter Veltroni, dans le doublage italien de *Chicken Little* (2005)[110]. La firme Disney a fait traduire *Tarzan* (1999) dans 35 langues afin de pouvoir mieux pénétrer les marchés locaux[111].

L'appui d'une *major* aux filiales multiples confère au lancement commercial une continuité stratégique. Avec les films réussis, il permet de dégager des recettes à l'échelle mondiale et avec les créations décevantes, de limiter les pertes. Comme le responsable de la guilde des animateurs hollywoodiens l'affirme, tandis que « *la plupart des studios des autres pays ne fournissent que les marchés intérieurs, les groupes hollywoodiens produisent pour l'international. De cette façon, ils peuvent atteindre tous les publics dans de nombreux territoires en commercialisant de manière transnationale* »[112]. Puis il ajoute à propos des films d'animation que « *même ceux provenant du Japon voyagent mal. Les recettes des dessins animés japonais s'élèvent tout au plus à 10 millions, alors que la dernière production de Blue Sky, Ice Age II, atteint les 100 millions en salles à l'échelle nationale. En revanche, elle dépasse mondialement les 400 millions [sans compter les profits provenant de l'exploitation ultérieure du film qui engendre des sommes cinq fois plus élevées]* ».

Par ailleurs, on peut observer que la compétition s'est calmée au sein des firmes hollywoodiennes, ce qui confirme la thèse de Douglas Gomery, suivant laquelle elles constituent encore de nos jours un *studio system*[113]. Du fait de leur proximité sectorielle, sociale et géographique, de nombreuses interdépendances les lient. Comme un juge espagnol en a décidé récemment, leur activité n'est parfois pas conforme aux conditions de la libre concurrence, même s'il reste difficile de les définir dans un marché si concentré. Ainsi, les *majors* ont-elles été condamnées en mai 2006 à verser chacune 2,4 millions d'euros pour pratiques anti-compétitives[114].

Soulignons enfin qu'elles s'efforcent d'éviter les situations de rivalité directe, comme par exemple la sortie simultanée de superproductions s'adressant à des publics similaires. C'est ainsi que les journaux spécialisés d'Hollywood font état de changements dans le calendrier des sorties ; ces dernières étant le cas échéant différées ou avancées[115]. En effet, il s'agit d'un jeu d'interactions au sein du champ hollywoodien où les décisions sont prises en tenant compte des autres entités et de leur éventuelle réponse. En outre, il n'est pas rare que de longs métrages soient distribués aux États-Unis par telle *major* et à l'étranger par telle autre. Profitant de leur avance technologique et de leurs productions attractives, ces compagnies investissent dans des filières nationales, ce qu'illustrent leurs alliances dans les branches étrangères de Home Box Office[116]. En l'espèce, on voit donc que les relations interfirmales sont beaucoup plus complexes qu'un simple affrontement entre rivaux ou une entente entre partenaires dont l'enjeu résiderait dans les recettes de chacun de leurs films.

Elles se livrent aussi à des activités de diffusion et de financement, pour les productions destinées à un marché intérieur, qui peuvent même prendre la forme de *joint-ventures*. Confrontées à des opérateurs puissants dans des configurations oligopolistiques, elles forment alors des alliances limitées avec les entreprises nationales car elles veulent pouvoir bénéficier de leur savoir-faire, réseaux et réputation afin de s'insérer dans la filière audiovisuelle. Entre 1993 et 2003, la Buena Vista International a ainsi choisi d'établir en France un partenariat avec Gaumont pour la distribution en salles. Mais comme elle s'est suffisamment intégrée, les avantages retirés grâce à une éventuelle association se sont ensuite réduits[117].

Les firmes américaines assurent une programmation plus étendue que lorsque celle-ci est confiée à des entités plus marginales, ce que Fabrizio Montanari observe en ces termes : « *parmi les films européens, ceux qui marchent le mieux sont les coproductions impliquant les Américains, car ils sont généralement distribués par les majors et tournés en anglais* »[118]. Il demeure donc avantageux de gagner leur soutien en matière de diffusion audiovisuelle. En effet, plus elles seront engagées, plus elles trouveront un intérêt à une large distribution. Sinon, il est très rare qu'elles décident de lancer un film étranger : le lancement global d'œuvres européennes reste en fait exceptionnel. À titre illustratif, la seule sortie de ce type pour Buena Vista concerne les Miyazaki japonais, pour lesquels Buena Vista International a signé en 1996 un accord – prorogé par la suite, avec les studios japonais Ghibli – pour l'acquisition des droits à l'international. De manière générale, ces réseaux n'entendent pas contribuer à l'essor mondial de producteurs tiers car cela risquerait de léser leurs propres productions.

En revanche, ils restent prêts à participer au succès de superproductions nationales. À cet égard, David Kornblum, haut responsable de Buena Vista International, signale qu'il peut décider d'en diffuser à condition qu'elles entrent dans la ligne cinématographique du distributeur. En effet, les *majors* tiennent à gagner un enracinement socio-culturel. Certes, il s'agit de prestige et plus fondamentalement d'une meilleure intégration dans la filière. À ce propos, Bill Mechanic, fondateur du réseau de Disney a veillé à « *ne pas vendre toujours les mêmes types de films [...] Si vous distribuez les longs métrages d'Almodovar en Espagne, c'est une grande affaire, de même pour ceux de Besson en France. Ensuite vous devenez plus important sur le marché* »[119].

Les compagnies américaines ont cherché à s'impliquer dans des films d'envergure nationale. Ces derniers peuvent d'ailleurs se révéler très rentables dans un contexte où ils s'avèrent capables de rivaliser avec Hollywood sur leur propre marché. Cette approche s'apparente à la stratégie de *glocalisation* qui ne se réduit pas à une mondialisation de l'activité cinématographique. Au contraire, elle témoigne d'une insertion locale avec le soutien à des œuvres modestes et complémentaires. Ainsi, les filiales d'Hollywood acquièrent-elles un statut privilégié, ce qui permet une diffusion plus aisée de leurs créations. Poursuivant de telles activités en Amérique latine, en Allemagne et au Royaume-Uni, elles entendent plutôt compléter leurs sorties qu'organiser l'exportation de films qu'elles n'ont pas produits[120].

Buena Vista International demeure le seul réseau à s'être imposé dans la seconde moitié du XXème siècle. Certes, Disney s'est constituée dès les années cinquante en distributeur national, ce qui lui a donné une autonomie à l'égard des *majors*. Toutefois, le reste de la diffusion était confié à d'autres entreprises. À l'initiative de Bill Mechanic, la firme a monté dans les années quatre-vingt-dix son propre circuit de distribution internationale. Après quelques exercices, elle est devenue le premier réseau grâce à une stratégie ambitieuse de développement et à une production réussie[121].

Il faut aussi considérer sa spécificité qui réside dans ses dessins animés. En effet, elle assure un seuil de recettes minimum grâce à la possibilité de reprises régulières, ce qui contribue à abaisser pour chaque film la part des coûts fixes. Depuis la fin des années quatre-vingt-dix, les revenus en salles dépassent régulièrement le milliard de dollars ; notamment en 2004, pour la dixième fois consécutive[122]. La branche vidéo de Disney reste très développée car ses supports préenregistrés, destinés à être regardés par des enfants, sont également appréciés des parents. Sous l'action de la nouvelle équipe dirigeante, ses gains annuels sont passés – en une décennie – de moins de 100 millions d'euros en 1984 à 3 milliards en 1995, ces derniers représentant 26% des recettes et presque la moitié des revenus d'exploitation[123].

Hollywood : carrefour incontournable des loisirs déterritorialisés. Outre la domination que les *majors* exercent sur les secteurs nationaux, ces dernières s'imposent comme point central dans les loisirs transnationaux. Elles sont en effet devenues prépondérantes dans les divertissements en apparaissant comme les véritables producteurs de film-monde et en suscitant des événements à l'échelle mondiale.

« *Économie d'une portion de la planète [...] où elle forme un tout économique* », l'économie-monde est hiérarchisée autour du centre qui bénéficiant de monopoles de fait ou de droit, détermine l'échange international. Sa prépondérance se démarque nettement de « *l'économie du monde* » prise en son entier puisqu'elle constitue « *une Weltwirtschaft à elle seule [...] un monde en soi* ». Elle se caractérise par « *un espace géographique donné* » avec des limites qui *« se partagent en zones successives [...] le cœur, c'est-à-dire la région qui s'étend autour du centre [...] Puis viennent celles intermédiaires, autour du pivot central. Enfin, très larges, des marges [...] se trouvent subordonnées et dépendantes, plus que participantes* »[124]. Tandis que la mondialisation déterritorialise partiellement ses activités, elle accentue les phénomènes d'« *agglo-mération géographiquement localisée* » qui se maintiennent grâce à un « *pro-cessus de développement cumulatif* »[125].

En matière d'audiovisuel et de loisirs, Los Angeles constitue le centre du cinéma-monde. Cette métropole attire l'essentiel des capitaux, aux plans social, économique et culturel. Comme l'affirme le producteur Michael Taylor, « *Hollywood reste central dans la production cinématographique, le cœur même de la filière. Si vous voulez réaliser des films, il est important d'être établi dans cette région* »[126]. Dans cette logique, Jeff Holder explique qu'il est « *resté à Los Angeles car hors de cette ville on est exclu des évolutions. On n'est plus dans le coup [to be out of the loop]* »[127], bien qu'il ait été attiré par d'autres foyers de création. Certes, New York demeure la capitale artistique, littéraire et financière des États-Unis. À ce titre, Hollywood en dépend pour les fonds obtenus auprès de Wall Street et pour les partenariats interfirmes contractés avec Madison Avenue. Mais cela ne réduit pas pour autant sa puissance dans les sphères du divertissement, loin s'en faut.

Par la seule présence des *majors*, la métropole de la côte ouest polarise les entités productives dans le domaine des loisirs. C'est la raison pour laquelle ABC, une fois acquise par Disney, y a implanté son siège. Le cinéma-monde est établi sur une partie définie du globe où les capitalistes culturels négocient et décident de longs métrages aux énormes budgets et aux recettes colossales. Ces capitaux dressent des obstacles infranchissables à l'entrée du marché-monde. Économiquement, ce phénomène n'est pas sans rappeler les barrières à l'entrée des marchés bien identifiées par les économistes. S'il n'existe aucun obstacle juridique à la venue de nouveaux compétiteurs, il faut cependant rappeler que les acteurs dominants ont détenu une prééminence dès les années vingt. À cet égard, on peut s'interroger sur la « *contestabilité* »[128] réelle de leur position, c'est-à-dire sur leur aptitude à prévenir la pénétration d'éventuels concurrents sur leurs secteurs d'activité. Ainsi, les recettes de cette industrie perçues en salles approchaient-elles en 2008 les 28 milliards de dollars ; mais uniquement 9,8 provenaient d'Amérique du Nord. Le solde résultant d'exportations en Europe, au

Moyen-Orient et en Afrique (EMEA) pour 10 milliards de dollars, dans la région Asie-Pacifique (AP) pour 6,7 et en Amérique latine pour 1,7. Au total, ces revenus représentaient à l'international 7,1 milliards d'admissions dont 4,2 pour la zone AP et 1,1 pour l'EMEA[129].

Au plan transnational, les *blockbusters* d'Hollywood s'imposent donc comme les seules productions. Ils permettent de rentabiliser les investissements réalisés dans les sphères de l'image et des dérivés. Les *majors* maintiennent une emprise sur ce créneau qui suppose une diffusion massive susceptible d'amortir le coût colossal des productions. Au début du XXème siècle déjà, Pathé avait ouvert la voie, diffusant à l'international. Aussi, observons avec Fernand Braudel que « *par la masse de leurs capitaux, les capitalistes sont à même de préserver leur privilège et de se réserver les grandes affaires internationales du temps* »[130].

Si ses films ne remplacent pas totalement les foyers nationaux, la prépondérance américaine empêche ces derniers de réussir leur développement à l'étranger. De fait, on constate que la présence des films européens régresse sur le vieux continent. En témoigne la part des œuvres françaises en Allemagne : 12% des entrées en 1975, 8% en 1985, 0,7% en 1998, 0,9% en 2003 et 3,9% en 2007[131]. Aussi, les autres filières – privées des débouchés nécessaires – ne peuvent-elles pas financer des projets aux ambitions globales. Ce problème apparaît d'autant plus fondamental que le septième art a toujours mobilisé des fonds considérables.

Le producteur dispose aux États-Unis d'une capacité de financement inégalée car il est considéré au même titre que n'importe quel entrepreneur. De nombreuses banques lui allouent d'énormes ressources. Comme l'explique René Bonnell : « *La Banque Paribas qui ne mettra jamais un euro dans le cinéma français y est même établie et prête régulièrement à de jeunes producteurs* ». Il justifie cette attitude dans la mesure où « *Hollywood diffusant sur un marché mondial obtient une rentabilité considérable. Il est donc infiniment moins risqué d'y produire qu'en France* »[132]. En fait, confrontés à une forte demande audiovisuelle, les financiers se tournent prioritairement vers les créateurs hollywoodiens car une confiance s'est instaurée de longue date. Fondement de l'échange dans l'économie moderne, elle explique mieux les relations étroites qu'entretiennent les deux milieux, que le critère du profit réalisé dans la filière.

Engageant des sommes substantielles, les opérateurs exigent en retour une rentabilité égale à celles des autres secteurs. Dernièrement, des observateurs ont noté que « *l'industrie cinématographique connaît une augmentation de capitaux sans précédent résultat de prises d'intérêt réalisés par des fonds de placement et d'autres private equity [...] Ils sont généralement dirigés par des diplômés de MBA [Master of Business Administration] qui ont travaillé à Wall Street* »[133]. D'autre part, les étrangers y investissent également à l'instar de l'Allemand VIP Medien qui a engagé plus de 800 millions d'euros, dont l'immense majorité en Californie. Sans surprise, Hollywood a durement ressenti la crise immobilière et bancaire. Dépendants d'investisseurs tels que Merrill Lynch, Lehman Brothers et Deutsche Bank, les producteurs connaissent à présent une pénurie de capitaux qui ralentit leur activité, tandis qu'ils se trouvent soumis à davantage de contraintes financières[134].

La filière hollywoodienne s'appuie sur un capital humain, qualifié et innovant. Selon une récente étude, l'*entertainment* déterritorialisé emploierait plus de 241 100 personnes. Il aurait constitué ainsi en 2005 le troisième employeur de la région, derrière le commerce international direct et le tourisme. Mais remarquons que ces deux secteurs lui sont étroitement liés[135]. Par ailleurs, une étude sur l'*économie créative* recensait en 2008 pour les seuls quartiers de Los Angeles et Orange County 390 300 d'emplois directs et 983 100 indirects[136]. En particulier, tous les acteurs de renommée mondiale y étaient représentés. Par ailleurs, les *moguls* modernes, ainsi que les artistes, font partie des groupes sociaux les plus riches au monde[137].

On comprend donc bien que le foyer du cinéma américain attire les talents étrangers qui sont parvenus au succès dans leur pays. Bien qu'il ait déjà connu une forte immigration issue d'Europe, durant la première moitié du siècle passé, les flux restent encore considérables. On estime aujourd'hui que 40%

des réalisateurs proviennent toujours du vieux continent. Dans le domaine des dessins animés par exemple, on compte 30% d'Européens à Dreamworks car les créatifs de l'ancien studio londonien – Amblimation – ont émigré à l'initiative de Steven Spielberg. Tous ces éléments ne sont pas sans nous rappeler le « cœur »[138] de l'économie-monde qui, d'après Braudel, rassemble « *la splendeur, la richesse et le bonheur de vivre* »[139].

De nombreux groupes ont souhaité s'impliquer dans ce milieu pour bénéficier de la prépondérance capitaliste qu'il détient dans les domaines culturels. Cette dernière s'apparente au pouvoir structurel défini par Susan Strange comme : « *le pouvoir de choisir et de façonner les structures de l'économie politique globale dans laquelle les autres États, leurs institutions politiques, leurs entreprises économiques, ainsi que leurs savants et les autres professionnels doivent opérer* ». Elle précise que ce pouvoir structurel confère « *la faculté de modeler les cadres dans lesquels les États se conduisent les uns envers les autres, avec les populations, et avec les firmes* »[140]. En s'engageant les premières sur les créneaux et les innovations techniques, les *majors* peuvent infléchir ces nouveaux champs et les secteurs déjà établis, initier les évolutions sectorielles et préserver leur domination malgré les transformations. À titre illustratif, rappelons que l'apparition de la technologie haute définition a entraîné une opposition qui porte sur le type de support à adopter : tandis que Columbia-Tristar, la MGM, la 20th Century Fox et Disney ont soutenu le modèle DVD Blu-ray expérimenté par Sony – détenant les deux premières – Universal, la Paramount ainsi que la Warner ont au contraire opté pour le HD DVD développé par la firme Toshiba.

Cette confrontation de normes relève d'une rivalité d'organisations colossales, soucieuses d'emporter le marché mondial de ce matériel, car qui tient la place d'Hollywood, domine l'audiovisuel. Par conséquent, l'avantage de détenir une *major* se pose moins en raison de la réduction des coûts d'achat des films que parce qu'il existe une capacité économico-politique d'agir sur les modes de vie. Comme l'analyse Evi Fullenbach : « *les grands groupes ont intérêt à long terme à en posséder une [...] ce qui leur donne une garantie durable [...] la possibilité d'éta-*

blir un calendrier prévisionnel et de se positionner à la pointe de l'innovation »[141].

Hollywood apparaît en effet comme central dans un vaste espace économique dans lequel se diffusent ses biens et surtout ses symboliques. Ce pôle se fonde avant tout sur les dimensions culturelles de ses productions pour attirer des publics mondiaux. Autrement dit, son identité résulte non seulement de la spécificité artistique de l'économie cinématographique, mais aussi de la stratégie propre de ses *majors*. Elle constitue un type de capital bien particulier qui joue en leur faveur. Le cinéma hollywoodien se montre soucieux de maintenir un pouvoir de séduction par la mise en avant de stars. D'autre part, il exporte des imageries et des symboles fondateurs, indissolublement liés à l'histoire du pays[142]. Il fidélise ses publics en reproduisant les films ayant réussi et en s'attachant à répondre à ses préférences. Ainsi, les longs métrages ayant dominé l'année 2006 constituent-ils pour cinq d'entre eux des « *suites dont l'univers est exploité à la manière d'une franchise* » (*Pirates des Caraïbes 2 : Le secret du coffre maudit*, *X-Men : L'affrontement final*, *Superman Returns*, *L'Âge de glace II* et *Casino Royale*).

Le renforcement identitaire de la *major* Disney a exigé la création à l'échelle mondiale d'une structure supervisant les activités jusque-là dispersées : Walt Disney International. Créée en 1999, elle a établi ses quartiers généraux à Londres, Tokyo et Buenos Aires. Elle entend maintenir une cohérence et susciter de fortes synergies. Regroupant de hauts responsables sensibles à la valeur de la marque, l'organisation témoigne d'une volonté d'allier une logique globale à une connaissance des cultures nationales[143]. Disney vise à « *se positionner pour capitaliser les opportunités de croissance internationale de long terme* »[144]. Ayant montré sa spécificité, nous pouvons à présent nous interroger pour savoir dans quelle mesure celle-ci reste unique. Si les autres *majors* ne se sont pas limitées à financer un genre précis depuis la fin du *studio system*, notons qu'elles ont adopté une politique similaire de labels.

Par ailleurs, les capitalistes culturels sont marqués au sceau d'Hollywood. Leurs créations hollywoodiennes renvoient en effet souvent à des types narratifs récurrents et à des stars. Une mobilité entre les *majors* et les indépendants, tant parmi les cadres en charge de la production qu'au sein des artistes, caractérise le milieu. Il en résulte que certains acteurs se trouvent être simultanément à l'affiche de films financés par des sociétés en concurrence. Bien que les spécificités des autres firmes soient moins affirmées que celle de Disney, elles utilisent également des symboliques appartenant à un patrimoine commun que les spectateurs identifient comme américain.

Évoluant dans les sphères des médias et des loisirs, les entreprises de l'image rivalisent en permanence pour retenir l'intérêt des spectateurs-consommateurs. D'après une étude de Schonfeld & Associates Inc., elles auraient dépensé aux États-Unis en 2005, des montants colossaux, dédiés à la promotion : Disney avec 3,6 milliards de dollars, Time-Warner 5,7 et Sony 3,9. Dans le domaine audiovisuel, leurs dépenses publicitaires ont atteint en 2006 la somme de 8,5 milliards[145]. Comme l'affirme Bridget Johnson : « *l'attention du public est de plus en plus fragmentée* »[146], ce qui implique des sommes toujours plus élevées pour l'attirer.

À la manière de la *télévision cérémonielle*, ces compagnies transnationales souhaitent susciter dans de « *vastes aires géographiques une temporalité commune* »[147] qui soit en mesure d'interrompre la vie quotidienne pour que les spectateurs partagent une même expérience collective. Autrement dit, bien qu'elles ne proposent pas en général d'événements en direct, elles veulent toutefois imposer un « *quasi-monopole de l'attention* »[148]. Il en résulte une *obligation d'assister* à tel long métrage ou bien de visiter tel ou tel parc. Il va sans dire qu'il ne s'agit pas d'actions se déroulant dans l'arène politique. Néanmoins l'ambition reste d'interpeller l'opinion en profondeur par la publicité puis par les technologies électroniques qui sont spécialement utilisées pour faire converger de nombreuses populations. En utilisant des effets spéciaux, des stars et des histoires attrayantes pour toute la famille, les studios recherchent de la sorte une rupture avec la routine[149].

La filière hollywoodienne fait face depuis sa création à une « *demande totalement élastique à l'offre* »[150], justifiant une promotion intense lors de ses sorties. Outre la concurrence provenant d'autres secteurs, elle est confrontée à la diversité des loisirs offerts. Les compétitions sportives apparaissent comme des concurrents majeurs d'envergure mondiale. Ainsi, la Coupe du monde de football préoccupe-t-elle tous les quatre ans Hollywood car elle engendre, durant l'été, une baisse significative de la fréquentation. La popularité mondiale de cet événement inquiète surtout en Europe où ce sport reste très apprécié[151].

Bien que le septième art n'ait jamais constitué le seul loisir, il occupait déjà une place centrale avant même l'arrivée de la télévision. Aujourd'hui, la multiplication de l'offre médiatique rend la promotion – *a fortiori* le fait d'aller dans une salle de projection – de plus en plus difficile, ce qui oblige les *majors* à investir massivement dans la publicité. Le fameux *buzz* recherché par les publicitaires résulte donc d'un lancement réussi, ce qui peut entraîner à l'international des conséquences considérables dans le *home video*. D'où la sortie quasi simultanée des longs métrages afin de capitaliser l'attention produite, mais aussi l'argent dépensé aux États-Unis[152].

En moyenne, les coûts promotionnels d'un film se montent en Amérique du Nord à 36 millions de dollars. Au-delà de cette somme substantielle, ils peuvent s'avérer supérieurs pour une œuvre bien précise[153]. À l'étranger, les créations hollywoodiennes profitent également d'investissements considérables en la matière. En 2008, leurs 145 sorties en France ont coûté 215,4 millions d'euros contre simplement 119,7 pour les 205 œuvres françaises[154]. En outre, le nombre moyen de copies illustre les capacités inégales. Les films français ont été par exemple distribués en 2008 sur 138 copies, alors que ceux d'Hollywood en ont bénéficié de 221[155]. Au plan mondial, rien que *King Kong* (2005) et *Matrix : Revolutions* (2003) ont pu compter respectivement sur 10 600 et 20 000 copies. Dans un second temps, l'attention des publics doit être une fois de plus relancée pour assurer la vente des Digital Versatile Discs (DVD).

Afin de limiter les dépenses marketing, les grands distributeurs envisagent à présent la déclinaison immédiate sur l'ensemble des fenêtres de diffusion. En effet, ces frais ont considérablement augmenté, constituant désormais un tiers des budgets de production. Selon une étude de J. P. Morgan, de tels lancements simultanés sur de multiples supports entraîneraient une baisse de 49% des entrées en salles, mais une hausse de 78% des achats de DVDs et de 64% de location *home video*, les rentrées des *majors* passant annuellement de 15 à 20 milliards[156]. Cependant, ce changement peut sembler difficile hors des États-Unis car en Europe ces fenêtres sont souvent régies de manière légale, à l'instar de la France et de l'Espagne où un jugement a été prononcé contre les *majors* accusées de ne pas les respecter[157].

Il reste toutefois indispensable de déclencher et d'entretenir l'attention du public sur un projet de création dès que la décision de le produire est prise. Durant le tournage, les responsables chargés de la promotion se livrent à un délicat travail de médiatisation. Au sujet des suites de films, il faut impérativement capitaliser les succès antérieurs. Il s'agit ainsi de maintenir les cinéphiles en haleine par des événements spécialement organisés dans lesquels les activités dérivées s'insèrent pleinement. À titre illustratif, la mise en place d'attractions dédiées aux imaginaires du film tout comme l'intervention des acteurs dans les médias s'inscrivent dans ces logiques marketing. Quant aux parcs, ils poursuivent aussi une politique considérable en matière d'événementiel, avec des moyens exceptionnels qui sont dépensés pour les cérémonies inaugurales. En 1992, les festivités pour EuroDisney ont, par exemple, mobilisé des financements colossaux afin d'éveiller l'intérêt sur l'ensemble du continent. On a évoqué alors des coûts promotionnels compris entre 200 et 300 millions de francs. Dès le lendemain, l'inauguration était retransmise par onze chaînes dans le monde entier[158].

Chaque année, de nouvelles campagnes médiatiques sont lancées afin de créer l'événement. Après le vingt-cinquième anniversaire du parc en Floride et le centenaire de la naissance de

Walt Disney, le cinquantenaire du site californien a donné lieu à près de dix-huit mois de célébrations. Il a fait progresser les entrées de 15 à 18% et provoqué une montée des revenus de 10%. En 2006, les spots publicitaires ont porté sur le thème suivant : « *l'année des millions de rêves. L'année où les rêves se réalisent* ».

Notes

1. Max Weber, *L'Éthique protestante et l'esprit du capitalisme*, [1905], trad., 2ème éd., Paris, Plon, 1967. Coll. Pocket/Agora.
2. Cf., David Bordwell, Janet Staiger, Kristin Thompson, *The Classical Hollywood Cinema. Film, Style and Mode of Production to 1960*, 2ème éd., Londres, Routledge, 1988.
3. Il faut souligner le rôle central occupé par les producteurs, comme Jerry Bruckheimer, qui, en relation avec les studios et les talents, conçoivent les projets, convainquent les stars et négocient les contrats.
4. Interrogée sur ce point, Bridget Johnson a répondu sans hésitation « *absolument* ». Entretien du 6 février 2007 avec Bridget Johnson, responsable production aux studios Disney, puis productrice indépendante.
5. John Hazelton, « The Creative Life of Producers », *Screen International*, 4 March 2005, pp. 10-11.
6. David Bordwell, *The Way Hollywood Tells it : Story and Style in Modern Movies*, Berkeley, University of California Press, 2006, p. 14.
7. Justin Wyatt, *High Concept. Movies and Marketing in Hollywood*, Austin, University of Texas Press, 1994, p. 374. On peut illustrer ces *sequels* par les épisodes de *Batman*, de *Rambo* et d'*Alien*.
8. James Stewart, *Disney War*, New York, Simon & Schuster, 2005, p. 31.
9. Propos cités dans Jeanie Kasindorf, « Mickey Mouse Time at Disney », *New York Magazine*, 7 Oct. 1991, p. 36.
10. *Ibid.*
11. Entretien du 28 août 2006 avec James Stewart, grand journaliste et auteur du best-seller *Disney War*.
12. Peter Bart, « 60 Candles for the Mouse King », *Variety*, 386 (2), 25 Feb. 2002, p. 2 (5).
13. Andrew Sarris, « Toward a Theory of Film History », in : Thomas Schatz (Ed.), *Hollywood. Critical Concepts in Media and Cultural Studies*, Londres, Routledge, 2004, p. 12.
14. Par exemple, Buena Vista a acquis 45 idées de films et scripts entre 2004 et 2005. Cf., « A Compilation of Script, Book and Pitch Sales for Film and TV Development for 2004 », *Hollywood Reporter*, 23 Dec. 2004, p. 9.
15. Entretien du 27 juillet 2006 avec Louis Blau, grand juriste et spécialiste du domaine cinématographique.
16. Entretien du 24 août 2006 avec David Kornblum, Vice-président en matière de distribution à l'international à Buena Vista.
17. Entretien du 19 septembre 2006 avec Adam Leipzig, responsable de production chez Disney de 1987 à 1993.
18. Cf., l'entretien avec Bridget Johnson, *op. cit.*

19. Norman Garey, « The Entertainment Lawyer », in : Squire (Ed.), *The Movie Business Book, op. cit.*, p. 188. C'est tout l'objet des négociations de contrats.
20. Tom Cruise dispose de sa société de production Cruise/Wagner qui coproduit les films où joue le célèbre acteur ; il en va de même pour Ben Affleck, Matt Damon avec Live Planet.
21. Lors du *remake* de *Trois hommes et un couffin*, Coline Serreau a voulu, selon les dires de Robert Cort, « *tout contrôler et dupliquer toutes les séquences de la version française. Elle n'était pas prête à s'adapter au nouvel environnement, ce qui lui a valu la haine de toute l'équipe de production. Finalement, elle a été contrainte de démissionner* ». Cf., entretien du 10 août 2006 avec Robert Cort, ancien dirigeant d'Interscope, entité ayant produit des films avec Disney.
22. Wendy Kan, « Fans Launch Protest Against Disney's Editing of Asian Films », *Variety*, 388 (13), 11 Nov. 2002, p. 1 (14).
23. Allen Scott, *On Hollywood : the Place, the Industry*, Princeton, Princeton University Press, 2005.
24. Douglas Gomery, *Hollywood à l'âge d'or des studios*, trad., Paris, Cahiers du cinéma, 1987.
25. Monique Dagnaud, *Les Artisans de l'imaginaire. Comment la télévision fabrique la culture de masse*, Paris, Armand Colin, 2006, p. 58 *sq.* ; Squire, *Introduction*, in : Squire, *Movie Business Book, op. cit.*, p. 4.
26. Entretien du 19 juillet 2006 avec Jason Squire, professeur à l'Université de Californie du Sud et spécialiste d'Hollywood ; Entretien avec James Stewart, *op. cit.*
27. Entretien avec Adam Leipzig, *op. cit.*
28. Steven Watts, *The Magic Kingdom : Walt Disney and the American Way of Life*, Boston, Houghton Mifflin, 1997, p. 52-55.
29. Wasko, *How Hollywood Works, op. cit.*, p. 30 ; MPAA, *2007 Theatrical Market Statistics*, 2008, obtenu sur le site mpaa.com.
30. Entretien du 29 mai 2006 avec Gérard Couturier, haut responsable dans le département *Imagineering* de Disney.
31. Entretien du 6 septembre 2006 avec Igor Khait, ancien directeur de la production animée dans la compagnie Disney.
32. Entretien avec Jean-François Lepetit, *op. cit.*
33. Propos cités par Michael Löwy, « Le concept d'affinité élective chez Max Weber », *Archives des sciences sociales des religions*, (127), juil.-sept. 2004, p. 99.
34. *Ibid.*, p. 101.
35. Watts, *op. cit.*, p. 59.
36. *Ibid.*, p. 81.

37. Propos rapportés par Hal Richardson. Cf., l'entretien du 11 août 2006 avec Hal Richardson, haut responsable de la *Pay-TV* à Disney, Dreamworks et Paramount.
38. Jean-François Lepetit, producteur français ayant travaillé avec Disney, a déclaré au cours de l'entretien du 1er juin 2006 que « *pendant des années, [il] recevait beaucoup d'invitations aux avant-premières, aux soirées privées à Long Beach et à Hollywood parce [qu'il] était dans la liste des bankables* ».
39. Max Horkheimer, Theodor W. Adorno, *La Dialectique de la Raison. Fragments philosophiques*, trad., Paris, Gallimard, 1974, p. 130.
40. Propos de Thomas Guback cités par Janet Wasko. Cf., Janet Wasko, « Show Me the Money. Challenging Hollywood Economics », in : Andrew Calabrese, Colin Sparks (Eds.), *Toward a Political Economy of Culture : Capitalism and Communication in the Twenty-First Century*, Lanham/Oxford, Rowman & Littlefield, 2004, pp. 131-151.
41. Entretien avec Igor Khait, *op. cit.*
42. Entretien du 8 août 2006 avec Jeff Holder, ancien responsable des programmes à ABC ayant travaillé avec Walt Disney. Propos confirmés par James Stewart. Cf., Stewart, *Disney War, op. cit.*, pp. 71-72.
43. Entretien avec Bridget Johnson, *op. cit.*
44. Watts, *op. cit.*, p. 183.
45. *Ibid.*, p. XXI.
46. *Ibid.*, p. 166. Pour plus de détails sur le phénomène de bureaucratisation qui caractérise la firme Disney, cf., *ibid.*, pp. 168-169.
47. Entretien avec Bruno Girveau, Commissaire général de l'exposition Walt Disney, « L'âme d'un chef d'orchestre », in : Bernard Génin (Éd.), *Disney au Grand Palais. Les influences européennes*, Télérama Hors-Série, sept. 2006, pp. 22-27, p. 23 ; Wasko, *Understanding Disney, op. cit.*, p. 13.
48. David Bordwell, Janet Staiger, Kristin Thompson, *The Classical Hollywood Cinema. Film, Style and Mode of Production to 1960*, 2ème éd., Londres, Routledge, 1988, p. 379.
49. Entretien avec Jeff Holder, *op. cit.*
50. *Ibid.*
51. Entretien avec Adam Leipzig, *op. cit.*
52. Entretien avec Igor Khait, *op. cit.*
53. Sur ce point, cf., Pierre Bourdieu, *Les Règles de l'art. Genèse et structure du champ littéraire*, Paris, Seuil, 1992, p. 395.
54. *Ibid.*, pp. 397, 432.
55. Yann Darré, « Le cinéma, l'art contre le travail », *Mouvements*, (27/28), mai-août 2003, pp. 120-125.
56. Entretien du 1er juillet 2006 avec Steve Hulett, ancien animateur chez Disney et responsable auprès de la Guilde des animateurs d'Hollywood.
57. Dagnaud, *op. cit.*, pp. 56-57.

58. Propos cités dans Edouard Waintrop, « L'empreinte du Vieux Monde. L'Europe à Hollywood » in : Michel Boujut (Éd.), *Europe-Hollywood et Retour. Cinémas sous influences*, Paris, Autrement, 1992, p. 38.
59. Laurent Créton, *Cinéma et (in)dépendance : Une économie politique*, Paris, Presses de la Sorbonne Nouvelle, 1998, p. 16.
60. Sur ce point, cf., Josepha Laroche, Alexandre Bohas, *Canal+ et les majors européennes. Une vision désenchantée du cinéma-monde*, 2ème éd., Paris, L'Harmattan, 2008. Coll. Chaos international, pp. 124-140.
61. Le code Hays a organisé de 1934 à 1966 l'autocensure de la filière cinématographique. Confrontée aux critiques puritaines de l'opinion américaine, l'organisation représentative d'Hollywood, la Motion Pictures Producers and Distributors Association, a alors décidé d'édicter des règles contraignant ses producteurs à ne pas réaliser de films contrevenant aux valeurs morales.
62. Andrew Hanssen, « The Block Booking of Films Reexamined », *Journal of Law and Economics*, 43 (2), Oct. 2000, pp. 395-426.
63. Douglas Gomery, *The Hollywood Studio System : a History*, Londres, British Film Institute, 2005, pp. 23-25.
64. Bourget, *op. cit.*, p. 92.
65. *Ibid.*, p. 94.
66. Stewart, *Disney War*, *op. cit.*, p. 22.
67. Alan Bryman, *Disney and his Worlds*, Londres, Routledge, 1995, p. 7.
68. Watts, *op. cit.*, pp. 29-31.
69. Gomery, *The Hollywood Studio System, op. cit.*,, *op. cit.*, p. 153.
70. Michael Conant, « The Paramount Decrees Reconsidered », in : Schatz (Ed.), *Hollywood, op. cit.*, pp. 279-311.
71. Entretien du 4 août 2006 avec Bill Mechanic, ancien dirigeant de la Buena Vista et de la Fox.
72. Entretien avec Hal Richardson, *op. cit.*
73. Dave Smith, *Disney A to Z. The Updated Official Encyclopedia*, 2ème éd., New York, Hyperion, 1998, p. 332.
74. Entretien avec Hal Richardson, *op. cit.*
75. Christian de Maussion, « L'autre Disney : le studio de production de Hollywood », *Communication & Langages*, (92), 2ème trim. 1992, pp. 49-61.
76. Entretien avec Bridget Johnson, *op. cit.*
77. Allen Scott, « Hollywood and the World : the Geography of Motion-Picture Distribution and Marketing », *Review of International Political Economy*, 11 (1), Feb. 2004, p. 38.
78. Entretien avec Robert Cort, *op. cit.*
79. Stewart, *Disney War*, *op. cit.*, p. 22.
80. Entretien avec Robert Cort, *op. cit.*

81. Émile Durkheim, *De la division du travail social*, [1893], Paris, PUF, 1998, p. 46.
82. Entretien avec Steve Hulett, *op. cit.*
83. Entretien avec Jeff Holder, *op. cit.*
84. MPAA, *2008 Theatrical Market Statistics*, 2009, obtenu sur le site mpaa.org.
85. Toby Miller, Nitin Govil, John McMurrin, Richard Maxwell, Tin Wang, *Global Hollywood 2*, Londres, British Film Institute, 2005, p. 50 (213).
86. Nicole Vulser, « L'alliance de l'économie et de la diplomatie américaines en Europe », *Le Monde*, 27 juil. 2005, p. 25 ; Jens Ulff-Moller, *Hollywood's Film Wars With France: Film-Trade Diplomacy and the Emergence of the French Film Quota Policy*, Rochester, University of Rochester Press, 2001.
87. Signés le 28 mai 1946 entre le Secrétaire d'État américain James Byrnes et le Président du gouvernement français, Léon Blum, les accords Blum-Byrnes prévoyaient l'ouverture du marché français aux films d'outre-Atlantique, en échange des aides et du soutien américains. Cf., Laroche, Bohas, *Canal+*, *op. cit.*, p. 42.
88. Steve Chagollan, « Politics », in : 62nd Anniversary Issue : The Influence of Hollywood, Hollywood *Reporter*, 1992, p. 18.
89. Bill McConnell, « Glickman Seizes MPAA Spotlight », *Broadcasting & Cable*, 20 Dec. 2004, p. 23 ; « Glickman Replaces MPAA's Valenti », *Film Journal International*, 15 Aug. 2004.
90. Pamela McClintock, « Copyright Campaign », *Variety*, 30 Oct. 2001.
91. Don Groves, « MPA Sues China Pirates », *Variety*, 15 Feb. 2004.
92. Kate Bulkley, « MPA Strengthens Int'l Front in Its Fight Against Pirates », *Hollywood Reporter*, 4 March 2004, p. 6 (17).
93. « MPA Says Pirates Harder to Catch », *Hollywood Reporter*, 22-28 July 2003, p. 69.
94. Clifford Coonan, « D.C.'s Piracy Barbs Find Mark in China », *Variety*, 15 Feb. 2006.
95. Jonathan Landreth, « Chinese Knock Anti-Piracy Effort », *Hollywood Reporter*, 20 June 2006, p. 6 (81).
96. Blake Murdoch, « Aussie Group Targeting Piracy », *Hollywood Reporter*, 13-19 April 2004, p. 10.
97. Eileen Fitzpatrick, « MPAA Cracks Down on Piracy », *Billboard*, 109 (52), 27 Dec. 1997, p. 71.
98. MPA, « Anti-Piracy Fact Sheet. Asia-Pacific Region », consulté sur le site de la MPAA à la page web : http://mpaa.org, p. 1.
99. Patrick Frater, « MPA's Asia Antipiracy Drive Score », *Variety*, 25 July 2006.
100. Shujen Wang, *Framing Piracy : Globalization and Film Distribution in Greater China*, Londres, Rowman & Littlefield Publishers, 2003, p. 8.

101. Entretien du 2 août 2005 avec John Malcom, haut responsable de la Motion Picture Association en matière de piraterie internationale.
102. Fernand Braudel, *La Dynamique du capitalisme*, Paris, 1985, Champs/Flammarion, p. 68.
103. Cf., Susan Strange, John Stopford, *Rival States, Rival Firms: Competition for World Market Shares*, Cambridge, Cambridge University Press, 1991.
104. Margaret Keck, Kathryn Sikkink, *Activists Beyond Borders : Advocacy Networks in International Politics*, Ithaca, Cornell University Press, 1998.
105. Braudel, *La Dynamique du capitalisme, op. cit.*, pp. 84-89.
106. Don Groves, « Trio Travels in High B.O. Style : U, WB & Buena Vista Lead U.S. Majors O'seas », *Variety*, 385 (5), 17 Dec. 2001, pp. 1 (14).
107. CNC, *Bilan 2008*, Paris, CNC, 2009, p. 128 *sq*.
108. Observatoire européen de l'audiovisuel, *Annuaire statistique 2006 Film, télévision, vidéo et nouveaux médias en Europe, vol. 3 : Cinéma-Vidéo*, Strasbourg, Conseil de l'Europe, 2007, p. 30.
109. Entretien du 4 août 2006 avec Bill Mechanic, *op. cit.* Un autre exemple révélateur concerne le doublage du film *Pearl Harbor*. Tandis que la réplique « *quelques sales Japonais en moins* » a été remplacée au Japon par « *quelques Japonais en moins* », la phrase d'Alec Baldwin « *je tuerais autant de ces bâtards que possible* » a été supprimée. Sur ce point, cf., Charles Lyons, « Building a Safer 'Harbor' », *Variety*, 383 (2), 28 May 2001, p. 2.
110. Nick Vivarelli, « Pol Plucks Up Voice for Toon », *Variety*, 401 (3), 5 Dec. 2005, p. 9 (1).
111. Don Groves, « Disney Goes Ape with 'Tarzan' Dubs », *Variety*, 375 (5), 14 June 1999, p. 5.
112. Entretien avec Steve Hulett, *op. cit.*
113. Gomery, *The Hollywood Studio System : a History, op. cit.*
114. Limitant de manière contractuelle la part de l'exploitation, la période de diffusion en salles, la manière et le coût du transport, les *majors* se sont révélées coupables en Espagne « *de gêner substantiellement le marché de la distribution cinématographique* ». Cf., « Spain Stuns Majors on Antitrust », *Hollywood Reporter*, 16-22 May 2006, p. 51.
115. « Pixar Shifts Gears with 'Cars' », *Variety*, 397 (4), 13 Dec. 2004, p. 1 (5). L'article fait état de sorties reportées, telles que *Cars* de novembre 2005 à juin 2006 ajournant à l'automne sa diffusion en vidéo. Le film d'animation Disney *Chicken Little* a pris la place avec le *sequel* de Sony *The Legend of Zorro* tandis que *Shrek 3* de DreamWorks a été retardé d'automne 2006 à l'été 2007.
116. HBO s'est implanté dès 1991 en Europe centrale, en 1992 en Asie et en Amérique latine où il fournit aujourd'hui des chaînes de cinéma. Il appartient à Time Warner, Disney-ABC International Television et Sony Picture Television International.

117. Observatoire européen, *Annuaire statistique 2005, op. cit.,* p. 31 ; CNC, *Bilan 2006,* Paris, CNC, 2007, p. 90.
118. Fabrizio Montarini, « La distribution des films européens sur le marché américain », *Cinémaction, op. cit.,* p. 92.
119. Entretien avec Bill Mechanic, *op. cit.*
120. Jesse Hiestand, « Dis, Telefonica in Film Venture », *Hollywood Reporter,* 24 jan. 2002, p. 4 (34).
121. « Mouse House Displays Foreign Prowess », *Variety,* 396 (3), 6 Sept. 2004, p. 1 (2).
122. *Ibid.*
123. Roger Smith, « Disney Story Old News to Wall St », *Variety,* 377 (1), 15 Nov. 1999, p. 5.
124. Braudel, *La Dynamique du capitalisme, op. cit.,* pp. 85-86.
125. Peter Dicken, *Global Shift : Transforming the World Economy,* 4ème éd., Londres, Sage, 2003, pp. 22-24.
126. Entretien avec Michael Taylor, *op. cit.*
127. Entretien avec Jeff Holder, *op. cit.*
128. William Baumol, John Panzar, Robert D. Willig, *Contestable Markets and the Theory of Industry Structure,* New York, Harcourt Brace Jovanovich, 1982.
129. MPAA, *Theatrical Market Statistics, op. cit.*
130. Braudel, *op. cit.,* p. 61.
131. CNC, *Bilan 2008, op. cit.,* p. 129.
132. Entretien avec René Bonnell, *op. cit.*
133. Paula Parisi, « The Sky's the Limit », *Hollywood Reporter Independent Producers & Distributors,* 1st Aug. 2006, pp. 98-99, p. 106.
134. Rebecca Keegan, « Financial Crisis Puts Squeeze on Hollywood », *Time,* 18 Sept. 2008 ; Pamela McClintock, « Industry Feels Wrath of Economy », *Variety,* 7 Nov. 2008.
135. Paul Bond, « Study : Biz Jobs Increasing in L.A. Area Through 2008 », *Hollywood Reporter,* 12 July 2006, p. 6 (19).
136. Los Angeles County Economic Development Corporation, *The Creative Economy of the Los Angeles Region,* Los Angeles, LAEDC, 2009, p. 3.
137. Citons Michael Eisner, dirigeant de Disney, qui a perçu le salaire colossal de 737 millions de dollars entre 1995 et 2000. cf., Betsy Schiffman, « Michael Eisner : Mouse in a Gilded Mansion », *Forbes,* 26 April 2001.
138. Braudel, *La Dynamique du capitalisme, op. cit.,* p. 94.
139. *Ibid.*
140. Susan Strange, *States and Markets,* 2ème éd., Londres, Pinter, 1994, pp. 24-25.
141. Entretien du 4 mai 2006 avec Évi Fullenbach, haut responsable cinéma à Canal+ qui a eu à traiter avec Disney.

142. Melvyn Stokes, Richard Maltby, *Hollywood Abroad : Audiences and Cultural Exchange*, Londres, BFI Publishing, 2005.
143. Travaillant dans la firme depuis quatorze ans, Étienne de Villiers, président de Walt Disney International Europe, vient d'Afrique du Sud. Quant à Michael Johnson, après une carrière de treize ans passée dans le *home video*, il s'occupe de la branche asiatique. Cf., Elizabeth Guider, « House of Mouse Expands », *Variety*, 375 (7), 28 June 1999, p. 27.
144. Walt Disney Company, *Annual report 1999*, Burbank, Walt Disney Company, 2000, p. 13.
145. Lora Kolodny, « Big Media to Major in Marketing », *Hollywood Reporter*, 18-24 july 2006, p. 10.
146. Entretien avec Bridget Johnson, *op. cit.*
147. Daniel Dayan, Elihu Katz, *La Télévision cérémonielle. Anthropologie et histoire en direct*, trad., Paris, PUF, 1996, p. 2.
148. *Ibid.*, pp. 5-7.
149. Thomas Sotinel, « Des mondes imaginaires pour bons et méchants », *Le Monde*, 28 mars 2007, p. 29.
150. René Bonnell, *La Vingt-cinquième image. Une économie de l'audiovisuel*, 3ème éd., Paris, Gallimard, 2001, p. 14.
151. Ian Mohr, « Summer Shakedown », *Variety*, 3-7 Aug. 2006 ; Dave McNary, « O'seas B.O. Bounces », *Variety*, 29 Dec. 2006, 293 (65), p. 1 (2).
152. Sur ces sujets, cf., Charles Weinberg, « Profits Out of the Picture », in : Charles Moul (Ed.), *A Concise Handbook of Movie Industry Economics*, Cambridge, Cambridge University Press, 2005, pp. 170-172 ; Jocelyne Arquembourg, Guy Lochard, Arnaud Mercier (Éds.), *Événements mondiaux, regard nationaux, Hermès*, (46), print. 2007, pp. 13-21.
153. Les dépenses de promotion se sont élevées à 43 pour *Chicken Little* (2005) et 40 pour *Les Chroniques de Narnia* (2005) de la Buena Vista. Sur ce point, cf., Galloway Stephen, « Several Million & Change », Hollywood Reporter, 9-15 may 2006, pp. S1-S9.
154. Sur ce sujet, CNC, *Bilan 2008, op. cit.*, pp 96.
155. *Ibid.*, 101.
156. Gabriel Snyder, « A Windows Windfall ? », *Variety*, 401 (4), 12 Dec 2005, p. 1 (7).
157. Pamela Rolfe, « Spanish Exhibs Feeling the Pinch », *Hollywood Reporter*, 18-24 July 2006, p. 8 ; John Hopewell, Emilio Mayorga, « Spain Bill to Rein in Majors », *Variety*, 294 (1), 2 Jan. 2007, p. 1 (8).
158. Anne Feitz, « Euro Disney : Dissection d'un lancement », *Médias*, (327), avr. 1992, pp. 24-33.

Chapitre II

L'emprise hollywoodienne sur les marchés médiatico-culturels

Alors qu'elles se sont investies dans les sphères de l'image, les *majors* ont été intégrées ces dernières décennies à des stratégies d'expansion médiatique beaucoup plus vastes. Par ailleurs, elles exploitent pleinement les émotions suscitées par les films, notamment en concluant des partenariats avec d'autres entreprises.

1. L'intégration d'Hollywood dans des stratégies globales

Subsumé dans de colossales entités, le milieu californien se trouve entraîné dans des logiques qui le dépassent largement. Il en résulte deux tendances de fond : d'une part, les studios sont dirigés par des firmes dont le cœur de métier n'est plus le cinéma, mais les loisirs. D'autre part, ils sont conduits à réorienter leur production au plan mondial. Si Hollywood demeure toujours le centre de l'audiovisuel-monde, de nombreux professionnels de la filière sont à présent mis en concurrence avec des foyers de création étrangers.

La transformation organisationnelle des studios. Les compagnies de l'*entertainment* se sont impliquées dans les sphères de l'image au sein desquelles l'activité cinématographique n'est plus considérée comme essentielle. Or, ces stratégies d'intégration multimédia ont privé le cinéma-monde de son autonomie, de telle sorte qu'il ne forme plus à présent qu'un moyen au service d'objectifs définis à l'échelle d'organisations le dépassant.

Les programmes télévisés constituent des divisions considérables qui participent pleinement à l'expansion des groupes.

D'ici 2010, l'économie des loisirs passerait de 1,33 à 1,83 trillion de dollars à un rythme annuel de croissance de 6,6%. Augmentant de 6 à 8% par an, les marchés télévisuels approcheraient les 456 milliards, soit quatre fois plus que la filière cinématographique. Alors que les États-Unis resteraient un énorme foyer de consommateurs – dont la valeur avoisinerait les 726 milliards de dollars – ils ne croîtraient annuellement que de 5,6%, tandis que la région Asie/Pacifique atteindrait 9,2%, l'Amérique latine 8,5% et l'Europe/Moyen-Orient/Afrique 6,1%[1]. Par conséquent, comme les firmes ont pour priorité de s'imposer dans les secteurs les plus dynamiques, elles doivent être étudiées à l'échelle mondiale.

Dans l'histoire d'Hollywood, on retient souvent la réticence du milieu artistique à s'associer à celui de l'audiovisuel. Or, après une période d'hostilité les structures productives des deux champs ont bel et bien fusionné. Disney a d'ailleurs été parmi les premières sociétés à travailler pour le petit écran dès le début des années cinquante. Son dirigeant entendait alors développer ses activités et ouvrir un parc à thème à Anaheim en Californie. Pour ce faire, il lui fallait obtenir de nombreux financements qu'il est allé demander aux chaînes américaines. À la suite des refus de David Sarnoff et William Paley, respectivement chefs de NBC et de CBS, il a contacté en 1953 Leonard Goldenson d'ABC. En échange de l'engagement de Walt Disney pour la production d'une heure hebdomadaire et la concession sur les restaurants pour dix ans, il accepta de financer la construction de Disneyland en prenant 35% du capital. En octobre 1954, l'émission commença et fut diffusée chaque mercredi. Remportant une popularité immédiate, elle arriva en tête des pourcentages d'audience[2].

De manière empirique, Disney a représenté, avec le soutien de Goldenson, le modèle contemporain de la *major* caractérisé par l'utilisation commerciale de narrations. Comme l'écrit Douglas Gomery : « *la nature fondamentale du studio system a changé au cours de cette chaude journée de juillet [17 juillet 1955] où Disney et ABC ont lié le cinéma, la télévision et les parcs à thèmes* »[3]. Mais bien avant cette époque, la compagnie était déjà parvenue au succès avec ses dessins animés et ses produits dérivés. Ses programmes télévisés ont alors renforcé la familiarité à l'égard des imaginaires Disney, tout en introduisant des attractions auprès des téléspectateurs. *Disneyland*, diffusée sur la chaîne ABC du 27 octobre 1954 au 3 septembre 1958, a pleinement attiré l'attention sur les différents espaces de divertissement qui ont ouvert en juillet 1955. D'autre part, le téléfilm *Davy Crockett, King of the Wild Frontier* (1955) a été programmé aussi lors de cette émission. Il a connu immédiatement des records d'audience, ce qui a conduit Walt Disney à le transformer en film. Ce passage du petit au grand écran fut une réussite : outre les recettes provenant de l'exploitation, la bande originale resta pendant seize semaines, première des classements musicaux, et les ventes de produits dérivés se montèrent à plus de 300 millions de dollars. Capitalisant cette notoriété, les parcs à thèmes comportent encore de nos jours des activités reprenant cet univers, comme l'attraction *Davy Crockett's Explorer Canoes* en Floride. C'est dire combien l'année 1955 – tant avec *Davy Crockett* qu'avec l'association parc-télévision – posa Disney comme référence incontournable pour tous les groupes de l'*entertainment* à venir.

Walt Disney a parfaitement réussi ce qu'il est convenu d'appeler des synergies. Nous entendons souvent par ce terme les processus socio-économiques qui résultent d'une intégration toujours plus étroite des secteurs audiovisuels. On souligne en particulier l'intérêt pour les compagnies d'acquérir des sociétés de production et de distribution cinématographiques, ce qui leur permet d'engranger pleinement les profits générés par leurs créations et, par voie de conséquence, de moins dépendre des autres entités. Ce phénomène résulte des opportunités engendrées par les nouvelles technologies et l'expansion des firmes transnationales. Mais on ne prend pas assez en considération les symboliques Disney, si l'on s'en tient uniquement à cette définition. En effet, il reste nécessaire d'examiner son caractère culturel qui apparaît prédominant car le rayonnement de Disney tient à l'instrumentalisation économico-culturelle d'une proximité affective avec les cadres narratifs et les personnages d'un film apprécié. À cet égard, soulignons combien ce voisinage émotionnel est maintenu, entretenu et même approfondi par d'autres médias qui s'en inspirent. Il forme ce que les comptables appellent l'*intangible asset* (les actifs impalpables), qui se traduira ensuite par des profits considérables. Tandis que ces derniers se montaient en 1952 à 500 000 dollars, ils dépasseront en 1959 les 3,4 et en 1965 les 11 millions de dollars[4]. En outre, ces pratiques synergiques se sont intensifiées depuis plusieurs décennies avec un rapprochement opéré entre les chaînes de télévision et les *majors*.

Les productions audiovisuelles populariseront les narrations reprises dans les parcs et par les produits dérivés. Au même titre que le cinéma, la télévision contribue à forger des habitudes et des reconnaissances symboliques. Cette présence de Walt Disney dans tous les foyers a joué un rôle majeur dans la construction du personnage de l'*oncle Walt* dans les imaginaires collectifs, mais aussi dans l'attachement même au label éponyme. Selon Steven Watts, il aurait accompagné la population américaine dans le bouleversement de ses conditions de vie tout au long du XXème siècle[5].

Cette dimension du producteur-présentateur présent sur les écrans pendant des décennies – et incarnant des valeurs *Midwest* dont les publics se sentent proches – ne se retrouve pas à l'étranger, ce qui manque sans doute à l'entreprise pour y réussir autant qu'aux États-Unis. Dans les études menées auprès de la population française, lorsque nous évoquions les termes Walt Disney, seulement 1% pensait immédiatement à la personne, souvent en relation avec l'exposition au Grand Palais qui se tenait durant cette période. En fait, il apparaît que les contextes nationaux – dans le cas présent les *structures de sentiments* (*structures of feeling*) – perdurent malgré leur enchevêtrement à des mouvements mondiaux[6].

La firme s'est également impliquée rapidement dans les programmes spécialisés pour les enfants. Dès le 3 octobre 1955, elle en produit un qui leur est destiné, *The Mickey Mouse Club*. Ce dernier qui émet pendant une heure du lundi au vendredi, propose de nombreux dessins animés, documentaires, chants, danses et séries, tels que *The Adventures of Spin and Mar-*

ty, *Border Collie* et *The Secret of Mystery Lake*. Encadrée par deux adultes, Jimmie Dodd et Roy Williams, sa présentation est assurée par plusieurs dizaines d'enfants appelés les *Mouseketeers* portant les célèbres oreilles de souris. Après avoir été rediffusé, il a été programmé jusqu'à nos jours sous différentes versions. Par ailleurs, remarquons que cette émission a repris le nom exact du Club Mickey Mouse. Créé en 1929, ce dernier a compté, à son apogée en 1932, plus d'un million de membres[7]. Aussi faut-il se demander si l'audiovisuel n'est pas venu, dans ce cas, compléter et revitaliser l'activité dérivée des premiers films d'animation. Mais il convient d'ores et déjà de noter la relation complexe entre les contenus et les biens annexes que nous étudierons ultérieurement en détail.

De nos jours, aux États-Unis les champs cinématographiques et télévisuels se caractérisent par une réelle perméabilité, tant à l'égard des artistes que des dirigeants : nombreux sont les acteurs comme George Clooney ou bien Johnny Depp, qui ont commencé leur carrière sur le petit écran. De même, Michael Eisner ainsi que son successeur, Robert Iger, viennent tout deux de ce secteur. Une telle interpénétration peut également s'observer dans les studios parmi les responsables de la production car un nombre important d'entre eux a exercé des fonctions dans ce domaine avant d'arriver chez Disney. L'intégration de ces deux sphères a donc conduit à un rapprochement étroit de leurs pratiques. Elle a permis l'émergence du phénomène de vedettariat qui a provoqué des ventes considérables de biens annexes[8]. Hilary Duff est parvenue au succès grâce à *Lizzie McGuire* de 2001 à 2004 diffusé sur Disney Channel, dont est tiré le film *Lizzie McGuire Movie*, sorti sous le label Walt Disney Pictures.

À la suite de l'acquisition d'ABC, la firme Disney est devenue une entité colossale dont les réseaux médiatiques (*media networks*) forment la principale branche, comptant pour 42% des recettes et 56% des revenus d'exploitation[9]. Elle rassemble des chaînes généralistes et thématiques incluant notamment ABC, ESPN et Disney Channel. Cependant, elle comprend aussi les activités de production et de distribution en matière de télévision. Ces dernières décennies, l'activité télévisuelle s'est considérablement développée à l'étranger avec l'essor de Disney Channel et du groupe ABC-Disney Television. Lancée le 18 avril 1983, la chaîne a connu une expansion fulgurante hors de ses frontières. Regroupées sous l'ensemble Disney Channel Worldwide, ses déclinaisons mondiales et thématiques pour enfants sont disponibles dans 80 pays. Environ 30 000 heures de programmes de ABC Television Studio et Walt Disney Television Animation sont distribuées internationalement par Disney-ABC Television Group par 1 300 partenaires dans 240 territoires[10].

Le caractère transnational de ses contenus a favorisé la mise en place de vastes plateformes de *merchandising* qui s'adressent principalement aux jeunes publics. Ses programmations diversifiées à l'audience mondiale permettent de promouvoir le reste de la firme, y compris ses films, ses parcs et ses biens annexes. Comme l'a affirmé Charlie Nelson, ancien responsable du marketing : « *le luxe de Disney réside dans le détention de la Disney Channel, 80 millions de spectateurs [150 millions dans 100 pays] sans publicité, une chaîne uniquement dédiée à la promotion des programmes. 24 heures sur 24, Disney, Disney, Disney, Disney,...* »[11]. Notons toutefois que ce mouvement de concentration et d'intégration ne reste pas le fait exclusif de ce studio[12].

À la suite de fusions et d'acquisitions, les grandes entités formées se composent toutes d'activités développées hors du cinéma[13]. Toutefois, il est possible de distinguer une structuration résultant de la compression des champs voisins. Ainsi, les secteurs du câble et du satellite sont-ils apparus stratégiques car les industries culturelles dépendent d'eux pour l'acheminement de leurs contenus. Or, à l'instar de la News Corporation et Time-Warner certaines y ont acquis les principales entreprises. À présent, non seulement elles disposent de structures productives de films, téléfilms et séries – respectivement la 20th Century Fox et la Warner – et de nombreuses chaînes comme Fox, CNN, Turner Classic Movies, mais aussi des fournisseurs d'accès[14]. Dans ces conditions, on comprendra que ces actifs leur offrent un solide levier pour renforcer leurs relations avec les compagnies spécialisées dans les programmes.

Par ailleurs, il existe de grandes entreprises dans les structures de services, à l'instar de Comcast[15]. Lorsqu'en février 2004, celle-ci a voulu racheter Disney pour 66 milliards de dollars, elle entendait se doter de capacités considérables dans l'audiovisuel. Ce rachat aurait créé un groupe complet. Toutefois, il aurait normalisé un peu plus Disney en la rattachant à un prestataire d'accès. Pour l'heure, celle-ci se présente comme la seule société de cinéma à demeurer *stand-alone* (indépendante), selon l'expression de Bridget Johnson[16]. En effet, elle s'est développée par l'exploitation diversifiée de ses films, tandis qu'elle a pris le contrôle d'un des *networks* américains, ABC, ainsi que l'indépendant Miramax[17]. Au contraire, les autres *majors* sont adossées à des conglomérats géants tels que NBC-Universal depuis 2003, filiale de General Electric et de la Columbia de Sony. La concentration des champs conduit Disney à s'intégrer dans un ensemble plus large et à investir dans l'acheminement des programmes afin de gagner en poids économico-politique. La détention d'actifs dans des sphères contiguës à celles des contenus confère indéniablement un pouvoir de marché supplémentaire d'ordre plus structurel.

L'intégration des *majors* dans des stratégies les dépassant largement a considérablement modifié leur économie. Les champs médiatiques étaient auparavant cloisonnés et structurés par l'état des technologies, des réglementations sourcilleuses et des pratiques spécifiques[18]. L'industrie du cinéma était formée comme un ensemble rigide et stable avec les *Cinq Grandes* qui s'assuraient l'essentiel des recettes. Elle était placée à la tête de l'*entertainment*, dominant les autres secteurs comme ceux de la musique et des vaudevilles. Or, ce mode de fonctionnement a volé en éclats avec l'explosion de la diffusion des films, l'arrivée de la télévision et les reconfigurations des comportements socio-culturels. À cela s'ajoute le contexte de mondialisation culturelle qui rend les enjeux considérables. En fait, la convergence globale est devenue possible de manière transnationale et transvectorielle, ce que les compagnies tentent d'accomplir. La poursuite de cet objectif a désautonomisé les filières. Si elle permet à quelques professionnels privilégiés de disposer de fonds colossaux, elle les contraint en revanche davantage à mesure que leurs profits internes déclinent.

Si le *studio system* de l'ère classique se fondait sur une production diffusée en salles, désormais il ne repose pas autant sur les films : il est englobé au sein de plus grosses firmes qualifiées de *créatives*[19]. Selon une étude prospective, les activités cinématographiques comprenant l'exploitation, les branches *home vidéo* et les téléchargements par internet ne se monteraient plus en 2010 qu'à 104 milliards de dollars, soit 5% de l'économie des loisirs et des médias, dont le marché représenterait un total de 1,83 trillion[20]. Par ailleurs, les salles de projection – débouché traditionnel – s'avèrent désormais largement déficitaires, tandis qu'en matière audiovisuelle les marges d'un studio réduiraient régulièrement, passant des années quatre-vingt à deux mille de 8% à 5%[21]. Ces données chiffrées doivent être comparées aux 40% de revenus obtenus dans le domaine des chaînes câblées[22].

Non seulement les *majors* sont intégrées au sein de vastes compagnies, mais elles aussi se tiennent au cœur de stratégies d'expansion qui les mobilisent. Dès l'entre-deux-guerres, les financements considérables requis par la production les ont conduites à entretenir des relations continues avec des acteurs extérieurs au secteur. La séparation entre l'exploitation et les producteurs/distributeurs les a rendues encore plus dépendantes de capitaux et de macro-structures. Relativement petites en comparaison avec d'autres entités économiques, elles sont rapidement passées sous le contrôle de conglomérats qui souhaitaient se diversifier afin de diminuer les risques inhérents à l'accentuation du processus de mondialisation. Dans ces conditions, leur fonctionnement n'est pas fondamentalement modifié car elles sont acquises précisément pour leur économie spécifique aux cycles divergents.

Or, elles ont été rachetées à partir des années quatre-vingt par de grandes entreprises dans lesquelles leur place s'est révélée très différente. Au lieu d'être maintenues dans leur spécificité, elles ont été intégrées dans le développement stratégique.

Robert Cort caractérise ce changement organisationnel en ces termes : « *auparavant, acheter un des studios revenait à aller à Hollywood, aujourd'hui ces derniers ont au contraire adopté le système de ses acquéreurs* »[23]. En effet, ils ont été englobés dans des groupes se consacrant à l'information et à l'audiovisuel. À cet égard, rappelons qu'en 1986, la News Corporation a racheté la 20th Century Fox et en 1989 Sony a absorbé la Columbia-Tristar qui avait été auparavant brièvement détenue par Coca-Cola.

Dirigé par des équipes peu soucieuses du cinéma en tant que tel, le milieu hollywoodien sent son métier lui échapper. Sa latitude d'action semble se restreindre car l'intégration de la filière au sein d'immenses firmes la soumet à de sévères contraintes financières. Ainsi se creuse à Hollywood un large fossé entre les créatifs et les gestionnaires. À titre d'exemple, Bill Mechanic a dirigé le studio 20th Century Fox de 1993 à 2000, contribuant à son expansion à travers de succès tels que les *X-Men* (2000, 2003, 2006) ou bien *Titanic* (1997). Bien qu'il ait eu la possibilité d'encourager les films destinés à une audience mondiale, il reproche à ses supérieurs leur manque d'intérêt envers le cinéma[24]. À ce propos, il s'est opposé à Rupert Murdoch, ce qui montre combien le vrai problème ne réside pas tant dans les superproductions que dans les décisions de produire prises moins en fonction de l'originalité et de la rentabilité potentielle propre des films que pour leur capacité à dégager des profits dans de vastes secteurs.

La fragmentation mondiale des processus cinématographiques. En matière culturelle, les capitalistes californiens bénéficient d'opportunités mondiales de création dont ils profitent en délocalisant certaines étapes de la production. Il en résulte une spécialisation sectorielle des foyers nationaux dans laquelle Hollywood garde les rôles-clefs de coordination et de décision. On assiste à l'émergence d'une *nouvelle division internationale du travail culturel* dans les sphères productives qui revêtent un caractère transnational avec la réalisation de tâches parcellaires à l'étranger[25]. Redéployant leur activité à l'international, les *majors* se sont montrées peu préoccupées par le bien commun de la filière américaine. Constatons que la mondialisation *dénationalisante* a ouvert de nombreuses occasions de réaliser – à moindre coût – à l'extérieur de la Californie, en utilisant des infrastructures bon marché[26].

Toutefois, ce phénomène était conditionné par la fin de l'ère classique des studios dont le délitement a correspondu aux premiers investissements hors des frontières. La fragmentation des structures productives a rendu possible l'introduction de sous-traitants étrangers car les pratiques ainsi que les consciences collectives ne sont plus ordonnées à partir d'une loyauté manifestée envers une *major* particulière et ses branches d'activité n'effectuent plus l'ensemble des étapes de production. Autant dire que la généralisation d'une solidarité organique a contribué au morcellement international. Par conséquent, les délocalisations s'inscrivent dans la désintégration du *studio system*. En effet, ce processus de démantèlement a représenté un préalable au rapprochement entre les foyers nationaux de création et la formation d'une « *densité dynamique* » de nature transnationale[27]. Interrogé à ce propos, le producteur Michael Taylor explique qu'« *elles traduisent un phénomène qui a débuté il y a longtemps [qu'il a pour] [sa] part tourné en Roumanie, en Hongrie, au Canada et en Jamaïque, sachant qu'aucune des histoires ne s'y déroulait* »[28]. Enfin, l'exécution des dessins animés traditionnels s'est décentralisée en Asie. Ces relocalisations se sont avérées concluantes dans la mesure où les firmes ont bénéficié de maillages industriels préexistants. Ayant surtout servi pour la télévision occidentale, ceux-ci sont marqués par des savoir-faire proches de ceux d'Hollywood[29].

Cependant, ces étapes dénationalisées entraînent des dépenses supplémentaires, y compris pour des films tournés au Canada. Elles requièrent d'être *américanisées* avant d'être lancées mondialement. En l'occurrence, il s'agit principalement de remplacer les drapeaux, les plaques d'immatriculation, les voitures de police et les boîtes postales. En outre, des symboles américains sont ajoutés à l'image du bâtiment du FBI à Washington dans la série *X-Files*[30]. À cet égard, les spécialistes du cinéma-monde observent que « *les créations à l'étranger ont été considérées comme des biens distincts ayant besoin d'un nettoyage et d'un editing intense en pré et post-production* »[31]. Par ailleurs, voulant intégrer des œuvres locales à ses programmes, la firme Disney a dû conclure des partenariats afin de développer des types de contenu spécifique[32].

Ces décisions obéissent à des calculs financiers, quant à l'opportunité de produire à moindres coûts ; les salaires exorbitants des créatifs ne faisant que renforcer la recherche de main-d'œuvre et d'infrastructures bon marché. Mais comme les artistes demeurent irremplaçables en raison de leur notoriété, les studios sont contraints de réaliser des économies sur le reste du processus productif. On estimait déjà en 1998 les pertes d'activité pour la région de Los Angeles à 2,8 milliards de dollars alors qu'elles ne s'élevaient en 1990 qu'à 0,5. Quoique anciennes, les délocalisations se sont depuis fortement intensifiées, représentant selon une étude menée entre 1998 et 2005 plus de 23 milliards de dollars et 47 000 emplois permanents[33]. Selon le Los Angeles Economic Development County, en 2004, 48% des films indépendants étaient produits aux États-Unis, hors de Californie. Quant aux films de *majors*, 45% des tournages se déroulaient à l'extérieur du territoire national[34].

Toutefois, les investissements à l'étranger ne sont pas uniquement engagés pour des raisons économiques. Ainsi, les compagnies savent-elles aussi tirer partie des avantages législatifs et sectoriels présents à l'international. À titre illustratif, le tournage de *Four Men and a Baby* (1987) s'est notamment déroulé à Toronto après une semaine passée à New York en raison d'une législation sur le travail des enfants moins draconienne[35]. À Paris, les animateurs Disney étaient appréciés car « *ils se distinguaient par leur formation classique et leur connaissance des beaux-arts* »[36].

Par ailleurs, les pouvoirs des firmes restent plus considérables dans les foyers étrangers que sur la côte ouest, où leurs rivalités créent des situations favorables aux collaborateurs talentueux. Si les professionnels canadiens ont profité d'un afflux d'investisseurs, ils ont en revanche accepté la réduction des avantages sociaux dont ils profitaient auparavant. Ainsi, ont-ils préféré travailler – malgré la protection sociale dégradée – que leur offraient les *majors* plutôt que de les voir partir[37]. En outre, cette implication dépend des liens socio-économiques et des capacités productives existant au plan local. À cet égard, la numérisation et l'interconnexion mondiale ont rendu les déplacements et les transferts de données peu coûteux, ce qui a conduit les chefs de studios à collaborer avec des filières encore plus lointaines. Sur tous ces points on voit donc bien que la mondialisation renforce les relations professionnelles de nature transnationale. Désormais, leurs délimitations répondent davantage à des logiques économiques et culturelles qu'à des critères nationaux.

Compte tenu de ce contexte, les collectivités territoriales tentent de soutenir la compétitivité de leur centre de création, dans un climat de concurrence mondiale très dur. Pour ce faire, elles ont formé des professionnels bon marché afin d'encourager les investisseurs et de développer des sites de tournages et de postproduction susceptibles de rendre le secteur plus attractif[38]. Ces efforts considérables reflètent non seulement l'intérêt que ces institutions accordent aux films, mais aussi la volonté de préserver ou de revitaliser un tissu économico-culturel propre à attirer des opérateurs multinationaux. Les États fédérés d'Amérique, comme les pays tiers, ont activement cherché à favoriser les producteurs hollywoodiens grâce à une réduction des coûts et des taxes. En Afrique du Sud, 15% des sommes dépensées peuvent être remboursés, à condition que 50% du film soient tournés dans le pays avec un budget minimum de 3,8 millions de dollars[39].

S'agissant des grandes métropoles, elles ont également souhaité encourager les investisseurs hollywoodiens. New York a par exemple incité financièrement la réalisation et la production de films, tandis que Londres a lancé une agence chargée de promouvoir les investissements cinématographiques et télévisuels, particulièrement les tournages[40]. Ainsi pouvons-nous constater que les organisations étatiques ne forment pas les seules collectivités veillant à la compétitivité de leurs industries.

Selon Philip Cerny, le « *competition state* »[41] – succédant à l'État providence – se charge non seulement du bien-être de sa population, mais plus encore du maintien de ses firmes dans la concurrence mondiale et de l'attractivité de son économie. Soulignons à cet égard combien cette logique vaut désormais pour toutes les entités publiques aussi bien aux plans local que régional.

Loin de réduire la puissance d'Hollywood, la fragmentation mondiale du processus productif – résultat d'une reconfiguration internationale du travail – la renforce car elle ne change pas la hiérarchisation du cinéma mondial. L'interdépendance demeure fortement asymétrique entre les firmes hollywoodiennes et les entreprises nationales. Il est vrai que désormais les premières comptent sur des professionnels étrangers pour réaliser une partie des films. Toutefois, comme elles ne s'implantent pas durablement et entretiennent des liens avec de nombreux sous-traitants, le rapport de force joue pleinement en leur faveur. En effet, elles bénéficient de la compétition que se livrent les professionnels pour collaborer avec elles. René Bonnell observe à ce propos que « *lorsque les Français se disputent tous la clientèle américaine, que ce soit Duboi/Duran ou Buf Productions pour leur arracher 100 000 dollars d'effets spéciaux ; il faut bien comprendre qu'ils se battent pour leur survie* »[42].

Notons que cette compétition – qui résulte de la compression du champ à l'échelle mondiale – profite pleinement aux clients d'Hollywood. Cette rivalité encourage les foyers étrangers à se soumettre à des logiques hollywoodiennes qui les spécialisent dans les métiers techniques du tournage et de la postproduction. Les *majors* restent les seuls producteurs en chef, qui font de la région de Los Angeles, le centre mondial de décision. D'ores et déjà, elles y centralisent les *dailies*, les capacités financières, les symboliques ainsi que les droits de diffusion. Finalement, bien que les *majors* emploient des professionnels, en général leur activité ne contribue pas à une prospérité des filières dans la mesure où elles évincent les sociétés de production.

Hollywood s'occupe prioritairement de la définition du long métrage qui forme l'étape créative par excellence. Comme l'affirme Igor Khait : « *une fois que l'idée a été trouvée, le reste n'est que fabrication* »[43]. Il convient donc de trouver une histoire passionnante dotée d'un projet rentable, ce que représentent les choix de pré-production, à savoir du scénario, des stars, du réalisateur et du budget. En matière de dessins animés, les phases précédant le tournage sont également dominées par les créatifs américains. Le script, le scénarimage (*storyboard*) et l'*exposure sheet*[44] sont élaborés aux États-Unis. Puis le travail est envoyé à l'étranger pour le dessin, le coloriage, l'encrage, la peinture et la photographie. De nos jours, les tâches se sont singulièrement réduites, grâce à l'animation assistée par ordinateur. Autrement dit, les Américains déterminent les trames cinématographiques dont ils coordonnent la réalisation au plan mondial. Disposant des savoirs symboliques et industriels du film, ils représentent les véritables maîtres d'œuvre.

Soulignons combien les étapes-clés de la création se déroulent conformément aux priorités du cinéma-monde, tandis que les autres phases – plus exécutives que créatives – sont étroitement contrôlées par les *majors* qui les réservent aux sites délocalisés. En fait, ces phénomènes s'observent dans tous les processus transnationaux : alors que les fonctions de commandement et de recherche innovante sont très centralisées, les autres sont simplement sous-traitées ou laissées tout bonnement aux filiales. Steve Hulett se souvient à cet égard que « *le studio Disney à Paris était le seul site à s'occuper de dessins animés distribués en salles. Les autres, ceux de Toronto, Vancouver et Sydney s'occupaient des films directement diffusés en vidéo* »[45].

Les investissements lourds dans les infrastructures sont assurés par les pouvoirs publics, ce qui rend les firmes libres de changer de sites au gré de l'évolution des coûts et des contraintes nationales. Par conséquent, les foyers étrangers restent dépendants de leur bon vouloir. À titre d'exemple, le Canada a souffert dernièrement de la réduction de nombreux tournages. Tandis que ce pays attirait 80% des délocalisations, ces dernières se sont progressivement réduites[46]. En outre, avec la dépréciation du dollar, il s'est trouvé en compétition non seulement avec Prague et Sydney, mais même avec les États-Unis. Autre handicap à souligner, les sociétés d'Hollywood pratiquent parfois le chantage territorial. Ainsi, en 2003, confrontées à des revendications syndicales, elles ont menacé de quitter purement et simplement le Québec. Leurs déclarations n'ont alors pas manqué de provoquer la panique parmi les professionnels du cinéma car elles y avaient déjà investi plus de 280 millions de dollars[47]. Ces situations de mise en concurrence des centres de production les uns avec les autres créent les conditions de réduction des traitements des travailleurs en l'absence de toute mobilisation commune entre les différentes filières ; ceci au sein même des pays concernés[48]. Autrement dit, les marges de manœuvre laissées aux organisations locales demeurent très réduites car elles ne peuvent plus envisager cette activité à long terme.

Dans l'animation, les centres de création se sont montrés vulnérables aux redéploiements stratégiques. Dans cette logique, la Walt Disney Feature Animation a fermé ses sites de Montreuil en 2003, puis ceux de Floride, Tokyo et Vancouver en 2004, et enfin ceux de Sydney en 2006 car la *major* a préféré « *sous-traiter à un tiers comme Toons City à Manille, [...] ce qui revenait bien moins cher* »[49]. En effet, les nouvelles technologies rendent « *[ce recours] plus pratique que l'intégration verticale. Avec internet, on peut envoyer les dossiers en une seconde à Varsovie ou Bangkok. Dans ces conditions, Disney n'a plus besoin d'équipes permanentes à Paris* »[50]. Toutefois, exigeant du savoir-faire et de la dextérité, les dessins animés paraissent difficiles à délocaliser car ils exigent une longue formation. Or, un tel apprentissage ne peut se limiter à une politique publique de court terme, comme la simple construction de bâtiments ou la mise en place de régimes fiscaux avantageux. Au contraire, ces investissements supposent, au préalable, l'existence d'un pôle de créatifs. Comme le déclare Steve Hulett : « *la difficulté, pour l'animation en particulier, c'est qu'un studio met cinq à six ans pour devenir opérationnel, le temps pour les professionnels d'acquérir de l'expérience et de se perfectionner* »[51].

Dans le Pacifique, les implantations se sont révélées très profitables pour les studios. Lorsque Disney a augmenté en 1984 sa production de dessins animés (films et téléfilms), elle s'est implantée au Japon. En avril 1989, ses sous-traitants se sont retrouvés dans le complexe Walt Disney Animation Japan. Puis, dès le début des années quatre-vingt-dix, Disney Japan est partie en Chine et en Corée du Sud car elle était confrontée à une pénurie de main-d'œuvre ; un seul programme requérant pas moins de 1000 personnes[52]. À titre illustratif, rappelons que les bulles de *La Petite Sirène* ont été peintes à Pékin par le groupe Pacific Rim Productions[53].

Mais ces spécialisations des sphères de l'image restent limitées aux pays développés et émergents. Les productions y demeurent largement concentrées, tandis que les produits dérivés sont au contraire fabriqués dans le Sud. Une étude, portant sur l'origine des biens Disney, a montré que les sites de délocalisation audiovisuelle restaient concentrés à 92% dans les régions industrialisées. À l'opposé, les jouets, la joaillerie et les céramiques ne provenaient qu'à 20% de ces pays. Ainsi, les redéploiements productifs des *majors* ne remettent-ils pas radicalement en cause les configurations de l'échange inégal –ils les renforcent plutôt – alors qu'ils seraient pourtant en mesure d'influer sur la structuration centre/semi-périphérie[54].

2. Les *majors* au cœur de l'économie mondiale

Les compagnies de l'*entertainment* sont pleinement insérées dans les sphères économiques où elles détiennent une place stratégique. Dominantes dans les domaines du divertissement, elles demeurent très attractives pour les autres firmes transnationales. Par ailleurs, elles sont pleinement immergées au sein des milieux industriels de par leur personnel et leur activité, tandis que leurs narrations font l'objet d'une commercialisation intense dans le reste de l'économie.

Une stratégie inachevée de diversification multimédia. L'industrie hollywoodienne diffuse mondialement ses contenus, grâce à ses structures multimédias. Sa suprématie structurelle s'impose progressivement dans l'ensemble des secteurs audiovisuels. Toutefois, il convient d'observer que la mondialisation de ces firmes cinématographiques reste limitée par la gestion stato-centrée de ses dirigeants.

Les flux considérables émis de Californie vers le reste du monde représentent l'essentiel du commerce international dans ces domaines. En effet, il n'existe pas de mouvement équivalent, venant de pays exportateurs vers les États-Unis. Si Hollywood ne remplace pas les productions locales, ses films s'imposent cependant comme les seules alternatives à ces dernières. Ainsi, dans la mesure où la programmation pendant les heures de grande écoute se compose de biens nationaux ou américains[55], nous pouvons mieux comprendre la concurrence que se livrent les diffuseurs afin d'acquérir les nouveautés des *majors*. Zones au pouvoir d'achat élevé, les pays européens et le Japon acquièrent nombre de biens importés. À titre d'exemple, dans l'Europe des Vingt-cinq, les parts de marché des œuvres nationales et hollywoodiennes se sont respectivement élevées en moyenne entre 1998 et 2007 à 29% et 68%[56].

Notons deux exceptions : les marchés français et sud-coréen, deux espaces de production qui ont pu garder un foyer de création vivant avec le soutien de l'État. Les films qu'ils ont produits, occupent en 2008 une place majoritaire dans l'un (45,4%) et significative dans l'autre (39,6%), tandis que ceux venant d'Outre-atlantique ne dépassent pas les 50%[57]. Précisons toutefois que ces filières apparaissent centrées sur leur territoire national, leurs exportations ne constituant qu'une part négligeable de leurs recettes. Si chaque année tel film remporte l'adhésion de spectateurs étrangers comme *Le Fabuleux Destin d'Amélie Poulain* ou *La Marche des Empereurs*, il n'en reste pas moins que les parts de marché détenues par les productions hexagonales sont très réduites, même en Europe[58]. Elles s'élèvent en Allemagne – première destination d'exportation pour ces dernières – à 3,9%, en Espagne à 2,1% et en Italie à 1%[59]. Ainsi, confirmons que le constat relatif à l'Europe, dressé par Éric Darras, vaut pour le reste du monde : « *une première cartographie de l'européanisation des publics, des médias et des program-*

mes révèle que, sauf rares exceptions, les pays n'échangent guère entre eux des biens audiovisuels, mais ils partagent néanmoins une même culture d'importation nord-américaine »[60].

Il est nécessaire de bien comprendre que cette prépondérance est doublement fondée : les entités hollywoodiennes s'imposent économiquement dans les sphères de l'image, bénéficiant de l'attractivité de ses symboles et de ses narrations. Comme nous l'avons déjà observé, « *les spectateurs occidentaux s'identifient aux stars d'Hollywood, mais ils ne se projettent pas dans une fiction non-américaine et non-nationale* » car en fait, ils ont intégré les symboliques de l'*American Way of Life*[61]. Par conséquent, ces films ne rencontrent pas les obstacles socio-culturels auxquels les productions nationales sont confrontées, hors de leur marché d'origine. Malgré ses politiques communautaires – Télévision sans frontières et MEDIA – force est de souligner que l'Union européenne n'a pas réussi à inverser la structure de domination américaine en matière cinématographique.

Les limites de cette suprématie structurelle ne se manifestent pas dans le marché, mais hors de celui-ci. Elles se trouvent dans les champs où les accords juridico-politiques ne permettent pas l'imposition de la logique marchande. Outre les mécanismes d'aide, il s'agit de nations industrialisées depuis peu où les sphères de l'image demeurent non-maîtrisées. En effet, la piraterie, l'omniprésence de l'État et l'arrivée récente de symboles hollywoodiens freinent les avancées des compagnies cinématographiques. Mais, les perspectives de croissance se trouvent toutefois encore très élevées dans ces régions.

La zone Asie/Pacifique demeure largement privilégiée par les *majors* dans la mesure où les potentiels de croissance y sont très élevés. En 2005, le chiffre d'affaires de Disney se monte simplement dans cette partie du monde à 1,4 milliard de dollars, alors qu'il atteint 24,8 en Amérique du Nord et 5,2 en Europe. Mais, malgré des résultats encore faibles, la firme s'implante désormais dans tous les secteurs des loisirs. Buena Vista International s'y est par exemple établie depuis 1993, créant dix bureaux, notamment en Corée du Sud, à Taiwan, en Nouvelle-Zélande et en Australie où elle y a distribué 250 films en dix ans[62]. Depuis qu'elle a créé en 1995 sa première Disney Channel à Taiwan, elle s'est imposée dans les pays de l'Asie du Sud-Est, à tel point que l'on estime à 8 millions, les abonnés qui regardent ses déclinaisons. Combinés aux émissions passant sur les chaînes généralistes – à l'instar de *Disney Club* –ses programmes sont diffusés auprès de 300 millions de foyers[63]. Dans cette logique, elle a multiplié ces dernières années la promotion de ses plateformes et de leurs services contenus auprès des compagnies nationales de télécommunications et de diffusion[64].

Géants économiques en devenir, l'Inde et la Chine forment deux pays-continents aux potentialités colossales dans lesquels Hollywood a d'ores et déjà fortement investi. Toutefois, à l'instar de toute symbolique culturelle, les imageries hollywoodiennes doivent être adaptées aux cultures nationales avant de constituer des structures de pouvoir. Or, les *majors* se sont implantées dans ces pays pour diffuser leurs longs métrages, ce qui ne va pas sans inquiéter les autres opérateurs évoluant sur les mêmes marchés[65]. En l'occurrence, les tensions se sont exacerbées avec l'Empire du Milieu qui se montre souvent réticent face aux programmes importés sur son territoire. Outre les films heurtant la susceptibilité nationale ou développant des connotations négatives, des mesures protectionnistes sont mises en œuvre lorsque les opérateurs occidentaux sont en passe d'acquérir une position dominante[66].

La prépondérance structurelle permet aux *majors* d'accumuler des profits colossaux, tirés de la commercialisation de leurs films et déclinés sur d'innombrables supports. En effet, le secteur cinématographique est marqué depuis les années cinquante par la démultiplication progressive des moyens de diffusion. Certes, de nos jours, le petit écran reste le mode privilégié, qu'il soit numérique ou analogique, hertzien, vidéo, satellite ou câblé. Mais l'évolution de l'offre télévisuelle a favorisé une forte demande, ce qui a marqué l'entrée des sociétés dans l'ère de l'abondance médiatique. Il faut également considérer que toutes ces transformations ont rapporté des revenus substantiels aux *majors*, pourtant comme l'affirme Hal Richardson, « *ils n'avaient pas été anticipés, d'autant qu'une série de facteurs – tels que les privatisations et l'ouverture des secteurs à la concurrence – avait contribué à augmenter la demande* »[67].

Soulignons combien les firmes hollywoodiennes ont joué un rôle-clef dans l'expansion mondiale de l'audiovisuel. Elles ont investi de manière déterminante dans la diffusion nationale. Dans chacun des pays où elles ont affirmé leur présence, elles ont contribué à l'édification de marchés, favorisant ainsi des débouchés supplémentaires et formatant de nouveaux comportements. Elles ont notamment promu des consommations individuelles : toutes les offres convergent désormais pour proposer davantage de choix et de flexibilité dans l'usage et la qualité des programmes. Ainsi, ces nouvelles opportunités s'organisent-elles autour d'écrans toujours plus petits : À la *Pay-TV*, le *home video* et les bouquets thématiques s'ajoutent de nos jours le *Pay Per View* et la *Video on Demand*.

Toutefois, la déclinaison mondiale de ces programmes reste inachevée. Même si en diffusant leurs longs métrages sur les supports audiovisuels, les capitalistes de la culture ont initié des pratiques commerciales à l'échelle internationale. Selon certaines estimations, ils apparaissent comme les plus engagés dans ces processus mondialisés ; les bénéfices dus à leur présence atteignant des sommes considérables[68]. Derrière l'ambition affichée de proposer une production universelle, les professionnels hollywoodiens continuent de témoigner d'une orientation américano-centrée. Pourtant, de nombreux producteurs déclarent que dès le début du processus créatif, ils pensent déjà à leurs futurs spectateurs non seulement américains, mais de toutes nationalités et cultures, ce qui selon Michael Taylor montre bien la spécificité de la filière hollywoodienne : « *à Hollywood, tout le monde veut et prétend produire pour l'international. Moi-même je m'efforce de trouver des thèmes qui suscitent un attrait universel* »[69]. Par ailleurs, beaucoup de spécialistes estiment que les *majors* ont adapté leur stratégie en fonction de l'augmentation des recettes à l'étranger. Il est vrai que le *box-office* s'est élevé en 2008 à 28 milliards de dollars, comparés aux 9,8 obtenus aux États-Unis, sans compter les autres créneaux qui ont décuplé avec les débouchés⁷⁰. Par conséquent, on peut convenir avec Hal Richardson que « *ces marchés représentent une part de revenu importante pour les majors, ce qui explique qu'elles les prennent en considération dès l'étape de la production* »⁷¹.

Cependant, plusieurs déclarations témoignent d'un état d'esprit qui ne renvoie pas à un engagement de cette nature. En effet, le même haut responsable de la diffusion à la Paramount affirmait à ce sujet de manière tout à fait contradictoire : « *je peux leur dire comment rendre les créations plus attractives à l'étranger, mais cela pourrait réduire les profits en Amérique* »⁷². Ce propos de Hal Richardson révèle la part spécifique que gardent à ses yeux les États-Unis. Or, comme Bill Mechanic le remarque pourtant à juste titre : « *ce pays représente moins de 5% de la population globale [et] les opportunités sont beaucoup plus considérables hors des frontières* »⁷³. En outre, nous avons constaté que les professionnels californiens restent très américano-centrés. Ainsi, des considérations relatives à l'activité publicitaire, marketing et distributive se cantonnent-elles souvent à l'Amérique du Nord. Il est par exemple frappant d'observer que la presse spécialisée du milieu s'y limite, lorsqu'elle traite de la promotion, des licences, du *home video* et du *box-office*. Or, une telle industrie devrait les concevoir à l'échelle mondiale. Bien qu'il faille reconnaître que certaines estimations soient dures à produire – et parfois peu fiables – les opinions portant sur les publics non-américains restent sommaires. Les seules hypothèses émises indiquent que les films d'action bénéficiant d'effets spéciaux et pouvant mettre des stars à l'affiche sont plébiscités. Autrement dit, la perception du milieu ne s'apparente pas à une perspective globale, loin s'en faut.

Une distribution internationale des productions cinématographiques ne se traduit pas par une stratégie systématique de développement global, même si les dirigeants affirment par ailleurs leur intention de s'impliquer pleinement dans cette sphère. Un idéal-type supposerait une production envisagée directement et mondialement en fonction des profits et des coûts que cela représente. Chaque film devrait être financé à partir d'une anticipation de ses recettes, c'est-à-dire qu'il faudrait que « *tout budget substantiel soit justifié par la perspective d'un succès mondial* »[74]. Les structures de diffusion se trouveraient dans ce cas entièrement dirigées de Los Angeles, avec l'aide de leurs filiales nationales ; les échecs et les réussites étant assumés totalement par la firme. Aussi, cette stratégie conduirait-elle à une autre *dualisation* que celle caractérisant le secteur tel qu'il apparaît de nos jours. Actuellement, l'essentiel des capitaux est consacré, soit aux projets intégrant des stars et des sujets attendus, soit à des films aux scénarios audacieux et au style moins accessible.

Au contraire, dans le cas d'une véritable mondialisation d'Hollywood, nous devrions constater une production de type *glocal* : de gros budgets seraient alloués aux films susceptibles de rassembler un public mondial, tandis qu'une faible part des fonds resterait destinée aux œuvres dont les caractéristiques n'attirent normalement que certaines catégories de population. Par exemple, un grand nombre de longs métrages portent sur des activités sportives propres aux États-Unis, à savoir le football américain, le baseball ou le basketball. Or, si la filière devenait vraiment globalisée, ses narrations devraient alors intégrer et présenter des loisirs tels que le football – ou *soccer* en anglais – seul sport à l'attrait véritablement planétaire[75].

Cependant, il apparaît curieusement que les responsables production ne mènent pas de réflexion préalable sur d'éventuels succès hors d'Amérique. En fait, ils n'en tiennent pas compte, ce que Bill Mechanic confirme s'agissant du contenu : « *les producteurs hollywoodiens pensent trop peu à ces marchés. J'aurais refusé la réalisation de Superman. Ce héros n'étant pas exportable, son budget n'est pas justifié par le box-office potentiel [...] Ne serait-ce qu'à cause des couleurs, rouge, bleu, blanc, il est totalement insensé d'avoir fait ce film. C'est comme Marvel avec le remake du Capitaine America. Il est pourtant bien clair que dans le monde entier, les publics ne veulent pas d'américanisme* »[76]. Autrement dit, la dimension globale est certainement intégrée dans le processus productif, mais elle ne se situe pas au cœur de la stratégie des firmes.

La pratique des *majors* révèle simplement une vision internationale. Elles exploitent souvent leurs œuvres de façon nationale, tandis qu'elles vendent fréquemment les droits d'exploitation à des tiers. Elles peuvent par exemple les céder à des homologues de filières étrangères ou s'accorder avec des concurrents afin de réduire les risques. À titre illustratif, le film *Titanic* (1997) – ayant comptabilisé les recettes les plus élevées d'Hollywood – n'a pas été financé et distribué par une, mais deux *majors*. En effet, lorsque la 20th Century Fox a commencé à le produire, elle a préféré partager sa distribution avec la Paramount pour ne pas assumer, seule, son financement. Or, cette cession a représenté un manque à gagner de 600 millions de dollars, bien que le film en ait rapporté 1 200 à l'échelle mondiale. De plus, les compagnies s'engagent aussi dans des opérations de co-financement avec des entités réduites comme Revolution Studios[77]. Ces pratiques témoignent aussi du maintien d'une posture nationale qui appréhende le marché intérieur comme restant le plus sûr. Pourtant, les pré-ventes se sont généralisées dans la sphère audiovisuelle, ce qui conduit désormais Hollywood à produire pour le reste du monde. Reprenant l'expérience pionnière de Dino de Laurentiis, Frederick Wasser identifie ces phénomènes à une transnationalisation du secteur[78]. À la réflexion, il est clair qu'un fonctionnement vraiment global supposerait une exploitation directe des films. Pour l'heure, on observe au contraire une grande frilosité et une simple aspiration firmale à une certaine prédictibilité. En revanche, la firme Disney s'est distinguée par un faible recours à ces pratiques. Depuis sa création, elle a davantage acquis et promu les autres productions que vendu les siennes[79]. Marquée par les méthodes de son fondateur Bill Mechanic, Buena Vista reste au contraire fidèle à une vision mondialisée de la distribution avec à sa tête Mark Zoradi et Anthony Marcoly.

En outre, les *majors* sont conduites à se retirer de certains marchés, à se désengager de certains autres ou à conclure des arrangements. Ceci montre assez qu'il n'existe en la matière aucune stratégie de développement mondial susceptible d'exploiter systématiquement les créations. Bill Mechanic déplore ces calculs à court terme contre lesquels il a réagi en créant Buena Vista International. S'investir durablement en réalisant des œuvres nationales, confère indiscutablement une autorité incontestable[80]. En fait, Jean-François Lepetit a raison de souligner l'oscillation permanente entre une implantation autonome vraiment tentante après plusieurs succès et – *a contrario* – une alliance opportune avec un partenaire national après une série d'échecs[81]. La première option rend les coûts fixes considérables alors, qu'un partenariat permettrait de les alléger. Cependant, dans ce dernier cas de figure, les capitalistes hollywoodiens sont obligés de partager avec leurs associés les résultats d'éventuelles réussites cinématographiques. Finalement, cette ambivalence jamais dépassée démontre leur manque de plan global en vue d'une expansion durable.

On peut aussi se demander dans quelle mesure la logique *conglomérale* freine l'émergence d'un cinéma mondial. Si elle a, certes, permis une rationalisation de la filière, elle contribue néanmoins à limiter la gestion du cinéma. En effet, voulant réduire les risques, les *majors* refusent d'assumer, seules, la production et la distribution de tous leurs longs métrages. Par conséquent, elles comptent souvent sur des financements et des distributeurs extérieurs car elles sont mues par « *un excès de prudence et trop peu de passion, de créativité et de croyance* »[82]. Elles sont par ailleurs tentées de diminuer les aléas de la création pour que leurs résultats d'exploitation soient protégés. Ainsi, les décideurs d'Hollywood provoquent-ils des phénomènes cinématographiques d'envergure transnationale malgré des *habitus* restant, paradoxalement, ancrés dans un stato-centrisme et une rationalité économiquement limitée. À cet égard, nous pouvons émettre l'hypothèse suivant laquelle la place considérable du *box-office* américain tiendrait – non pas au manque de rayonnement à l'étranger – mais à l'inexistence d'initiatives explicitement mondiales. Sur ce point, rappelons que la majeure partie des films est destinée prioritairement à l'Amérique, sans jamais considérer que « *produire pour un seul marché, revient à réduire la surface financière et les opportunités [...] Personne n'a vraiment compris ici [Hollywood] l'évidence suivant laquelle une filière n'existe pas sans dimension internationale* »[83].

Aussi la *classe capitaliste transnationale* – à laquelle appartiennent les responsables hollywoodiens – mérite-t-elle d'être reconsidérée quant à sa capacité à « *adopter sur de nombreuses questions une perspective globale plutôt que locale* »[84]. Elle serait dotée d'une « *vision globale, leur firme étant engagée dans un processus de dénationalisation, de redéfinition de ses rapports avec leur pays d'origine, et de formation de nouveaux liens avec des marchés et des partenaires mondiaux* »[85]. Certes, ces dirigeants détiennent les principaux moyens de production mondiale, mais ils n'en rencontrent pas moins des difficultés à s'abstraire de leur tropisme national[86]. Curieusement, ils peinent à adopter un nouveau point de vue, alors qu'ils engagent des fonds substantiels dans des superproductions destinées à être diffusées mondialement.

La marchandisation des émotions cinématographiques.
Les compagnies d'Hollywood revêtent à la fois des dimensions économiques et culturelles car – tout en étant insérées au sein de grands groupes – elles prospèrent grâce à une exploitation commerciale des émotions suscitées par leur créations. Elles forment des entités colossales dont la section de création reste intimement liée à la sphère économique. En effet, les œuvres hollywoodiennes font l'objet d'un contrôle exercé par les financiers américains. Les productions sont surtout évaluées à l'aune du *box-office*, dès le premier week-end de sortie du film. Les observateurs se fondent d'ailleurs sur cet indicateur pour établir une estimation prévisionnelle des revenus à venir car les producteurs doivent satisfaire les prévisions attendues, en fonction des budgets engagés et des annonces des studios[87]. Les nouvelles réalisations sont également comparées à des films similaires en fonction du genre, des fonds investis ou encore de la date de lancement[88]. Ainsi, le cours des actions des *majors* évolue-t-il en réaction à leurs performances sur les marchés et donc compte tenu du succès en salles[89]. Quant aux autres divisions, elles sont examinées à travers les revenus trimestriels ou sur une action particulière, telle que la rénovation de telle ou telle attraction[90].

Au sein des *majors* au sens strict, de larges départements ne créent pas de films, mais se destinent uniquement à leur valorisation commerciale. Par exemple, ceux du marketing, de la distribution et du *home video* ne s'occupent que de la diffusion. En l'espèce, les studios Walt Disney – alors appelés Buena Vista – forment à l'échelle internationale le seul réseau créé après-guerre en Occident. En 1993, ils ont réussi grâce à Bill Mechanic à se dégager de la dépendance de la Warner et à conquérir leur indépendance. Ensuite, ils se sont imposés très vite comme incontournables, grâce à leurs succès cinématographiques[91].

Auprès des firmes, on distingue des profils différents suivant les carrières, leur durée et leur trajectoire[92]. Les responsables production sont conduits successivement à appartenir à des entités indépendantes et à assumer des fonctions plus proches des talents comme celles de producteurs. En effet, on remarque que les personnes consultées en la matière ont multiplié les expériences dans diverses sociétés. Bridget Johnson, Robert Cort et Adam Leipzig ont tous travaillé dans diverses entités en tant que producteur indépendant ou chef supervisant l'activité. Notre étude sur Disney corrobore ce constat puisqu'elle montre qu'un grand nombre de ses dirigeants avait déjà assuré des responsabilités auprès d'indépendants, comparés à leurs homologues présents dans les autres départements. Auparavant ils avaient travaillé dans la production cinématographique (39%), télévisuelle (23%) ou dans l'*entertainment* (11%). Plus d'un tiers avait accompli une tâche directe dans la création. Après leur passage, les deux tiers ont directement occupé un rôle dans le septième art[93].

Au contraire, les autres responsables sont beaucoup moins intégrés car ils viennent d'autres secteurs. S'ils quittent Disney, ils continueront dans un métier comparable ou bien ils changeront totalement d'activité. Notons toutefois qu'ils se maintiennent curieusement à l'écart des milieux artistiques. Pourtant, ils négocient les contrats et jouent un rôle considérable dans les firmes. Après leur départ de la *major*, plus de 50% sont restés dans la filière audiovisuelle, y remplissant souvent des fonctions analogues. Un tiers s'est cependant orienté vers des secteurs tout à fait différents. Soulignons par conséquent, que l'industrie cinématographique reconnaît une place à part entière à des non-créatifs. Le nombre de personnes ayant changé d'activité explique aussi que les *majors* puissent ne représenter qu'un moment dans la carrière d'un *lawyer* ou d'un homme d'affaires qui accèdera ensuite, sans difficulté, à une position éminente dans n'importe quel domaine économique.

Les cadres chargés de la diffusion demeurent davantage liés aux services annexes qu'aux films. Avant d'être employés par la société de Burbank, seuls 5% d'entre eux ont été impliqués directement dans les domaines de la création et 10% dans la supervision de la production, tandis que la moitié venait de la sphère audiovisuelle et un tiers de la distribution. En outre, on remarque qu'aucun n'assume véritablement de responsabilités dans la production sauf exception, comme Bill Mechanic et Ann Daly. Nos données chiffrées confirment ces propos puisqu'ils n'étaient que 18% à exercer une activité créative après leur départ de Disney. Observons que les personnes appartenant à ces dernières divisions sont appelées à occuper des postes dans la production : longtemps chef de la Buena Vista Distribution, Richard Cook a été promu Président de Walt Disney Studios ; quant à Oren Aviv – génie du marketing – il dirige le label Walt Disney Pictures.

Ces dirigeants en charge de la distribution et de la publicité représentent l'ossature durable de la firme. Leurs profils se distinguent nettement des autres responsables car ils restent plus longtemps dans la compagnie. En effet, ils sont respectivement 52% et 38% à se maintenir de nos jours en poste. Par ailleurs, ces deux divisions gardent en moyenne leurs cadres plus de dix-sept ans, alors que la création ne les retient que onze années. Remarquons que cet écart ne peut que s'accroître avec le temps, puisque les réseaux de diffusion Disney se sont développés récemment et que beaucoup de dirigeants se trouvent encore en activité[94]. Ces analyses ne portent que sur les *senior vice-presidents*, les *executive vice-presidents* et *presidents*. Pour les simples *veep production* (contraction de *vice-president*), le *turn over* apparaît beaucoup plus rapide. De manière générale, ils ne restent en effet que quatre ans, ce qui conduit à penser que – mis à part les changements d'opportunités – les studios sont marqués par une circulation des créatifs et du personnel les supervisant.

S'agissant des carrières individuelles, nous pouvons donc dégager trois sortes de professionnels du cinéma : tout d'abord, les créatifs qui se caractérisent par une grande mobilité, comme par exemple les acteurs, les réalisateurs, ainsi que les producteurs dans une moindre mesure. Ils changent en fonction des affinités culturelles et de leur notoriété ; cette ouverture et cette flexibilité sectorielle marquant ainsi la fin de l'ère classique d'Hollywood. Puis, viennent en deuxième lieu, les dirigeants en charge de la production qui se succèdent moins souvent, bien qu'ils soient également animés par des priorités et des aspirations artistiques. Au contraire, la troisième et dernière catégorie distingue celle relative au marketing, aux affaires juridico-économiques et à la distribution. Elle comprend des responsables qui se maintiennent plus durablement à leurs postes. À l'image des grandes structures hollywoodiennes qui prédominent sur les marchés occidentaux depuis les années vingt, leur implication dans le cinéma n'apparaît pas comme créative. Entretenant des relations très étroites avec les milieux économiques, ils travaillent bien plutôt à gérer les partenariats et coordonner l'activité du groupe. En outre, leur attitude est avant tout inspirée par un objectif commercial. Hal Richardson le revendique même clairement : « *mon métier consiste dans la vente de programmes télévisuels, le leur [les responsables production] est d'en produire [...] Quels que soient les conseils et les suggestions que je puisse donner, mon travail demeure la vente et le leur, la production* »[95].

La diversification des firmes cinématographiques a même entraîné la constitution d'énormes départements dédiés à des activités non-audiovisuelles. Elle a exigé l'emploi de spécialistes dans la restauration, l'hôtellerie et le bâtiment. À titre d'exemple, on compte dans le Walt Disney World Resort 17 hôtels – soit 23 000 chambres – et plus de 58 000 employés[96]. S'agissant des parcs à thèmes, ils entretiennent des relations avec des secteurs plus vastes et variés que le domaine strictement audiovisuel. Comme l'ont bien souligné les problèmes financiers de Disneyland Paris, ces centres de loisirs restent étroitement dépendants des modes de vie. Les départements *Imagineering*, qui réalisent et entretiennent les attractions, sont surtout composés de gestionnaires, éloignés de la filière cinématographique et travaillant avec des partenaires extérieurs[97].

Nous constatons donc que les industries culturelles sont intégrées dans les milieux économiques par le biais de dirigeants dont l'*ethos* ne relève nécessairement pas du champ artistique. Mais, cette branche d'activité demeure cependant – de manière différenciée suivant les métiers – travaillée par des tensions créatrices. En outre, les fonctions de production continuent à être profondément atteintes par le caractère hasardeux de l'art et la nature imprévisible du succès. Les stratégies poursuivies pour réussir apparaissent profondément évolutives et temporaires, ce qui explique un rapide *turn-over*.

Les *majors* se trouvent au centre de l'économie mondiale car elles développent des liens commerciaux étroits avec les autres firmes multinationales. Les dimensions culturelles de leurs productions mondiales permettent une vaste publicité des biens associés qui se chargent, par correspondance mémorielle, des émotions ressenties durant le film. À cet égard, les capitalistes de la culture s'apparentent à la « *classe capitaliste transnationale* »[98] qui dissémine le consumérisme et contribue à la *commodification* du monde. On peut également souligner que cette valorisation s'accomplit dans une société de l'information où les savoirs ainsi que les représentations collectives règnent sur les marchés. Aussi, Hollywood appartient il aux filières créatives au sommet desquelles figurent ces industries[99].

Pour les compagnies cinématographiques, il s'agit surtout d'une source de financement d'autant plus cruciale que les dépenses se sont beaucoup accrues. Nous pouvons distinguer plusieurs sortes d'associations publicitaires (*ties-in*), comme la promotion croisée. Ces partenariats bénéficient d'investissements avantageux, tant pour la firme associant ses produits aux films que pour les *majors* soucieuses d'obtenir un maximum de couverture médiatique pour leurs longs métrages. L'imagination ne se réduit, selon Arjun Appaduraï, ni à une pure rêverie ni à une simple évasion. Pour cet auteur, loin d'être limité à un fait culturel, l'imaginaire constitue un champ avec ses pratiques sociales et un type de travail. Les subjectivités quotidiennes se transforment alors par la stimulation, l'activité imaginative et la médiatisation, ce qui représente un enjeu tant socio-culturel qu'économique. Ce même sociologue énonce fort justement que les forces nouvelles viennent « *moins sur le plan technique que sur le plan de l'imaginaire* »[100].

Les insertions commerciales se sont multipliées dernièrement, alors qu'elles ne sont pourtant pas nouvelles, comme en atteste *La Rolls Royce jaune*[101]. De nos jours, on peut évoquer l'exemple classique des boules chocolatées Reese dont les ventes ont bel et bien crû de 85%, après le succès de *E. T. L'extraterrestre* (1982)[102]. Dans les années quatre-vingt-dix, ces *placements de produits* portaient déjà sur des sommes de plusieurs millions de dollars que Bob Levine – alors à la tête du marketing de Walt Disney Pictures – analysait comme une stratégie favorisant « *une relation durable qui allait exister entre l'industrie cinématographique et les publicitaires* »[103].

Des organisations telles que Creative Entertainment Services se sont d'ailleurs spécialisées dans ce créneau. Elles passent en revue plusieurs centaines de scénarios par an où elles repèrent les occasions d'insertions commerciales de biens : elles visent les histoires et les moments qui pourraient mettre en valeur les produits qu'elles sont chargées de promouvoir. Elles préfèrent leur utilisation dans une action scénarisée, leur *usage* apparaissant alors plus fondamental qu'une simple « *apparition à l'écran* »[104]. En l'espèce, elles proposent des modifications de l'intrigue, allant même jusqu'à conditionner leurs financements[105]. Détenant un label bien identifiable, identifié et pérenne, Disney entretient des rapports étroits avec ces opérateurs. S'adressant en priorité aux enfants et produisant des dessins animés, la firme jouit d'un énorme potentiel de promotion. À l'automne 2004, elle a ainsi bénéficié pour la seule sortie de deux films, *National Treasure* et *Les Indestructibles*, de 360 millions de dollars. Or, parmi ses partenaires se trouvent SBC, McDonald's et Procter & Gamble. Ces financements comprennent les spots télévisés, les jeux, les affichages dans les magasins, le *packaging* spécial, les produits dérivés *premiums*, et les publicités envoyées par internet et par courrier[106].

Lorsque cette alliance symbolico-économique s'étend sur plusieurs années, elle contribue à accompagner les ensembles de biens de narrations et d'imaginaires cinématographiques. De la sorte, elle accroît leur attrait auprès du grand public, ce que les théories de la *mcdonalization* ont négligé d'analyser[107]. Or, les grandes compagnies ont veillé à s'allier avec Hollywood, mais aussi avec des athlètes susceptibles d'incarner des valeurs positives[108]. Alors que Visa s'est associé à une campagne mondiale de publicité en faveur de Disney, McDonald's a conclu en 1996 un partenariat décennal d'exclusivité globale avec la firme de Burbank. Toutefois, interdisant la promotion de films concurrents, cet accord n'a pas été renouvelé en 2006 car la célèbre entreprise de *fast-food* voulait pouvoir se tourner vers d'autres productions cinématographiques. D'autre part, Disney ainsi que Pixar – avec à sa tête Steve Jobs – se sont montrés soucieux de l'image défavorable qui s'attache désormais à la restauration rapide et aux sodas.

De manière générale, on assiste à une extension des relations commerciales qui ont apporté pour la sortie de *Cars*, 125 millions de dollars au total en plus des 50 millions obtenus en spots télévisés. Outre les partenaires traditionnels, des contrats promotionnels ont été conclus avec des entreprises qui s'adressent aux adultes comme State Farm Insurance, Hertz, Goodyear et Porsche. Bien que certaines alliances se prêtent particulièrement à ce film portant sur des automobiles, d'autres partenaires ne provenaient pas de cette industrie. On peut donc observer que « *seuls quatre des dix-sept associations vendent des produits ou développent des programmes de promotion orientés vers les enfants* »[109].

En outre, les *majors* soumettent les actions communes à plus de contrôle et de coordination. À cet égard, les publicités croisées pour *Les Chroniques de Narnia* (2005) se sont attachées à l'héritage littéraire du roman britannique, publié en 1950. La compagnie Disney s'est alors efforcée d'éviter la *surcommercialisation* du film avec des réclames tapageuses, comme le révèlent les propos du Vice-président de Buena Vista Pictures : « *nous avons supervisé très attentivement les spots publicitaires pour refléter l'émerveillement que suscitent le livre et le film* »[110]. Bénéficiant de la réputation de Walden Media, elle est même allée jusqu'à distribuer dans presque toutes les écoles primaires et les collèges des États-Unis une présentation didactique de l'œuvre[111].

Cette commercialisation apparaît inhérente au capitalisme culturel puisqu'elle se retrouve également dans les autres divisions. En 1992, le lancement d'Eurodisney a par exemple donné lieu à des accords de financement avec douze firmes comme Coca-Cola et BNP ; chaque contrat ayant été signé pour plusieurs dizaines de millions de francs environ. À l'époque, le constructeur d'automobiles Renault décida de promouvoir sa marque en finançant la conception d'un visionarium qui projetterait sur des écrans de 360 degrés des modèles de véhicules du futur ornés du losange argenté. L'entreprise escomptait ainsi que 150 millions de personnes verraient ces films. En contrepartie de cette publicité considérable, 650 de ses voitures étaient offertes aux employés. Pour mener cette campagne de grande ampleur, Mickey, Minnie et l'ambassadeur du parc parcoururent donc l'Europe en Renault R19 Cabriolet[112].

Rappelons que la *major* avait déjà mobilisé de pareils sponsors, comme pour *Progressland* qui a été développé avec l'aide de General Electric, l'attraction *It's a Small World* grâce à Pepsi-Cola et *Magic Skyway* à Ford[113]. En fait, ces partenariats répondent à des préoccupations économico-culturelles où la création de valeurs et de significations est anticipée et testée. On voit bien ainsi que le « *capitalisme d'alliance* »[114] – observé aussi bien dans la recherche & développement que dans les ressources organisationnelles et réticulaires – s'accompagne de dimensions proprement symboliques. En l'occurrence, les opérateurs économiques entretiennent avec les industries culturelles des relations beaucoup plus étroites qu'il n'y paraît, où les symboles, comme les biens, sont associés dans des configurations dépassant largement le monde des loisirs. Ce processus fait ensuite l'objet d'une politique de développement mondial. Dans cette logique, le repositionnement actuel de Disney sur le label éponyme reflète bien la volonté de promouvoir des contenus pouvant aisément être exploités dans l'ensemble de ses divisions. C'est la raison pour laquelle Robert Cort souligne que « *[les studios Disney] vont se concentrer dans d'autres domaines que celui du cinéma et préfèrent prendre moins de risques avec des films familiaux* »[115]. En l'occurrence, il faut observer que l'activité cinématographique représente 20% des recettes et seulement 13% du résultat d'exploitation, alors que les biens divers et les parcs totalisent respectivement 8% et 30% du chiffre d'affaires, et 8% et 22% des résultats d'exploitation[116]. Dans ces conditions, il va de soi que la stratégie manageriale implique que ces dernières sources de profit soient prioritaires. Aussi, ne faut-il pas s'en tenir à la sphère audiovisuelle. Percevant le *nouvel Hollywood* avec la montée des *blockbusters*, Thomas Schatz analyse le changement des configurations propres à la filière, telles que l'émergence du *home video* et de la télévision payante, l'augmentation des coûts de production et de marketing, mais il faut également observer sa désautonomisation qui représente le phénomène central de ces décennies[117].

Les dessins animés constituent les films les plus soumis à cette logique commerciale en raison de leurs coûts. En effet, ils exigent un minimum de trois ans de travail pour être menés à bien. Mais leur univers narratif permet également une exploitation économique beaucoup plus intense. Un ancien responsable de Disney souligne à ce propos que les départements s'immiscent dans la création : « *Les nombreuses divisions doivent très tôt donner leur assentiment, celles du marketing, des parcs à thèmes, et des activités dérivées [...] Prenant part à la décision de continuer ou non, elles suggèrent des modifications que l'on doit prendre en considération* »[118]. Après la préproduction, d'énormes investissements sont engagés dans l'ensemble des secteurs.

C'est la raison pour laquelle le script reste si valorisé. Une fois déterminé, il est transmis à toutes les sections, y compris les réseaux télévisuels qui préparent ensuite la sortie en organisant les lignes de biens et de vastes campagnes de promotion. Sur ce point, Claudine Reynes se souvient : « *Avant même que les films d'animation soient tournés et montés, nous devions travailler sur les dérivés, reprenant leurs univers et demandant l'approbation aux designers des films* »[119]. Les entreprises partenaires de Disney sont également démarchées très tôt pour conclure des contrats de licences afin de synchroniser le *merchandising* avec l'arrivée des longs métrages en salles[120]. Dans cette logique, la valeur d'un film ne réside en somme que dans son *intertextualité commerciale*, c'est-à-dire sa capacité à renvoyer à d'autres activités. À tout projet cinématographique correspond une ligne de production multimédia où il convient de souligner l'intertexte. Autrement dit, il faut donc traiter chacun aussi bien comme texte que comme produit. Aussi, prenant comme exemple *Batman* de la Warner (1989, 1992, 1995, 1997, 2005), Eileen Meehan peut-elle conclure que « *les décisions concernant la production sont de plus en plus orientées vers la rentabilité potentielle d'une longue liste de produits* »[121].

Walt Disney a érigé son patronyme en véritable patrimoine. Par la suite, ses successeurs ont continuellement veillé à préserver le label. C'est la raison pour laquelle ils ont vivement encouragé en 1998 le vote de la Bono Copyright Extension Act qui prolonge les droits d'auteur de vingt ans. En d'autres termes, la propriété intellectuelle de tous les films et émissions télévisées a été repoussée de 75 à 95 années[122]. Ainsi, la firme a-t-elle évité que Mickey Mouse ne tombe dans le domaine public. Au plan mondial, Hal Richardson a souligné qu'elle constitue « *la seule vraie marque de cinéma. Dans la plupart des pays du monde, un dessin animé Disney produit toujours un minimum d'entrées quelle que soit la qualité du film* »[123]. En effet, la *major* arrive à la septième place dans le classement des marques selon leur valeur[124]. Remarquons qu'aucune autre ne détient une telle notoriété susceptible de lui conférer cette structure culturelle d'opportunité transnationale[125].

Forte de cette image, la compagnie a mis en œuvre une politique durable de reprises cinématographiques afin de diffuser ses symboliques auprès des nouvelles générations. Bien qu'elle se soit détournée de la création au cours des années soixante-dix, elle a toujours veillé à maintenir ses imaginaires en projetant périodiquement ses créations. Sorti en décembre 1937, *Blanche Neige et les sept nains* a été exploité huit fois en salles entre 1944 et 1993. Puis, cette œuvre est sortie en vidéo en 1994. En 2001, un million de copies DVD a été acheté en 24 heures. L'édition *home video* s'est vendue à 26 millions d'unités au total, dont 18 en format DVD[126]. Cette patrimonialisation a été couronnée par son classement en 1989 parmi les longs métrages jugés par la bibliothèque du Congrès « *culturellement, historiquement et esthétiquement importants* »[127]. Une même stratégie est observée avec les *classiques* de la période Eisner/Katzenberg, bien qu'elle diffère quelque peu car ces productions ne ressortent pas sur grand écran mais en vidéo, au théâtre et à travers des *sequels*[128].

À cette politique transgénérationnelle de l'entreprise, les publics ont répondu favorablement, emmenant au cinéma leurs enfants découvrir les *classiques*. Comme l'affirme Hal Richardson, la marque Disney prédomine car « *le fondateur a créé les premiers dessins animés parlants, puis les a institués en véritables films. Et depuis les années trente, les parents vont les voir en famille* »[129]. Par conséquent, la firme bénéficie d'une légitimité traditionnelle qui peut s'observer indirectement dans une réponse fataliste telle que : « *comment échapper à Disney, quand on a des enfants ?* »[130]. Au cours des entretiens qu'ils ont menés, des auteurs ont relevé l'injonction intérieure – voire le sentiment de culpabilité ressenti par les parents – à l'idée de priver leur progéniture de Disney, ce qu'une jeune mère exprime en ces termes : « *comment les priver de Disney ? Il est impossible d'envisager cette hypothèse [...] Je ne voudrais pas leur voler leur enfance* »[131].

Cette commercialisation des films est souvent décriée par les spécialistes qui, à juste titre, y voient le renforcement du mercantilisme dans la création. Bien que les producteurs assurent décider des projets cinématographiques sans prendre en considération les occasions d'insérer des biens, l'inflation des budgets fait cependant douter de cette liberté artistique[132]. Loin de ne constituer qu'un bonus financier, comme par le passé, ce phénomène s'est enraciné dans la production, puisque la manne de ces opérations commerciales est désormais intégrée dans les plans de financement. Sur ce point, reconnaissons qu'il s'agit là d'une utilisation mercantile de l'aura artistique, telle que l'ont décrite les théoriciens de Francfort.

Toutefois, Hollywood a toujours eu recours à ces moyens financiers, *a fortiori* ces dernières années qui témoignent d'une accentuation du processus de mondialisation de l'économie de marché. L'inflation des coûts, autant que l'attraction de cette « *véritable forme d'art populaire* »[133] que représente le cinéma, constituent les éléments fondamentaux d'une relation interfirmale. En outre, les succès planétaires attisent sans cesse les offres d'insertion promotionnelle de biens, ce dont les autres foyers de production ne bénéficient que partiellement. Si l'universalité reste une condition de l'art, alors seule la création hollywoodienne peut vraiment la remplir. En effet, beaucoup de formes artistiques se sont coupées du grand public, n'étant appréciées à présent que par des élites restreintes. Comme l'explique Panofsky : « *si l'on définit l'art comme tout art non produit, de prime abord, dans le but de satisfaire les exigences d'un mécène ou du public, il faut préciser qu'il est une exception plutôt que la règle, exception récente, de plus, et pas toujours heureuse. S'il est vrai que l'art commercial court toujours le risque de se retrouver sur le trottoir, il est également vrai que l'art non commercial court toujours le risque de finir vieille fille* »[134]. Par conséquent, nous ne devons pas opposer les dimensions commerciales et créatives, mais les considérer comme parties intégrantes du septième art. Or, il semble bien que le capitalisme hollywoodien concilie ces deux aspects, assurant la prospérité de ses activités mondiales.

Après avoir constaté l'activité transnationale des firmes cinématographiques dans les domaines des savoirs – si centraux pour le pouvoir structurel de l'Amérique – il s'agit d'observer que les biens et les symboles produits et diffusés par les capitalistes culturels composent une véritable civilisation hollywoodienne des loisirs. Loin de n'être que des dérivés, les productions annexes des films complètent ces derniers, en diffusant leurs univers narratifs par d'autres activités. C'est pourquoi, il importe aussi d'analyser la formation de ces imageries et les contraintes collectives qui pèsent sur elles, sans oublier d'examiner l'appropriation qui en est faite par les publics. Pour ce faire, il faudra donc étudier les symboliques présentes dans les sociétés nationales. L'objectif visé étant de rendre compte de leur poids dans la consommation, mais aussi de leurs limites comme éléments structurant les comportements individuels.

Notes

1. Georg Szalai, « PwC : Net to Fuel Industry », *Hollywood Reporter*, 21 June 2006, p. 1 (27) ; PriceWaterHouseCoopers, *Global Entertainment and Media Outlook 2006-2010*. *Global Overview*, à la page web : http://www.pwc.com.
2. Dave Smith, *Disney A to Z. The Updated Official Encyclopedia*, 2ème éd., New York, Hyperion, 1998, p. 152.
3. Douglas Gomery, *The Hollywood Studio System : a History*, Londres, British Film Institute, 2005, p. 265.
4. Alan Bryman, *Disney and His Worlds*, Londres, Routledge, 1995, pp. 12-13.
5. Steven Watts, *The Magic Kingdom : Walt Disney and the American Way of Life*, Boston, Houghton Mifflin, 1997, pp. XX, 23 ; Jay Paul Telotte, *Disney TV*, Detroit, Wayne State University Press, 2004.
6. Thomas Risse Kappen, *Bringing Transnational Relations Back in : Non-State Actors, Domestic Structures and International Institutions*, Cambridge, Cambridge University Press, 1995. Pour davantage d'informations sur la *structure des sentiments*, cf., Raymond Williams, *The Long Revolution*, New York, Columbia University Press, 1961, p. 48 *sq*.
7. Smith, *Disney A to Z, op. cit.*, pp. 362-363.
8. Gérald Ganascia (Éd.), *Produits dérivés : les chaînes sortent leurs marques, Les Nouveaux dossiers de l'audiovisuel*, (2), déc. 2004-janv. 2005.
9. Cf., The Walt Disney Company, *2008 Annual Report*, p. 1, informations obtenues sur le site internet : http://corporate.disney.go.com.
10. Pour plus d'informations sur les activités télévisuelles du Groupe Disney, cf., www.disneyabctv.com ; Smith, *Disney A to Z, op. cit.*, p. 145.
11. Entretien du 19 août 2006 avec Charlie Nelson, ancien responsable publicité aux studios Disney chargé des sorties cinématographiques.
12. Cf., sur le phénomène général de concentration et ses conséquences sur la démocratie, Norman Lear, Robert McChesney, « Does Big Media Need to Get Bigger ? », *Los Angeles Times*, 5 Aug. 2007, p. B17.
13. Nathalie Continet, François Moreau, Stéphanie Peltier, *Les Grands groupes des industries culturelles. Fusions, acquisitions, alliances : les stratégies des années 1980-2000*, Paris, Ministère de la culture et de la communication, 2002.
14. Par exemple, le groupe de Rupert Murdoch possède Star en Asie, Sky en Europe et DirecTV aux États-Unis : autant de chaînes qui opèrent sur plusieurs continents dans le domaine de la télévision satellite. Lancée en 1991, Star offre aujourd'hui 60 services en 9 langues à 300 millions de téléspectateurs dans 53 pays asiatiques. Basée à Hong Kong, elle a été conduite à acquérir 20 000 heures d'émissions télévisées d'origine indienne et asiatique, et la plus grande bibliothèque d'œuvres chinoises.

15. Avec 21,5 millions d'abonnés aux États-Unis, Comcast représente le fournisseur leader du câble, proposant aussi l'internet haut débit, la vidéo ou le téléphone.
16. Entretien du 6 février 2007 avec Bridget Johnson, haut responsable de production aux studios Disney, puis productrice indépendante.
17. Cf., Jason E. Squire (Ed.), *The Movie Business Book*, 3ème éd., New York, Fireside, 2004, pp. 2, 9.
18. Jennifer Holt, « In Deregulation We Trust. The Synergy of Politics and Industry in Reagan-era Hollywood », *Film Quarterly*, 55 (2), Winter 2001, pp. 22-39.
19. John Hartley, *Creative Industries*, Oxford, Blackwell, 2005.
20. En l'occurrence, on observe dans la filière cinématographique un taux de croissance faible de 5,3%, tandis que les activités de la télévision, de l'internet ou de la publicité s'accroissent à un rythme supérieur à 7%, les deux dernières atteignant même 10%. Cf., Georg Szalai, « PwC : Net to Fuel Industry », *Hollywood Reporter*, 21 June 2006, p. 1 (27). PriceWaterHouse-Coopers, *Global Entertainment and Media Outlook 2006-2010. Global Overview*, 2006, à la page web : http://www.pwc.com.
21. Le retour sur investissement varierait ainsi de -20% à +20% et s'élèverait depuis cinq ans à une moyenne de -5%, lorsque l'on ne considère pas les divisions télévisuelles et annexes. Cf., Harold Vogel, « Analyzing Movie Companies », in : Squire (Ed.), *Movie Business Book*, *op. cit.*, p. 143 et Peter Dekom, « Movies, Money and Madness », in : *ibid.*, p. 102.
22. Vogel, *op. cit.*, p. 144.
23. Entretien du 10 août 2006 avec Robert Cort, ancien dirigeant d'Interscope, entité ayant produit avec Disney.
24. Entretien du 4 août 2006 avec Bill Mechanic, ancien dirigeant de la Buena Vista et de la Fox. Sur les studios hollywoodiens englobés dans de grandes compagnies, cf., Michael Wolf, *The Entertainment Economy : How Mega-Media Forces Are Transforming Our Lives*, New York, Times Books/Random House, 1999.
25. Toby Miller, Nitin Govil, John McMurrin, Richard Maxwell, Tin Wang, *Global Hollywood 2*, Londres, British Film Institute, 2005, p. 111 *sq*.
26. Saskia Sassen, « Globalization or Denationalization », *Review of International Political Economy*, 10 (1), Feb. 2003, pp. 1-22.
27. Émile Durkheim, *De la Division du travail social*, [1893], Paris, PUF, 1998, p. 238.
28. *Ibid.*
29. John A. Lent, « The Animation Industry and Its Offshore Factories », in : Lent, Sussman (Eds.), *Global Productions*, *op. cit.*, p. 244.
30. Greg Elmer, Mike Gasher, « Introduction : Catching Up to Runaway Productions », in : Greg Elmer, Mike Gasher (Eds.), *Contracting out*

Hollywood, (Eds.), *Contracting Out Hollywood : Runaway productions and Foreign Location Shootings*, Lanham, Rowman & Littlefield, 2005, p. 9. L'émission *X-Files* tournée au Canada est prise comme exemple.

31. *Ibid.*

32. Magz Osborne, « Picky Disney Bows Kids Block », *Variety*, 391 (10), 28 July 2003, p. 1 (25).

33. Carl DiOrio, « Runaway Prod'n Costs U.S. Dearly », *Hollywood Reporter*, 1-7 Aug. 2006, p. 3 (62).

34. Gregory Freeman, Jack Kyser, Nancy Sidhu, George Huang, Michael Montova, *What is the Cost of Run-Away Production ?*, Los Angeles, Los Angeles County Economic Development Corporation, 2005, p. 15.

35. Entretien du 1er juin 2006 avec Jean-François Lepetit, producteur français ayant travaillé avec Disney.

36. Entretien avec Igor Khait, ancien directeur de production animée dans la compagnie Disney.

37. Janet Wasko, « Challenges to Hollywood's Labor Force in the 1990s », in : Gerald Sussman, John A. Lent (Eds.), *Global Productions : Labor in the Making of the « Information Society »*, Cresskill, Hampton Press, 1998, pp. 173-190 ; Man Junath Pendakur, « Hollywood North : Film and TV Production in Canada », in : Sussman Lent (Eds.), *Global Productions, op. cit.*, pp. 213-239.

38. « You Can Click But You Cannot Hide », *Screen International*, 7 Jan. 2005, pp. 17-20.

39. *Ibid.*, p. 26.

40. Cf., Stuart Kemp, « London Offers Film-Friendly Base », *Hollywood Reporter*, 23-25 April 2004, p. 13 (20) ; Roger Armbrust, Ian Mohr, « N.Y. Tax Incentive Likely », *Hollywood Reporter*, 19 Aug. 2004, p. 1 (23).

41. Philip G. Cerny, « Restructuring the Political Arena: Globalization and the Paradoxes of the Competition State », in : Randall Germain (Ed.), *Globalization and its Critics, Perspectives from Political Economy*, Basingstoke, Macmillan, 2000, pp. 117-138.

42. Entretien du 8 juin 2006 avec René Bonnell, haut responsable cinéma chez Canal+.

43. Entretien avec Igor Khait, *op. cit.*

44. L'*exposure sheet* contient toutes les informations dont l'animateur a besoin pour ses dessins.

45. Entretien du 1er juillet 2006 avec Steve Hulett, ancien animateur chez Disney et responsable auprès de la Guilde des animateurs d'Hollywood.

46. « Canadians Riding Out Film-Production Crisis », *Hollywood Reporter*, 23-29 Nov. 2004.

47. Brenda Kelly, « H'wood Studios May Quit Quebec », *Variety*, 13 Nov. 2003.

48. Cf., John A. Lent, « The Animation Industry and Its Offshore Factories », in : Lent, Sussman, *Global Productions*, *op. cit.*, p. 240.
49. Entretien avec Steve Hulett, *op. cit.*
50. Entretien avec René Bonnell, *op. cit.*
51. Entretien avec Steve Hulett, *op. cit.*
52. John A. Lent, « The Animation Industry and Its Offshore Factories », in : Sussman, Lent (Eds.), *Global Productions*, *op. cit.*, p. 246.
53. Entretien avec Steve Hulett, *op. cit.*
54. James Tracy, « Whistle While You Work : The Disney Company and the Global Division of Labor », *Journal of Communication Inquiry*, 23 (4), Oct. 1999, p. 385.
55. Dave McNary, Elizabeth Guider, « H'w'd vs. Home Movies : Local Pics Give Major Studios a Run for Their Money at Foreign B.O. », *Variety*, 405 (7), 1er Jan. 2007, p. 1 (3).
56. CNC, *Bilan 2008*, Paris, CNC, 2009, p. 128 *sq*.
57. Cependant, depuis la réduction des quotas de programmation entrée en vigueur le 1er juillet 2006, les films coréens connaissent un déclin, tandis que la fréquentation générale des films se réduit. Sur ce point, cf., CNC, *Bilan 2008*, *op. cit.*, p. 137.
58. CNC, « L'exportation des films et des programmes audiovisuels », in : CNC, *Bilan 2008*, *op. cit.*, p. 34 *sq*.
59. CNC, *Bilan 2008*, *op. cit.*, p. 129 *sq*.
60. *Ibid.*, p. 78.
61. Josepha Laroche, Alexandre Bohas, *Canal+ et les majors américaines. Une vision désenchantée du cinéma-monde*, 2ème éd., Paris, L'Harmattan, 2008.
62. « Who's Getting What at this Year's Confab », *Variety*, 393 (1), 17 Nov. 2003, p. A2 (1).
63. Wendy Kan, « Mickey's Mission », *Variety*, 388 (4), 9 Sept. 2002, p. 25 (1).
64. Janine Stein, « Dis New Media Pitch Hits Asia », *Hollywood Reporter*, 20-26 June 2006, p. 76 (80).
65. « Par's Passage to India », *Variety*, 402 (6), 27 March 2006, p. 2 (1).
66. Ainsi, le gouvernement chinois a-t-il mis un terme en juin 2006 à l'exploitation du *Da Vinci Code*, après que les films d'Hollywood eurent atteint plus de la moitié des entrées en Chine car les responsables chinois voulaient promouvoir les productions nationales à l'occasion de l'anniversaire du régime. Cf., Jonathan Landreth, « B'day Ends China's 'Da Vinci' Run », *Hollywood Reporter*, 9-11 June 2004, p. 70 (8) ; Jonathan Landreth, « H'wood Tops Chinese B.O », *Hollywood Reporter*, 27 July 2006, p. 17 (4).
67. Entretien avec Hal Richardson, *op. cit.*
68. En 2001-2002, les bénéfices des *majors* s'élevaient dans le *home video* à 16,3 milliards de dollars, dans la télévision à 11 milliards, dans les salles à 6,7

et la *Pay-TV* à 3,3 milliards de dollars. Leurs fictions représentaient en 2004 dans l'Europe des Vingt-cinq, 62,9% de la programmation en la matière, 64,6% de celles diffusées en clair et 58,8% sur les chaînes cryptées, cf., « MPAA Reports Robust '02 Earnings : Overseas Markets », *Hollywood Reporter*, 378 (12), 15 April 2003 ; Observatoire européen de l'audiovisuel, *Annuaire statistique 2005 Film, télévision, vidéo et nouveaux médias en Europe*, vol. 5 : *Les chaînes de télévision-Production et distribution des œuvres audiovisuelles*, Strasbourg, Conseil de l'Europe, 2005, pp. 104-105.
69. Entretien avec Michael Taylor, *op. cit.*
70. MPAA, *2008 Theatrical Market Statistics*, 2009, obtenu sur le site mpaa.org.
71. Entretien avec Hal Richardson, *op. cit.*
72. *Ibid.*
73. Entretien avec Bill Mechanic, *op. cit.*
74. *Ibid.*
75. Pascal Boniface, *Football et mondialisation*, Paris, Armand Colin, 2006.
76. *Ibid.* Le *remake* de *Captain America* (1944) est sorti en 1990, tandis qu'un autre est prévu en 2009. L'intrigue originale est centrée sur un soldat américain qui fait preuve de courage et de patriotisme pendant la Deuxième Guerre mondiale, endurant de nombreuses épreuves initiatiques pour devenir un supersoldat.
77. Mike Goodridge, « An Eye for the Best Deal », *Screen International*, 6 May 2005 ; Mike Goodridge, « Spyglass : the True Independent », *Screen International*, 12 Dec. 2003.
78. Frederick Wasser, « Is Hollywood America ? The Trans-nationalization of the American Film Industry », *Critical Studies in Mass Communication*, 12 (4), Dec. 1995, pp. 423-437.
79. Par ailleurs, Buena Vista International retient un maximum de droits à l'étranger, même pour les films produits avec des co-financeurs, comme par exemple, *Sixth Sense, Mission to Mars* (2000) et *Instinct* (1999). La *major* a racheté à Universal *Ends of Days* (1999) et *The Hurricane* (1999).
80. Entretien avec Bill Mechanic, *op. cit.*
81. Entretien avec Jean-François Lepetit, *op. cit.*
82. Entretien avec Robert Cort, *op. cit.*
83. Entretien du 4 août 2006 avec Bill Mechanic, *op. cit.*
84. Leslie Sklair, *Globalization : Capitalism and Its Alternatives*, 3ème éd., Oxford University Press, 2002, p. 98.
85. Leslie Sklair, *The Transnational Capitalist Class*, Oxford, Blackwell, 2001, p. 256 ; cf., Kees Van Der Pilj, *Transnational Classes and International Relations*, Londres, Routledge, 1998.
86. Sklair, *op. cit.*, p. 295.

87. Josh Friedman, « Nice Movie Opening, but Did You Beat the Forecasts ? », *Los Angeles Times*, 6 Aug. 2006, p. C1 (C6).
88. Cf., Carl DiOrio, Jill Goldsmith, « Conglom Crunch », *Variety*, 380 (13), 13 Nov. 2000, p. 9.
89. « Street Socks Mouse Stock », *Variety*, 394 (10), 19 April 2004, p. 2 (1) ; David Teather, « Duds Drive Disney Films to £180m loss », *The Guardian*, 19 Nov. 2005.
90. Joseph Menn, « Disney's Films and Resorts Help Its Earnings Jump 39% », *Los Angeles Times*, 10 Aug. 2006, p. C1 (C6).
91. Cf., « Mouse House Displays Foreign Prowess », *Variety*, 396 (3), 6 Sept. 2004, p. 2 (1).
92. L'étude présentée porte uniquement sur les départements Production, Distribution, et Marketing de la firme Disney. Fondée sur le *Hollywood Creative Directory* et l'*International Motion Picture Almanac*, elle rassemble l'ensemble des « *senior vice-presidents* », « *executive vice-presidents* » et « *presidents* » de Disney. Nous avons collecté les informations les concernant en nous rendant à la Margaret Herrick Library, bibliothèque de l'Academy of Motion Picture Arts and Sciences. Enquêtant sur les responsables des studios – personnes discrètes comparées aux artistes hollywoodiens – nous n'avons pas réussi à les trouver tous. Conscients de ces manques et de la spécificité de la *major* Disney, nous ne prenons donc en considération que les tendances lourdes observées. Cf., Eileen S. Quigley (Ed.), *International Motion Picture Almanac 2006*, New York, Quigley Pub. Co, 2006 ; Hollywood Creative Directory, *Hollywood Creative Directory*, 57ème éd., Los Angeles, Hollywood Creative Directory, 2006.
93. Sur les responsables tels que Bill Mechanic, cf., Stephen Galloway, « Greener Pastures », *Hollywood Reporter*, 19-25 Nov. 2002, pp. 18-19.
94. Cf., également, Rhonda Rundle, « Disney Film Unit Plans to Expand Foreign Business », *Wall Street Journal*, 25 June 1991, p. A1.
95. Entretien avec Hal Richardson, *op. cit.*
96. Cf., chiffres obtenus sur le site web : http://www.disney.go.com ; http://disneyland-casting.com.
97. Entretien du 29 mai 2006 avec Gérard Couturier, haut responsable dans le département *Imagineering* de Disney.
98. Sklair, *Globalization, op. cit.*, pp. 108, 164.
99. Hartley, *op. cit.*, figure 2, p. 31.
100. Arjun Appadurai, *Après le colonialisme : les conséquences culturelles de la globalisation*, Paris, Payot, 2001, pp. 29, 38, 66.
101. Dans *La Rolls Royce jaune*, distribué en 1965 par la MGM, les multiples déclinaisons de cette voiture formaient le cœur de l'intrigue au cours de laquelle sa résistance, sa fidélité et son attrait étaient mis en valeur.

102. Janet Wasko, Mark Phillips, Chris Purdie, « Hollywood Meets Madison Avenue : the Commercialization of US Films », *Media, Culture and Society*, 15 (2), April 1993, p. 274.
103. *Ibid.*, p. 277.
104. *Ibid.*, p. 274.
105. À titre illustratif, Jeff Bell – responsable chez Chrysler/Jeep – déclare « *exiger que [leurs] véhicules jouent un rôle dans le film* ». Cf., Gall Schiller, « Brand Warfare », *Hollywood Reporter*, 10-16 May 2005, p. S4.
106. Gall Schiller, « Record Promo Dose for Disney's Fall Duo », *Hollywood Reporter*, 22-24 Oct. 2004, p. 84 (1).
107. George Ritzer, *The McDonaldization of Society : An investigation Into the Changing Character of Contemporary Social Life*, Newbury, Pine Forge Press, 1993. Pour sa critique, cf., Barry Smart (Ed.), *Resisting McDonaldization*, Londres, Sage, 1999.
108. Sur « *l'économie de l'expérience* », Joseph Pine, James Gilmore, *The Experience Economy : Work Is Theater & Every Business a Stage*, Boston, Harvard Business School Press, 1999.
109. Gall Schiller, « Brave New World for Summer Tie-ins », *Hollywood Reporter*, 30 May-5 June 2006, p. 51 (1).
110. D'une valeur de 100 millions de dollars, les partenariats ont porté sur plus de 80 symboles incluant Unilever qui en détient 50 et General Mills 21. Cf., Chris Gardner, « Onward, Narnia Soldiers », *Variety*, 401 (3), 5 Dec. 2005, p. 9 (1) ; Gall Schiller « Promos by the Book on 'Narnia' », *Hollywood Reporter*, 18-20 Nov. 2005, p. 9 (1).
111. Pamela McClintock, « Kids Get Muscled by Marketers : H'wood Goes Back to School With Tie-ins that Promo Recent Releases », *Variety*, 399 (5), 20 June 2005, p 2 (8).
112. Anne Feitz, « Euro Disney : Dissection d'un lancement », *Médias*, (327), avr. 1992, pp. 28-29.
113. Alan Bryman, *Disney and His Worlds*, Londres, Routledge, 1995, p. 13.
114. Dunning, *Alliance Capitalism, op. cit.*
115. Cf., entretien du 10 août 2006 avec Robert Cort, ancien dirigeant d'Interscope, entité ayant produit avec Disney.
116. The Walt Disney Company, 2008 Annual Report, obtenu sur le site web : http//corporate.disney.go.com/.
117. Thomas Schatz, « The New Hollywood », in : Thomas Schatz (Ed.), *Hollywood. Critical Concepts in Media and Cultural Studies, vol. I : Historical Dimensions : The Development of the American Film Industry*, Londres, Routledge, 2004.
118. Entretien avec Igor Khait, *op. cit.*
119. Entretien du 6 juin 2006 avec Claudine Reynes, ancienne dirigeante merchandising à Disneyland Paris.

120. Entretien du 27 janvier 2007 avec Lucie Besson, haut responsable dans l'entreprise française de jouets Smoby.
121. Eileen Meehan, « Hollywood Commodity Fetish, Batman ! », in : Thomas Schatz (Ed.), *Hollywood. Critical Concepts, vol. IV, op. cit,* p. 317.
122. Brooks Boliek, « Copyright Law Goes to High Court », *Hollywood Reporter*, 8-14 Oct. 2002, p. 3 (108) ; Pamela McClintock, « Challenge Threatens Mouse Copyright », *Variety*, 386 (2), 25 Feb. 2002, p. 1 (6) ; Wasko, *Understanding Disney, op. cit.*, p. 85.
123. Entretien avec Hal Richardson, *op. cit.*
124. Estimée à 28 milliards de dollars, elle devance Mcdonald's, Marlboro et Mercedes, Cf., Meredith Amdur, « A Name That Sticks : as a Brand, Disney Speaks A Universal Language », *Variety*, 392 (11), 27 Oct. 2003, p. S16 (3).
125. Cf., Philip G. Cerny, « Political Agency in a Globalizing World. Toward a Structurational Approach », *European Journal of International Relations*, 6 (4), Dec. 2000, pp. 435-463.
126. Smith, *Disney A to Z, op. cit.*, p. 509.
127. *Ibid.*, p. 110.
128. *Ibid.*, p 52.
129. Entretien avec Hal Richardson, *op. cit.*
130. Propos cités lors de l'administration des questionnaires sur Disney.
131. Meehan, Philips, Wasko (Eds.), *Dazzled by Disney ?, op. cit.*, p. 49.
132. Janet Wasko, Mark Phillips, Chris Purdie, « Hollywood Meets Madison Avenue : the Commercialization of US Films », *Media, Culture and Society*, 15 (2), April 1993, p. 275.
133. Erwin Panofsky, « II. Style et matière du septième art », in : Erwin Panofsky, *Trois essais sur le style*, trad., Paris, Gallimard, 1996, p. 109.
134. *Ibid.*, p. 138. Cf., Fabrice Montebello, « Les deux peuples du cinéma : usages populaires du cinéma et images du public populaire », *Mouvements*, (27/28), mai-août 2003, pp. 113-119.

Partie II

La constitution mondiale de symboliques commerciales

Il convient d'examiner les symboles et les divertissements diffusés au plan mondial, en combinant les études sur la diversification marchande et leur appropriation car les productions des *majors* forment une économie des loisirs qui dépasse largement les secteurs de l'audiovisuel. Elles favorisent des comportements socio-économiques et des représentations par le biais de créations qui demeurent conçues et dirigées d'Hollywood. Ces réalisations cinématographiques acquièrent ensuite des positions prépondérantes sur les marchés dédiés aux biens de consommation finale en s'enracinant dans la structure mondiale des savoirs. Ainsi, contribuent-elles à consolider le pouvoir structurel de l'Amérique. Autrement dit, l'expansion de l'économie-monde ainsi constituée travaille directement au renforcement de la puissance américaine et de ses productions culturelles.

Néanmoins, les capitalistes culturels sont soumis à des contraintes spécifiques quant à l'attractivité de leurs productions et à l'hétérogénéité de leurs audiences. En outre, la mondialisation des symboles hollywoodiens s'accompagne de fortes différenciations. Gardons présent à l'esprit que les sociétés s'approprient de manière diverse l'*American way of life*. En effet, ce dernier connaît est confronté des *re/décodages* de populations relevant d'autres cultures. Ceci montre que le pouvoir structurel reste discontinu et n'a nul besoin de pénétrer profondément les sociétés pour prédominer durablement.

Chapitre I

L'émergence d'une économie des divertissements

Les firmes hollywoodiennes diffusent un ensemble de biens, de narrations et de pratiques dans les domaines de l'*entertainment*. Elles proposent des activités et des productions hétérogènes – tour à tour interactives et didactiques – qui sont recherchées pour leur caractère culturel et artistique. C'est pourquoi ces industries doivent périodiquement renouveler leurs symboliques et s'adapter aux mutations socio-économiques afin d'entretenir l'attachement affectif sur lequel repose leur prospérité.

1. La civilisation hollywoodienne des loisirs

Les capitalistes de la culture se sont développés dans la sphère des divertissements grâce à une intense diversification. S'appuyant sur des synergies culturelles existant entre des secteurs enchevêtrés, ils sont à même de diffuser largement leurs biens-symboles et leurs narrations. Ce faisant, ils contribuent à propager un mode de vie et de consommation qui favorise la prospérité de nombreuses firmes transnationales. À ce titre, ils participent donc au succès de l'*American way of life* qui se compose autant de symboliques que de produits mondiaux.

Une domination globale sur les divertissements culturels. Les biens annexes se sont autonomisés par rapport aux films et apparaissent désormais aussi stratégiques que ces derniers en concourant, eux aussi, au maintien des symboles. En effet, leurs aspects culturels renforcent les univers narratifs dans les imaginaires collectifs. Loin de ne constituer que des dérivés, ils représentent des moyens considérables de rentabilisation et de diffusion symbolique.

Proposant un éventail d'activités divertissantes, les *majors* fondent leur prospérité sur le temps libre qui tient une part grandissante dans la vie moderne[1]. Défini comme « *un ensemble d'occupations auxquelles l'individu peut s'adonner de plein gré, soit pour se reposer, soit pour se divertir [...] après s'être dégagé de ses obligations professionnelles, familiales ou sociales* »[2], il forme « *un élément central de la culture vécue par des millions de travailleurs [...] non seulement une possibilité attrayante mais une valeur* »[3]. En effet, la réduction du temps de travail ainsi que l'allongement de l'espérance de vie libèrent de nombreux moments qui fondent une « *nouvelle morale du bonheur [et] de l'amusement* »[4].

La civilisation hollywoodienne des loisirs s'étend au plan mondial parce qu'elle accompagne l'expansion du mode de vie occidental. Elle reste liée à des sociétés et des économies qui, pour Braudel, se caractérisent par « *des mentalités collectives qui orientent les préjugés, les attitudes et les choix des populations* »[5]. Tandis que l'on fait référence à la production et à l'infrastructure économique, la prédisposition à acheter et la demande de biens occupent une place fondamentale dans la structuration des économies mondiales. Ces dernières sont orientées et entretenues grâce à une familiarisation avec les univers d'Hollywood. Composé d'éléments matériels et symboliques, cet ensemble chargé de sens est enchevêtré à l'*American Way of Life*. En l'occurrence, rappelons que les exportations des États-Unis dépassent, en matière culturelle *lato sensu*, celles des grands secteurs de l'industrie[6] : autant dire qu'elles sont au cœur de la puissance américaine.

À l'échelle globale, les capitalistes de la culture ont investi dans les divertissements les plus rentables, sphère en pleine croissance. Comme l'explique Monique Dagnaud, ils prospèrent depuis le XIXème siècle en combinant « *pratiques sociales et consommations culturelles, enracinées dans les aspirations complexes de l'individu moderne et stimulées par la dynamique de l'économie marchande* »[7]. En outre, la firme Disney demeure prééminente dans le secteur des produits dérivés. Son département Consumer Products organise ses productions en même temps que des compagnies achètent le droit d'utiliser commercialement ses imaginaires qui représentaient en 2008 un marché de 30 milliards de dollars, ce qui plaçait la *major* à la tête des *franchiseurs* mondiaux[8].

Ces dernières années, Disney a procédé à une extension considérable de ses activités, prenant position dans quantité de créneaux porteurs. Pour ce faire, elle a essayé de tirer profit de l'attrait suscité par ses narrations en les exploitant dans de nombreux loisirs. Or, comme l'avançait déjà Fernand Braudel en son temps, loin de se réduire à une politique firmale en faveur d'une diminution du risque, la diversification économique reste inhérente au fonctionnement même du capitalisme : « *[le marchand] ne se spécialise pas parce qu'aucune branche à sa portée n'est suffisamment nourrie pour absorber toute son activité [...] s'il change si souvent d'activité, c'est que le grand profit change sans cesse de secteur* »[9]. L'historien français ajoutait sur ce point : « *Le capitalisme est d'essence conjoncturelle. Aujourd'hui, encore, une de ses grandes forces est sa facilité d'adaptation et de reconversion* »[10].

Il s'agit de considérer ici les implications culturelles des biens hollywoodiens, y compris ceux d'ordre strictement non-audiovisuel, puisqu'ils créent également des pratiques et diffusent des symboles. En réalité, au même titre que les longs métrages, ils procurent des émotions fortes et du divertissement. D'après certaines estimations, ces domaines recouvriraient des marchés d'environ 968 milliards de dollars, soit plus de la moitié de la sphère des loisirs et des médias[11]. Mais ils demeurent trop souvent sous-estimés. D'aucuns postulent implicitement que leur conception ne relèverait pas de la sphère créative. Il est même fréquemment sous-entendu qu'ils dégraderaient les œuvres du septième art en utilisant de façon commerciale l'émerveillement qu'elles produisent.

Comme Joffre Dumazedier le déplorait jadis, au plan académique ces activités pâtissent même d'une certaine déconsidération. De manière générale, la consommation n'a été que tardivement reconnue comme mode structurant des identités et des cultures. Or, elle se révèle pourtant capitale car elle cristallise un moment d'appropriation et de réalisation identitaire. Dans le même temps, elle montre aussi la capacité des firmes hollywoodiennes à peser sur les comportements. Bien qu'elle occupe une position prédominante dans les divertissements, il faudra attendre l'École de Birmingham[12] pour qu'elle soit élevée au rang d'objets d'étude. Formatant les identités, l'acte de consommer reste en effet le terrain privilégié du sens et de la définition de soi dans les sociétés occidentales. Bien que des phénomènes sociaux de pouvoir aient été mis en lumière à la Cour du roi Louis XIV ou à la fin du XIXème siècle, ils méritent également d'être démontrés dans les achats culturels de masse[13].

S'affichant comme un loisir parmi d'autres, le cinéma d'Hollywood a cependant représenté un puissant vecteur des modes et des pratiques socio-culturelles. En l'occurrence, on peut remarquer que les premiers dessins animés mettant en scène Mickey Mouse portent sur le jazz et l'épanouissement à travers des fêtes et des amusements divers, tels que dans *The Whoopee Party* (1932)[14]. À ce titre, ce personnage diffuse des idéaux contemporains – voire avant-gardistes – si l'on veut bien considérer la valorisation actuelle de la détente. De la même façon, l'instauration de programmes télévisés destinés en priorité aux enfants paraît novatrice pour l'époque, et a permis d'accompagner l'éclosion d'une catégorie sociale à part entière : les jeunes.

Les produits dérivés résultent d'une recherche artistique, comme en témoigne l'implication des dessinateurs dans les divisions autres que celles de l'animation. À titre illustratif, rappelons que Ken Anderson a créé plusieurs attractions telles que *Peter Pan's Flight*, *Mr Toad's Wild Ride* et *Storybook Land* tout en assumant des fonctions de responsable pour les productions de *Cendrillon* (1950), d'*Alice au Pays des Merveilles* (1951), de *Peter Pan* (1953), de *La Belle et le Clochard* (1955) et de *La Belle au bois dormant* (1959)[15]. Autrement dit, ces activités révèlent bel et bien la dimension créative du *merchandising*.

Les productions situées dans le sillage des films doivent prolonger leur magie et leur caractère merveilleux. C'est pourquoi les *majors* ont substantiellement amélioré les suites cinématographiques. En effet, une sortie ratée peut détruire à tout jamais l'attrait d'une narration et par conséquent sa valeur commerciale. Sur ce point, Jeff Holder a souligné la préoccupation manifestée par Disney de protéger ses univers narratifs lorsqu'il déclarait : « *contrairement aux studios Hannah Barbera qui n'ont aucun scrupule à cet égard, [et] produisent ce que les chaînes leur demandent* »[16].

Avec le même souci de maintenir en permanence sa spécificité, la société de Burkank tient à ce que les parcs produisent des collections spéciales de biens dérivés qui diffèrent nettement de ceux que l'on trouve dans la grande distribution[17]. De nos jours, les jeux vidéo font également l'objet de la même attention particulière. Utilisant les imaginaires Disney, les développeurs doivent veiller à ne pas compromettre leur popularité. Comme l'affirme un représentant de la firme associée Square Co. Ltd, les responsables Disney n'ont pas voulu que « *le mot 'attaque' soit trop souvent utilisé [...] de la même façon, les personnages ne meurent pas à la fin de la partie dans 'Kingdom Hearts', ils ne font que disparaître* »[18].

Ne disposant pas tous des mêmes propriétés, les produits hollywoodiens se complètent, ce qu'il importe de considérer à partir de deux critères. Le premier prend en compte la quantité d'information que les médias nous livrent. Or Marshall McLuhan s'est uniquement fondé sur cette dimension pour distinguer les sociétés froides des sociétés chaudes celles où la densité informative paraît si importante « *[qu'elles] ne laissent à leur public que peu de blancs à remplir ou à compléter* »[19]. Le second aspect met en lumière l'interactivité avec les univers narratifs. Dans ce cadre, les gens sont invités à participer aux activités inspirées des symboliques cinématographiques et donc à devenir pleinement acteurs. Cependant, comme les pratiques interactives représentent de puissants moyens de transmission culturelle, il semble indispensable de reprendre la dichotomie introduite par McLuhan, mais en lui adjoignant cette notion qu'il a méconnue. Pour ce faire, on peut considérer quatre types de biens conçus par les *majors*.

```
            Connaissance  ▲        Parcs
   Représentation théâtrale  │
   Films                     │  Jeux vidéo
   Journal                   │        Interactivité
   ──────────────────────────┼──────────────────────▶
                             │
                             │  Jouets
            Gadgets          │  Déguisements
                             │
```

L'emprise des divertissements culturels

1) Tout d'abord, certains font participer les individus, tout en diffusant de nombreuses connaissances. N'en requérant que peu, ils leur permettent de vivre pendant plusieurs heures – voire quelques jours – dans des univers qui les entraînent vers un monde extra-ordinaire. Les personnes sont alors progressivement informées de cette proximité. À titre illustratif, nous pouvons citer les parcs à thèmes où le public se divertit autant par les imageries que par les sensations procurées par les attractions elles-mêmes. Celles-ci consistent en « *un mélange d'expériences cinématographiques, visuelles, orales, tactiles et électroniques indispensables à la synergie célébrée de Disney [ce qui] est devenu l'essence de la rentabilité médiatique* »[20]. Autant de raisons pour comprendre qu'elles forment une « *partie du processus de production culturelle de masse [...] un média de communication de masse* »[21].

Durant plusieurs jours, les *guests* demeurent au contact des personnages et côtoient des imaginaires différents. Ces attractions représentent une expérience marquante pour les visiteurs car leur caractère englobant et collectif concourt à renforcer les symboliques Disney. Les grandes célébrations, l'omniprésence du label et la mise en scène de héros légendaires engendrent une religiosité pouvant être rapprochée du totémisme décrit par Émile Durkheim. Tout ceci explique que les participants ressortent stimulés par l'effervescence de ces rassemblements[22]. Évoquant Disney World, Hal Richardson déclare avoir été « *absorbé dans le monde Disney avec les Disney dollars, les hôtels à thèmes [...] on peut y vivre des semaines sans sortir du parc. L'ensemble de ce monde s'unifie [...] Les enfants sont fascinés* »[23]. Quant aux jeux vidéo, bien qu'ils ne constituent qu'une fiction, ils paraissent entrer également dans cette catégorie. Introduisant les joueurs dans des narrations, ils ne requièrent que très peu d'informations pour y participer et donnent la possibilité de poursuivre la narration bien au-delà de la projection.

2) Pour sa part, le jouet traditionnel exige une connaissance préalable d'univers narratifs. En effet, son attrait tient à une familiarisation *a priori* aux imaginaires Disney. Pour le film d'animation Pixar, *Cars* (2006), la voiture téléguidée Lightning McQueen, les majorettes et les peluches, ne présentent un intérêt particulier que si la l'enfant connaît cet univers.

3) Quant à la troisième sorte de biens proposés par Disney, elle comprend les films, les fictions télévisuelles, les journaux et les représentations théâtrales. Elle se caractérise par des biens didactiques – informant les publics à travers des contenus audiovisuels – bien qu'elle ne permette pas au spectateur ou lecteur de jouer un rôle actif. À cet égard, on peut établir des gradations concernant le caractère informatif de ces contenus : les longs métrages demeurent plus riches que le journal, tandis que les spectacles complètent l'expérience des films en mettant en scène les mondes de Disney. Par exemple, Disney a développé une branche éditoriale – Disney Publishing Worldwide – dont les origines remontent aux années trente. Totalisant en 2005 des recettes annuelles à hauteur de 2 milliards de dollars grâce à des publications en 85 langues présentes dans 75 pays, elle atteint mensuellement plus de 100 millions de lecteurs[24].

4) Enfin, le dernier type de produits distribués par Disney offre peu d'activité et d'information, rappelant simplement les imaginaires par son graphisme, son logo et ses symboles. Il se trouve dans le textile, les gadgets, mais aussi dans beaucoup d'autres secteurs. Il en va de même pour les articles de souvenirs vendus dans les parcs à thèmes. Comme Melissa Utsler l'a montré à propos des ampoules Disney, ces achats se fondent sur ce que Yi-Fu Tuan appelle le besoin « *de réifier l'expérience, de*

donner à ces moments fugitifs de plaisir et de souffrance une ligne narrative ou une forme visuelle »[25].

La montée en puissance des activités dérivées. Les biens annexes demeurent autonomes à l'égard des contenus audiovisuels, leurs liens ne se réduisant pas à une simple dépendance. Traditionnellement, le succès des longs métrages est considéré comme déterminant pour la vente des autres produits. À cet égard, les spécialistes de l'économie cinématographique ont étudié l'exploitation commerciale organisée par les firmes, mais ont souvent sous-estimé le caractère proprement créatif de ces productions. Par exemple Janet Wasko considère que « *les films jouent un rôle-clef dans ces efforts de synergie, car les compagnies construisent des lignes de production qui commencent par un film et continuent ensuite avec la télévision, le câble, l'édition, les parcs à thèmes, le merchandising* »[26]. Or, bien que les créations audiovisuelles s'avèrent fondamentales dans la commercialisation des marchandises supposées dérivées, des rapports plus complexes se nouent entre les films et ces dernières qui engendrent leur propre cycle de consommation. On peut donc d'emblée constater que la perte de créativité rencontrée par Disney n'a pas provoqué un effondrement de ses recettes. Certes, on a observé un ralentissement de l'expansion ainsi qu'une baisse de la rentabilité, mais non une réduction substantielle des revenus[27]. Autrement dit, si les créations induisent bien un surcroît de demande en introduisant de nouvelles narrations, en retour beaucoup de marchandises entretiennent et relancent même les ventes.

La division Disney Consumer Products a connu de nombreux développements. Dès la série d'*Oswald le lapin* comprenant vingt-six dessins animés entre 1927 et 1928, des *pin's*, des bonbons et des kits de peintures ont repris l'univers du personnage[28]. Cette simultanéité des produits annexes nous conduit à penser que ces derniers peuvent constituer des médias à part entière venant ajouter des dimensions autres que sonores et visuelles, formant ainsi des éléments de la *structure structurante* des *majors* au même titre que les films[29].

Après avoir accepté en 1929 de faire figurer pour 300 dollars Mickey Mouse sur un plumier, Walt Disney a donné l'année suivante son accord pour la sortie de bandes dessinées sous licence[30]. Herman Kamen, *le parrain commercial de Mickey Mouse*, a alors organisé ce développement spectaculaire dans ce domaine. Dans le courant des années trente, il existait jusqu'à 75 contrats de *merchandising* aux États-Unis, 20 au Canada, 45 au Royaume-Uni et 6 en Europe continentale[31]. Entre 1933 et 1934, on estime à environ 20 millions de dollars les ventes issues de ces dérivés sur lesquels Disney prélevait entre 2,5 et 10%. Les principaux clients comprenaient déjà, à l'époque, des géants de l'industrie américaine comme RCA Victor, General Foods, National Dairy Products et Emerson Radio Corporation.

La vente de ces millions de biens tenait aux longs métrages, mais aussi à l'immense popularité du Club Mickey Mouse. Créé en 1929 par Harry Woodien en Californie, il comptera en 1932 plus de 500 associations regroupant au total 500 000 membres. Plusieurs dizaines d'années plus tard, l'émission télévisée de Disney adopta le même titre perpétuant de manière symbolique une organisation composée d'enfants et se caractérisant par des activités spécifiques. Ces phénomènes préfiguraient les parcs à thèmes car ils formaient déjà un réseau autour de salles d'exploitation où « *les enfants se retrouvaient le samedi pour regarder ensemble des dessins animés, des chefs étaient élus parmi eux et ils récitaient alors un credo* »[32]. Autant de pratiques qui créèrent un sentiment d'appartenance, des émotions communes et des comportements de consommation similaires. Ces activités annexes ont donc pu ensuite stimuler les ventes des produits Disney et le succès de ses films[33]. Cependant, si la firme a cherché à diffuser elle-même ses biens-symboles, il faudra attendre 1987 pour qu'elle produise pour ses propres magasins, les Disney stores[34]. À cet égard, observons le parallélisme entre la diffusion des imaginaires Disney et le développement de ventes diversifiées ainsi que leur rôle dans le maintien des symboles.

De la même façon, les *sequels* (suites de films) se sont généralisées : Comme elles reprennent un monde onirique connu, elles n'exigent pas un effort créatif aussi intense qu'un film original. En outre, bénéficiant de la notoriété du premier long métrage, elles dépassent souvent ses résultats. Par exemple, *Pirates des Caraïbes II* a surpassé le précédent de 400 millions de dollars et le troisième épisode de 300. Notons également que ces épisodes cinématographiques font l'objet d'un *merchandising* soutenu lors de leurs sorties, soit en salles, soit en vidéo.

Attirant un public nombreux, les parcs tiennent une place incontournable dans l'univers global, formaté par la firme Disney. Ainsi, en 2003, les quatre plus grandes entités ont-elles reçu 195 millions de visiteurs, avec à leur tête les Disneylands dont les entrées s'élèvent à 96 millions[35]. Comme l'affirme Hal Richardson : « *malgré la mort du fondateur [et le déclin de la création cinématographique], la firme garde toujours la marque Disney vivante, grâce aux attractions* »[36]. En effet, ces divertissements permettent aux gens d'approfondir leur connaissance des personnages au même titre – et même mieux – qu'un film. Par ailleurs, ces parcs disposent d'une clientèle internationale. À Marne-la-Vallée, les étrangers restent majoritaires ; seuls 43% des visiteurs sont français[37].

Soulignons l'alliance entre les dérivés et l'expérience émotionnelle que favorisent les attractions. C'est sur cette mise en synergie que reposent les acquisitions de biens sans contenu audiovisuel. D'après notre étude, peu de consommateurs-spectateurs consultés déclarent avoir récemment acheté des films et visité le parc[38]. Le plus souvent, les productions annexes se combinent soit à des longs métrages, soit à la visite du parc, ce qui montre que ces deux derniers loisirs entraînent des cycles de consommation différents.

La force des narrations peut aussi être renouvelée grâce au développement de la branche théâtrale déjà évoquée. Ces dernières années, Disney Theatrical Productions est d'ailleurs devenue une entité importante dans ce secteur. Depuis 1997, *Le Roi Lion* a par exemple été joué devant 30 millions de spectateurs au cours de plus de 18 000 représentations. Récompensée par six Tony Awards, cette pièce a été rapidement produite à l'étranger : au Royaume-Uni au Lyceum Theatre, puis en

Australie de 1999 à 2005. Ensuite, elle a été mise en scène en Chine (Shanghai), en Allemagne (Hambourg), au Japon (Tokyo) et aux Pays-Bas (Scheveningen). Enfin, depuis octobre 2007, elle a été reprise en France au théâtre Mogador[39]. De la même façon, il faut également constater que ces activités annexes se déroulent treize ans après la sortie initiale du *Roi Lion* au cinéma et contribuent au maintien de sa franchise.

Bien qu'associée depuis 1981 à la Feld Entertainment pour les spectacles *Disney sur Glace*, la firme Disney a initié un renouveau du *music-hall* dès 1994 avec *La Belle et la Bête* (1991). Tandis qu'elle s'est impliquée en 1997 dans la rénovation du New Amsterdam Theater et du quartier de la 42ème Avenue West à New York[40], elle s'est rapprochée en 2000 de Stage Entertainment qui détient plus de 22 théâtres en Europe et aux États-Unis. De même, l'entreprise s'est-elle alliée avec des partenaires nationaux comme au Japon, en Corée et en Chine. Autrement dit, bien que ses bénéfices proviennent encore essentiellement des pays occidentaux, son emprise culturelle revêt une véritable dimension mondiale qui passe notamment par une mondialisation des représentations musicales et théâtrales orientées vers les familles.

Tous ces succès défient la loi de Baumol qui met en relief les contraintes inhérentes aux spectacles vivants dont la diffusion ne pourrait se faire rapidement[41]. En vertu de cette règle, l'absence d'innovations technologiques et de gains de productivité maintiendrait le facteur travail prédominant et incompressible au point que la filière serait alors irrémédiablement condamnée à enregistrer des coûts considérables la rendant structurellement déficitaire. Cependant, les structures capitalistes ainsi que les symboliques mondiales établies par Hollywood permettent un assouplissement partiel de ces limites, compte tenu du nombre de personnes assistant aux représentations et par conséquent aux recettes engrangées.

Le personnage-phare de la compagnie, Mickey, demeure la figure la plus connue. Inventé après Oswald le lapin, il est à l'origine de la renommée des studios avec *Steamboat Willie* (1928). Or, ces dernières décennies on ne comptabilise que deux dessins animés où il tient le rôle principal : *Mickey's Christmas Carol* en 1983 et *Runaway Brain* en 1995. En effet, hormis des compilations et de brèves apparitions, il faut remonter à 1953 pour le revoir dans *The Simple Things*. En réalité, il fait l'objet d'une attention toute particulière car il est très délicat pour la société de l'utiliser. Jeff Holder rapporte à ce propos que les responsables ont finalement renoncé à recourir de nouveau à ce héros à la télévision car « *ils étaient très angoissés à l'idée d'animer de nouveau Mickey, l'icône de la firme, le risque étant de ternir l'ensemble du royaume magique et de flétrir son aura si ce dessin animé échouait* »[42]. Mais nombre de productions rappellent encore la célébrissime souris, comme *Le Journal de Mickey* et *le Club Mickey*. Sans compter que son effigie apparaît en bonne place sur des vêtements, des jouets et des figurines. Dans ces conditions, on peut se demander si sa popularité ne se fonde pas principalement sur les activités et produits dérivés.

En outre, des films ont été conçus à partir de biens supposés annexes. D'aucuns notent que l'on est allé jusqu'à forger des intrigues audiovisuelles à partir de jouets préexistants[43]. Ces longs métrages contribuent ainsi à les populariser et à les distinguer sur des marchés pourtant déjà saturés car ils introduisent la magie dans des consommations ordinaires. À ce sujet, l'un des plus célèbres films de Pixar – entreprise renommée pour être innovante dans le secteur de l'animation – a porté sur des jouets. En effet, le film *Toy Story* (1995) met en scène un *cow boy*, Andy, et un cosmonaute, Buzz Lightyear. Malgré des oppositions radicales entre leurs caractères et leurs styles, ces deux personnages vont devoir traverser ensemble de multiples péripéties pour rejoindre leurs compagnons. Mais, il est certain que ces histoires qui stimulent l'imagination ne peuvent émerger qu'au travers de créations donnant à de simples marchandises de la substance narrative et une véritable épaisseur humaine. Or, seuls les biens résultant d'innovations narratives – comme des films, des spectacles, des bandes dessinées et des attractions – peuvent provoquer un tel surcroît de sens. Les divertissements se révèlent propres à susciter des sensations et des consommations annexes, comparables à celles déterminées par les longs métrages, ce qui conduit à reconsidérer les liens existant entre les dérivés et les œuvres audiovisuelles. Les succès du *merchandising* reposent sur des dimensions créatives, qui ne se trouvent pas uniquement dans les films.

Les *majors* hollywoodiennes sont enchevêtrées dans les autres compagnies de l'*entertainment*, développant le cas échéant de réelles collaborations favorisant leur créativité respective ; ce qui leur permet de lancer des thèmes très diversifiés. On constate en effet que les firmes d'Hollywood abordent désormais des secteurs toujours plus éloignés, comme ceux du sport. Or, Disney a pleinement précédé puis accompagné ce mouvement général. L'entreprise a même fait figure de pionnière puisque dès les dessins animés impliquant Mickey Mouse, les intrigues se déroulaient déjà dans le monde musical et sportif.

En fait, les capitalistes de la culture s'efforcent de capter l'ensemble de la valeur produite par le champ des loisirs. Ils jouent de leur masse critique pour surmonter victorieusement les rapports de force où ils sont engagés. Leur poids est démultiplié grâce aux investissements intersectoriels sur lesquels ils peuvent jouer pour accélérer l'éclosion d'une mode et promouvoir ensuite le passage de leurs œuvres sur d'autres médias. S'ils ont développé des activités particulièrement variées, ces dernières se trouvent principalement dans les divertissements. Leurs imaginaires enchantent l'instant divertissant. C'est pourquoi, ils ont investi dans les médias de masse, tandis qu'ils se sont aussi impliqués dans les attractions non-audiovisuelles. Leur engagement direct dans ces sphères tient au souci de bénéficier pleinement de symboles diffusés à travers leurs projets cinématographiques. Leurs dirigeants doivent donc maîtriser un continuum stratégique qui s'étend de l'investissement dans de nouvelles activités à l'octroi de licences à des tiers. D'un côté, toute implication dans des champs éloignés suppose des coûts supplémentaires et des risques élevés en contrepartie de rentrées substantielles en cas de réussite. De l'autre, le recours à des entreprises extérieures permet certes à toute *major* de percevoir des rentrées, mais sans pour autant bénéficier pleinement de l'attrait économico-culturel de ses symboles. Ceci explique que ces dernières décennies, de nombreux studios se soient lancés eux-mêmes dans des domaines extra-cinématographiques, non sans déconvenues.

Là encore, la firme Disney a fait figure de modèle. En effet, elle s'est largement impliquée dans des sphères extrêmement diversifiées où elle s'est progressivement substituée aux détenteurs de licences d'alors. Par exemple, depuis 1998 elle s'est développée dans le secteur des croisières. À cet égard, elle s'est même élevée en 2004 à la dixième place dans le classement des transporteurs maritimes de voyageurs ; accueillant avec deux uniques bateaux, plus de 378 000 passagers, soit 2,5% du marché mondial[44]. Grâce à l'aménagement spécifique de ses navires elle a contribué à la prospérité de ce domaine en élargissant la fréquentation aux familles. Ainsi, le symbole Disney a-t-il conduit nombre de personnes à s'ouvrir à de nouvelles pratiques culturelles. Il faut voir là le triomphe d'une *major* capable de transmettre des usages sociaux et d'entraîner ensuite les consommateurs-spectateurs sur des marchés ciblés.

Les capitalistes hollywoodiens se sont surtout développés dans les parcs à thèmes, bien qu'ils n'aient pas créé ce genre de loisir. Initialement, Walt Disney a voulu construire des attractions aux thèmes cinématographiques dans lesquelles les parents aussi bien que les enfants se plairaient. À la suite du succès de Disneyland, les compagnies médiatiques ont, de manière massive, investi également dans ce secteur. Cependant, après plusieurs échecs retentissants, elles s'en sont détournées. Précisons qu'elles maintiennent encore des accords très lucratifs de licences, ce qui leur permet de bénéficier durablement de ce type d'activité, sans pour autant être confrontées aux risques de gestion qu'entraînent ces grandes structures de divertissement. Sur ce point, les opérateurs les plus importants restent Disney et Universal studios qui se sont implantés tous les deux à Orlando, dans le Sud de la Californie et au Japon. Le premier s'est également établi en France et à Hong Kong, alors que le deuxième a prévu d'ouvrir à Singapour.

Leurs attractions sont réellement intégrées dans leur stratégie de développement où elles constituent « *un espace de specta-*

cle, des occasions illimitées de promouvoir de manière croisée les biens et les imaginaires produits dans les autres parties du conglomérat ou acquis hors de celui-ci »[45], tandis que des liens de promotion les relient à la sortie des films. En l'occurrence, il faut bien voir que Walt Disney a réussi – non seulement l'intégration de thèmes cinématographiques – mais aussi la constitution d'« *environnements thématiques* », pour reprendre l'expression de Susan Davis[46]. Or, ces derniers supposent la coordination de services multiples, d'une vaste organisation et d'énormes capitaux afin de résoudre les problèmes « *temporaires et durables [...] en matière de flux de transport, de signes et de design ; de maintenance et de sanitaires ; d'interactions entre les employés et les clients ; de la qualité, du ton, du style et du contenu des spectacles ; de l'alimentation et des boissons. Bref, tout cela requiert un contrôle continu* »[47].

Cette puissance des parcs adossés à des géants de médias tient à la notoriété des symboles et à l'échelle de leur développement. À l'ouverture d'Eurodisney, il en existait en France de nombreux sans grande capacité, ni concept fort. De nos jours, Disneyland Paris accueille chaque année 13 millions de personnes, représentant ainsi la première destination touristique en Europe, tandis que La Mer de sable n'attire que 0,4 million de visiteurs, Astérix 1,8 et Nigloland 0,4[48]. Autant dire que, là aussi, l'univers Disney attire les Européens dans des activités peu répandues et guère populaires.

Empruntant aux fêtes foraines et aux expositions universelles, les attractions Disney revêtent, certes, un caractère mercantile. Toutefois, cette approche mérite d'être nuancée. En effet, seul 1% des personnes interrogées ont choisi le terme *superficiel* parmi les adjectifs qualifiant Disney, tandis qu'ils lui ont préféré des qualificatifs tels que *familial* (18%), *enfantin* (15%), *divertissant* (11%) et *merveilleux* (11%), bien qu'ils aient souligné la dimension commerciale (12%)[49]. Par conséquent, il convient de souligner plutôt sa dualité symbolique bien ressentie par tous. Finalement, si le mercantilisme de Disney n'est pas ignoré, son symbole inspire en revanche un jugement plus favorable[50]. Autrement dit, l'entreprise de mystification que l'on prête souvent à Disney est également perçue par le consommateur qui n'est pas dupe.

La civilisation hollywoodienne peut nous conduire à relativiser les risques pris lors de la production. Beaucoup d'économistes soulignent cette caractéristique inhérente aux industries de la culture dont les revenus demeurent toujours aléatoires. À cet égard, Arthur De Vany déclare : « *les recettes cinématographiques sont si complexes qu'elles apparaissent presque chaotiques [...] Tous les acteurs, réalisateurs et responsables de studios savent que leur célébrité et succès demeurent fragiles* »[51]. En fait, ni les stars ni les innovations narratives ou technologiques ne garantissent le succès. Par ailleurs, peu de longs métrages sont rentabilisés dès leur passage en salles car « *20% des films engrangent plus de 80% des recettes* » alors qu'« *une moyenne de six ou sept films majeurs sur dix ne seront pas rentables et qu'un seul rentrera dans ses frais* »[52]. Parallèlement, les dépenses de création et de promotion peuvent atteindre des sommets.

Toutefois, le *box-office* ne représente qu'une infime partie des rentrées financières. En effet, il faut savoir que les firmes d'Hollywood rentabilisent l'essentiel de leurs investissements sur d'autres marchés, soit le *home video*, le câble, la *Pay-TV* ou encore la télévision en clair ainsi que sur des marchés non-audiovisuels. On estime à presque 6 milliards de dollars les recettes de Disney dégagées par ses films, alors que le segment, au sens strict, de ses studios de cinéma ne lui a rapporté que 110 millions de dollars. Ainsi d'après Janet Wasko la section *entertainment* n'explique-t-elle que 23,6% du chiffre d'affaires et seulement 2,7% du revenu d'exploitation[53].

2. Les contraintes symboliques des *majors*

Tirant leurs succès de leurs propres imaginaires, les industries culturelles sont confrontées de manière cyclique à une perte d'attractivité symbolique due à la nature aléatoire des productions artistiques, à la surexploitation de leurs œuvres et aux changements socio-culturels. Loin de maîtriser la création, les compagnies de l'audiovisuel apparaissent vulnérables face à ces évolutions qui menacent leur prospérité.

L'exigence récurrente d'un renouvellement créatif. La réussite des capitalistes hollywoodiens se fonde sur des symboles et des narrations dont l'attrait doit être continuellement renouvelé. Or, cette logique créative s'oppose aux routines organisationnelles dont le fonctionnement bureaucratisé empêche les innovations. Beaucoup de chercheurs manifestent une incompréhension certaine devant l'engouement des consommateurs pour les biens et les activités Disney. Inspirés par l'École de Francfort, ils décrivent avec regret les processus de *commodification* qu'engendrent ces filières. Ils rendent celles-ci responsables de l'aseptisation des contenus et les accusent de détruire le désir de création[54]. Selon ces détracteurs, les productions Disney ne résulteraient que de formules industrielles qui conduiraient à une uniformisation et à un appauvrissement stylistique. L'art serait ainsi sacrifié au profit d'une standardisation et d'une *sérialisation*. Pour Theodor Adorno, les populations deviendraient progressivement aliénées sous l'effet de la publicité jouant comme propagande. Elles se transformeraient alors « *elles-mêmes en un appareil conforme, jusque dans leurs émotions profondes, au modèle présenté par l'industrie culturelle* »[55]. Cette massification empêcherait donc « *la formation d'individus autonomes, indépendants, capables de juger et de se décider consciemment* »[56].

On voit bien ici que l'hostilité à l'égard de ces firmes se fonde sur la peur que leur production de masse ne dégrade les œuvres et n'avilisse le public. Mais nous pouvons nous interroger sur le point de savoir si ce rejet ne viendrait pas plutôt de l'hypothèse sous-jacente suivant laquelle l'art ne peut être apprécié du plus grand nombre sans que ne s'accomplisse, au préalable, une dégradation inévitable. Cependant, cette thèse ne relèverait-elle pas d'une ignorance de la réception différenciée, propre à chaque spectateur et d'un *apriorisme* envers toute forme artistique prisée par le grand public ? Remarquons toutefois que les peintres du passé ne sont pas tenus ainsi en suspicion, alors même qu'ils vendaient pourtant leur talent et se pliaient aux exigences de leurs mécènes.

A contrario, il s'agit de montrer dans notre recherche que les capitalistes hollywoodiens tirent partie de la spécificité du cinéma. Valorisé auprès de toutes les couches sociales, ce mode d'expression reste « *une véritable forme d'art populaire* »[57]. Les films attirent toujours de vastes audiences, malgré l'irruption de la télévision dans la vie quotidienne et la diversification de l'offre audiovisuelle. Mais bien que les *majors* bénéficient d'une popularité certaine, elles demeurent toujours contraintes par les aléas inhérents à tout effort créatif.

Dispensatrice de magie, l'innovation culturelle joue un rôle déterminant dans le succès des productions et dans la concurrence à laquelle se livrent les compagnies. Bien que les studios soient obligés de favoriser et de choisir des narrations traditionnelles, ils sont condamnés en permanence à renouveler l'attrait de leurs symboles et à entretenir l'émerveillement des publics. En effet, il ne s'agit pas d'inventer des contenus radicalement nouveaux, mais bien d'*innover* – au sens de Schumpeter – autrement dit d'adopter des pratiques, des techniques, et des univers tout à la fois familiers et originaux. Il va sans dire que cette régénération peut entraîner divers types de transformations. Par conséquent, la filière cinématographique est mue de manière endogène par une dynamique de « *changements internes aux facteurs de production dûs à de nouveaux usages* »[58], ce qui se traduit économiquement par l'introduction d'une fonction de production.

Lorsqu'une innovation s'avère fondamentale, elle provoque ensuite un cycle économique qui en suscite d'autres en cascade, « *bouleversant la structure industrielle préexistante et [...] créant pour certaines entreprises [innovantes] des opportunités d'expansion* »[59]. En d'autres termes, elle suscite une demande qui profite à la firme s'étant engagée la première dans le processus novateur, puisqu'elle détient temporairement un monopole. Pour les autres, au contraire, ces développements signifient « *leur mort économique* », en raison de l'obsolescence accélérée de leur système de production, induite par cette nouveauté[60]. L'essentiel consiste donc à rester en permanence à la pointe du progrès de manière à repousser ainsi la phase cyclique de déclin et l'ascension d'éventuels concurrents. Nous sommes là au cœur de cette « *destruction créatrice* » évoquée par Joseph Schumpeter, « *processus de mutation industrielle [...] qui révolutionne incessamment de l'intérieur la structure économique, en détruisant continuellement ses éléments vieillis et en créant des éléments neufs* »[61], ce qui renvoie l'observateur à l'activité capitaliste des entrepreneurs créatifs, troublant les valeurs et bouleversant les équilibres cinématographiques.

On comprend alors mieux que les rivalités au sein du milieu hollywoodien ne résident pas dans les efforts de marges, puisqu'il n'existe pas en la matière des mécanismes de marché au sens économique du terme. Au contraire, la production repose sur une combinaison originale d'inventions et de traditions qui crée sa propre demande. Comme l'affirme Schumpeter : « *ce n'est pas cette modalité de concurrence [des qualités et l'effort de vente] qui compte mais bien celle inhérente à l'apparition d'un produit, d'une technique, d'une source de ravitaillement, d'un nouveau type d'organisation – c'est-à-dire la compétition qui s'appuie sur une supériorité décisive aux points de vue coût ou qualité et qui s'attaque [...] à leurs fondements et à leur existence même* »[62]. Par analogie, nous pouvons avancer l'hypothèse que la recherche artistique s'avère vitale pour les *majors*.

Les « *espaces économiques* »[63] ainsi engendrés correspondent, pour les industries de la culture, aux univers narratifs qui sont utilisés par les films et leurs dérivés commerciaux : ils représentent alors de vastes marchés, tandis que – pour reprendre le célèbre mot de Baudelaire à propos de la création artistique – ils « *créent un monde nouveau, produisent la sensation du neuf* »[64]. Soulignons cependant que la valeur des longs métrages ne provient pas de leur usage, mais de leur imaginaire, résultat d'actes créateurs. Qu'est-ce qui distingue une tasse ordinaire, du même objet inspiré du film *Nemo* (2003) ? Celle qui est griffée Disney intègre les symboles, les valeurs, les sentiments que suscitent l'évocation du voyage initiatique du jeune poisson, et l'émotion procurée par le dessin animé. Aussi le succès des industries d'Hollywood échappe-t-il aux règles ordinaires de l'économie en faisant intervenir la dimension artistique. Autant dire que le culturel et l'économique se conjuguent et s'intriquent dans le champ de l'économie-monde.

Lorsque l'on analyse les rapports financiers du groupe Disney, le caractère central de la création dans la croissance de la firme peut légitimement dérouter. Plus l'activité cinématographique se montre vigoureuse, plus les autres secteurs croissent. Durant les années 1984-1994, période de pleine expansion, la contribution des films aux revenus d'exploitation a dépassé celle provenant des produits dérivés et des parcs, ce qui peut paraître surprenant car ces dernières divisions se sont considérablement développées avec l'implantation des Disney Stores et le lancement de nouvelles attractions.

Au contraire, en 2006, après plusieurs années de ralentissement créatif, les revenus d'exploitation se sont élevés à 6,3 milliards de dollars où les films représentaient seulement 11%[65]. Ces données chiffrées ne font qu'accentuer un déclin perceptible dès la fin des années quatre-vingt-dix. Sur la période 1997-1999, les profits de la division cinéma ont baissé de 27 points. Lors du dernier trimestre de 2005, ses studios sont même devenus déficitaires, passant de 23 millions de bénéfices à 313 millions de pertes, à la suite de nombreuses contre-performances[66]. Ces échecs cinématographiques demeurent préoccupants puisqu'ils forment la principale activité qui réactive la demande pour les autres divisions du groupe ; les imaginaires consacrés étant exploités et entretenus pendant des décennies. Pourtant, de nos jours, avec l'arrivée de nouveaux dirigeants et l'application de nouvelles politiques, la section cinéma a connu une augmentation de ses résultats[67].

Les inventions technologiques se traduisent par des avancées filmiques, à condition d'être intégrées dans le processus productif. En effet, ces progrès doivent être introduits dans le champ et trouver plus encore leur utilité dans la création : soit en la facilitant, soit en augmentant les capacités des artistes. Dans ce dernier cas, ils marquent une rupture majeure. Par exemple, le cinéma parlant initié par les frères Warner avec *The Jazz Singer* puis *The Singing Fool* – suivis ensuite par le reste des *majors* – a conféré à ces firmes une avance considérable. D'autre part, l'arrivée du son a renforcé les *majors* dans leur domination, non seulement sur les filières nationales et internationales, mais plus encore sur l'ensemble des autres industries de l'*entertainment*[68]. Au plan artistique, cette innovation a offert aux artistes des possibilités de développer leurs talents c'est-à-dire – selon Marshall McLuhan – de « *faire passer [...] le spectateur d'un univers [ordinaire] à un univers créé [...] par le cinéma* »[69]. En l'occurrence, il s'est agi d'accroître la profondeur narrative grâce à la participation d'un sens supplémentaire : l'ouïe. Ainsi, cette technique a-t-elle induit des reconfigurations sectorielles, avec notamment la réduction brutale des spectacles vivants et la fin des films muets.

De manière plus restreinte, la nouvelle équipe de la Buena Vista a procuré une source de revenus additionnels en innovant dans le secteur audiovisuel. Comme le rappelle Hal Richardson, Bill Mechanic a décidé de vendre directement aux consommateurs les cassettes vidéos. Le même dirigeant explique l'avantage acquis de la sorte : « *Disney étant arrivée la première sur le marché, elle a été en mesure d'anticiper plus rapidement la quantité de vidéos à commander* »[70]. Ainsi, en fournissant les marchés de consommation finale, le créneau *home video* a-t-il été bouleversé au point de devenir – avec le DVD – le principal moyen de rentabilisation[71].

A fortiori, l'innovation peut s'avérer spectaculaire à travers le renouvellement d'un genre. Elle réside alors soit dans l'originalité de la narration, des personnages soit dans le style employé. À titre illustratif, la piraterie est redevenue, ces dernières années, un thème privilégié du cinéma avec le succès des trois épisodes *Pirates des Caraïbes*. Dans ce film, tandis qu'Orlando Bloom et Keira Knightley représentent des stars reconnues, le pirate est interprété par Johnny Depp, un marginal d'Hollywood[72]. Or, durant le tournage, ce dernier a décidé de se maquiller, de porter des dreadlocks et des bagues, de marcher de manière efféminée et de jouer avec des dents en or. Par ailleurs, d'après le scénario, le héros qu'il incarnait passait pour un séducteur qui non seulement fréquentait les prostituées, les bars de brigands et jurait, mais se comportait aussi souvent en lâche. Autant de raisons pour lesquelles le Directeur général de Disney, Michael Eisner, s'est opposé à ce projet dont les études prospectives de Buena Vista ne recommandaient d'ailleurs pas la réalisation[73]. Comme l'explique Charlie Nelson : « *nous n'avions aucune idée de ce que ce film allait rapporter. Le genre 'Pirates' n'avait pas obtenu de succès depuis les années cinquante. En fait, on se souvient surtout d'Errol Flynn [dans Captain Blood de 1935]* ». Fin 2003 pour un budget de 120 millions de dollars, le film a pourtant bel et bien dégagé en salles 300 millions de dollars aux États-Unis mêmes et 650 millions au plan mondial. Selon Bridget Johnson, il n'a pas seulement « *redécouvert* » un univers thématique, mais a redéfini ce que représente un film Walt Disney Pictures qui doit divertir la famille, tout en restant destiné aux enfants[74].

Ce triomphe inespéré, reproduit lors des suites de ce film, doit conduire à analyser le caractère structurellement aléatoire de la filière. En effet, contrairement à la thèse défendue par l'École de Francfort, l'art n'est pas exclusivement maîtrisé par la technique ni davantage par des considérations financières. Malgré les sommes considérables allouées de nos jours à la prévision, la création demeure irréductible[75]. Le renouvellement créatif étant fondé sur des inventions, les études estimant les chances potentielles de tel ou tel film apparaîtront toujours biaisées – voire viciées – car elles prennent en modèle les réussites précédentes. Aussi peut-on affirmer avec Charlie Nelson qu'Hollywood symbolise « *un des derniers lieux où d'énormes fonds sont engagés sur des décisions instinctives [...] Il n'y a pas de science* »[76].

En son temps, Walt Disney a fait figure de pionnier car il a su constamment maintenir l'attrait de ses productions cinématographiques. Restant à la pointe de l'innovation, il a préservé en permanence son monopole en matière de dessins animés. En effet, lorsque le *Steamboat Willie* sort le 18 novembre 1928, de nombreux studios connaissent alors le succès avec les aventures de personnages comme *Betty Boop* et *Popeye*[77]. L'emploi du son pour la première fois dans ce genre de divertissement provoque un enthousiasme international en faveur de Mickey

Mouse. Puis, Walt Disney innove de nouveau en 1932 avec l'introduction de la couleur dans ses courts métrages, ce qui lui vaut à cette époque son premier oscar[78]. De manière déterminante, il initie dès 1937 un nouveau type de bien cinématographique – le film d'animation – et capitalise ainsi un avantage concurrentiel majeur. Coûtant pour l'époque la somme colossale de 1,5 million de dollars, *Blanche Neige et les sept nains* est présenté en avant-première le 21 décembre au Carthay Circle. Sa réussite est immédiate, tant auprès du public que du milieu hollywoodien, au point qu'il reçoit deux ans plus tard un oscar d'honneur[79].

En 2007, l'exposition parisienne du Grand Palais adopte une perspective historique visant à inscrire l'art des studios Disney dans une lignée d'artistes et de conteurs européens. Les créations cinématographiques de Disney sont notamment rapprochées de divers courants artistiques de l'époque médiévale ou encore du surréalisme. Comme le souligne le Commissaire de l'exposition, Bruno Girveau, leur inspiration prend sa source auprès des « *peintres romantiques, des symbolistes allemands, des préraphaélites anglais, tout autant que [chez] les primitifs flamands ou [auprès] du cinéma expressionniste* »[80]. Leurs multiples emprunts révèlent la dimension artistique que Walt Disney a voulu donner à ses œuvres, bien qu'il s'en soit toujours défendu. À cet égard, Bruno Girveau considère qu'il est « *le premier à avoir accordé [au dessin animé] un tel soin dans le traitement artistique [...] le perfectionnisme et le génie de Walt Disney ont ainsi offert au dessin animé une audience universelle* »[81].

Après un certain déclin, les studios Disney connaissent un nouvel âge d'or en 1988, avec *Oliver & Company*. Combinant l'impulsion de Katzenberg, l'inspiration venue de Broadway avec Howard Ashman et l'utilisation de nouvelles technologies, Disney crée un style et des narrations qui vont s'épanouir avec *La Petite Sirène*. Recevant deux oscars pour la musique *Under the sea*, ce film enregistre 110 millions de dollars de recettes aux États-Unis et 222 au plan mondial, sans compter les 180 millions provenant des cassettes vidéo[82]. Mais *Le Roi lion* représente incontestablement l'apogée de cette période. Produit pour 80 millions de dollars seulement, il en a rapporté plus de 750 millions rien qu'en salles et 1,5 milliard de dollars grâce à la commercialisation de son univers narratif[83]. Dès lors, ce long métrage à succès est apparu comme un modèle en matière de synergies culturelles réalisées entre les divisions des *majors*. Une fois de plus, soulignons à cet égard l'enchevêtrement des dimensions économiques, culturelles et techniques au cœur même de l'activité des studios.

Les concentrations contemporaines ont provoqué l'intégration de la filière hollywoodienne dans des entités colossales. Mais l'aversion de ces dernières pour les projets risqués et la routinisation du travail s'opposent à l'esprit des entrepreneurs créatifs[84]. Par conséquent, bien que ces grands groupes rendent possibles une structuration des attractions hollywoodiennes à grande échelle et une production considérable, ils n'encouragent pas l'innovation. Il demeure certain que ces structures bureaucratiques forment l'ossature nécessaire de divertissements-monde. Beaucoup ont stigmatisé la diffusion mondiale à prétention universelle des principes « *d'efficacité, de calculabilité, de prédictibilité et de contrôle* ». Un tel processus de rationalisation provoquerait l'enfermement de l'individu dans une *cage de fer* – pour reprendre l'image de Max Weber – nous irions alors vers une *mcdonaldisation* du monde[85]. Or, il faut aussi souligner que ces compagnies permettent la mise en place de loisirs accessibles à tous et distrayants par leurs narrations. Rappelons que Disney représente une firme de 133 000 employés qui est fondée sur la création audiovisuelle et sa diffusion commerciale. Sa filiale Disneyland Paris ainsi que le *resort* emploient plus de 12 600 personnes, dont la coordination reste nécessaire pour susciter un univers empreint de magie[86]. Depuis 1989, elle consacre 6 milliards d'euros à ses investissements et a créé 32,7 milliards de valeur ajoutée en attirant plus de 175 millions de visiteurs.

Plus que toute autre activité, l'organisation de parcs et de spectacles thématisés exige une discipline de fer et une supervision drastique. En effet, le caractère magique des activités Disney est maintenu grâce à une coordination quasi militaire entre toutes les divisions et par l'exigence permanente de conduites professionnelles irréprochables, orchestrées par le département Imagineering. Sur ce point, on peut remarquer avec quelle minutie sont organisés les espaces ; la magie étant entretenue par un constant souci du détail et une recherche incessante de perfection[87].

Dans cette logique, les employés incarnant les principaux personnages sont sélectionnés selon leurs caractéristiques physiques. Dans chaque parc, le département Talent Casting s'occupe de recruter ceux qui ressemblent physiquement aux héros de Disney, notamment pour la parade. De surcroît, l'allure du personnel est strictement réglementée : la taille des boucles d'oreilles, la longueur et la couleur des ongles, la longueur des cheveux, la coiffure, les tatouages, les bijoux, les robes, les pantalons, la barbe, la moustache... etc. : rien n'est laissé au hasard.

Outre la fonction occupée dans l'entreprise, un *travail émotionnel* particulier est demandé à chacun. Cependant, ce qui est présenté comme « *l'action d'exprimer des émotions socialement désirées* » suppose « *un effort de planification et de contrôle en vue de les produire de manière systématique* »[88]. Ce cadrage intervient dans les interactions avec les visiteurs envers lesquels le personnel est tenu de se montrer accueillant et chaleureux, sans pour autant faire preuve de complaisance et de familiarité. Ces comportements, apparemment anodins, supposent en fait une exigence impérieuse de tous les instants et requiert une grande rigueur car ils visent à produire artificiellement des émotions, et susciter une empathie. Bien que ce travail puisse être aussi parfois épanouissant, il ne faudrait pas pour autant négliger – voire sous-estimer – le phénomène de dissonance qui est alors à l'œuvre et qui tient en un « *conflit entre les émotions authentiquement ressenties et celles qui sont affichées* »[89]. En effet, il peut engendrer une frustration et un épuisement nerveux très dommageable pour les personnes tant les rôles à tenir peuvent apparaître pesants.

Le registre spécial du théâtre est à l'œuvre pour faire vivre les parcs. Pour ce faire, Disney a opéré un travail de requalification au terme duquel, les employés sont appelés des *cast members* (acteurs) qui portent des *costumes* et non des *uniformes* et accueillent non pas des *visiteurs*, mais des *guests* (invités). Quant aux parties du parc, elles se partagent entre le *backstage* (les coulisses) et l'*onstage* (la scène). Ce travail systématique de remodelage lexical traduit non seulement l'ambition de créer une atmosphère joyeuse et magique, mais plus encore une transfiguration de la réalité. Si certains font part à ce propos de leur admiration[90], d'autres soulignent, au contraire, l'ambition totalitaire d'une entreprise cernant et formatant un consommateur captif. Pour sa part, Alan Bryman croit pouvoir discerner une évolution sociétale qu'il résume par le concept de *disneyization*. Outre le *merchandising* et la dédifférenciation de la consommation, le travail émotionnel et la thématisation en formeraient les éléments constitutifs[91]. Certes, une visite dans l'un de ces parcs entraîne les gens dans un univers onirique, toutefois, ce monde artificiel ne pourrait exister sans la supervision et la coordination des décors par l'ensemble du personnel.

Soulignons combien cette structuration exigeante est assurée par une énorme organisation des loisirs. Cette dernière est fortement hiérarchisée, ce qui la rend d'autant plus rigide et difficile à changer. Alors que – *a contrario* – les sociétés indépendantes réagissent vite et sont portées par des idées novatrices, Disney semble être devenue « *une machine bureaucratique destinée non seulement à la production, mais aussi aux différentes étapes de la création, ce qui freine, sinon interdit, une adaptation rapide* »[92]. Ceci n'est bien sûr pas sans rappeler l'analyse que Schumpeter nous a livrée sur le capitalisme confronté à la bureaucratisation progressive de l'économie. Dans cette logique, et par définition, l'esprit entrepreneurial doit être d'emblée étouffé puisqu'il serait de nature à bouleverser les structures existantes. Cependant, comme Joseph Schumpeter l'a montré, la classe des entrepreneurs s'efforce de « *réformer ou révolutionner la routine de la production [en exploitant] une invention ou plus généralement, une possibilité technique inédite* »[93]. Il existe donc bien là une contradiction structurelle avec la logique organisationnelle que nous retrouvons au cœur même de Disney.

Précisément, ce manque de créativité pointé par Schumpeter explique le déclin brutal de la *major* dans les dessins animés. Des sociétés indépendantes ont alors pris la tête de la création, ce qu'Igor Khait exprime ainsi : « *Disney a manqué la révolution des dessins animés assistés par ordinateur. Elle s'y est prise trop tard* »[94] car elle n'a jamais cru à cette innovation cinématographique. Il y a peu encore, son ancien dirigeant qualifiait les efforts de Pixar de « *vraiment pitoyables* »[95]. Par conséquent, on comprend qu'elle ait pu produire durant la fin des années quatre-vingt-dix de nombreux *flops* tels que *Hercules (1997)*, *Mulan* (1998), *Tarzan* (1999), *New Groove Emperor* (2000), et *Atlantis* (2001) dont les scénarios renvoyaient à des histoires surannées. En fait, il faudra attendre 2005 pour voir la firme sortir le premier en salles – *Chicken Little* – mais il ne remportera finalement qu'un succès modéré[96]. En outre, il n'a pas séduit la critique qui l'a qualifié de « *film peu avenant [qui] apparaît de seconde main à tous égards [...] 'Chicken Little' semble totalement recyclé* »[97].

Avec l'acquisition de Pixar, Disney entend se renouveler avec l'absorption des créatifs d'Emeryville[98]. Parvenue depuis *Toy Story* (1995) à la reconnaissance mondiale, cette société est issue de Industrial Light & Magic, l'entreprise de George Lucas qui a servi à la réalisation de *Star Wars*. En son sein, une branche d'animation s'est formée avec à sa tête John Lasseter. Bien qu'en 1986 la *major* ait refusé d'investir la somme de 10 millions de dollars, elle a accepté de distribuer et de financer en partie les films de Pixar. Depuis, le *box-office* de ses films est évalué entre 1995 et 2006 à 1,7 milliard de dollars aux États-Unis et 3,6 au plan mondial, sans compter les montants provenant des produits dérivés et des sorties en vidéo. La compagnie de Burbank a clairement bénéficié de sa réussite. En l'espèce, elle en est devenue dépendante car ses longs métrages ont contribué en 2000 et 2001 à 97% et 47% du revenu d'exploitation de son activité cinématographique[99]. Se présentant comme le style Disney renouvelé, Pixar s'est alors caractérisé par un graphisme numérique et des histoires stimulantes.

Un autre studio, Dreamworks, a également émergé grâce au retard pris par Disney dans le domaine des dessins animés[100]. Après quelques films aux succès modérés tels que *Fourmiz* en 1998 et *Chicken Run* en 2000, *Shrek* (2001) puis *Shrek II* (2004) sont parvenus à une popularité sans précédent, rapportant au total dans le monde entier plus de 1,3 milliard de dollars[101]. Dotées d'un ton décalé et d'un style graphique innovant, ces créations se moquent des vieux contes sur lesquels Disney a précisément fondé sa notoriété[102]. Ses principaux héros sont *a contrario* des ogres, des personnages incarnant traditionnellement le mal. En phase avec les générations montantes, cette stratégie s'inscrit comme l'anti-thèse de la formule Disney avec l'introduction revendiquée et assumée du *wacky factor*, autrement dit, du loufoque. Ainsi l'antagonisme entre Eisner et Katzenberg (Disney *versus* Dreamworks) s'est-il traduit aussi bien sur le plan économique que culturel[103].

Laissant s'affirmer de puissants compétiteurs, la firme Disney a désormais perdu son quasi-monopole sur les films d'animation. Ses rivaux – Dreamworks avec PDI, Pixar avec CAPS et Blue Sky après sa fusion avec VIFX – ont battu progressivement en brèche sa domination, grâce à une supériorité technologique et narrative. Disney apparaît donc désormais dépassée sur son cœur de métier, non seulement sur le plan des techniques, mais plus encore dans sa capacité de création. Autant dire que l'enchevêtrement du culturel et de l'économique représente un enjeu majeur de la concurrence interfirmale.

Le manque de renouvellement de Disney est certes dû à ses hauts responsables qui n'ont pas su anticiper la montée du numérique et le vieillissement de son style. Comme l'explique Steve Hulett : « *il est important que les chefs des studios soient des artistes animateurs qui doivent mettre en scène des dessins animés et non des personnes issues du milieu théâtral ou dotées de MBA [Master of Business Administration] [...] Sinon la structure manageriale peut jouer comme barrière à la créativité* ». On comprend bien ici qu'il s'agit d'une charge à peine voilée contre les anciens managers, Peter Schneider, Tom Schumacher et David Stainton[104].

Mais Disney semble avoir également pâti du départ de nombreux artistes. Soulignons sur ce point que ses concurrents comprennent dans leurs équipes des anciens de la *major*, licenciés ou bien démissionnaires. Par exemple, Chris Buck est parti chez Sony animation. Quant à Joe Ranft, Ash Brannon, John Lasseter et Brad Bird, ils ont rejoint Pixar. De même, Brenda Lima a travaillé pour Disney, puis pour Dreamworks et Pixar[105]. Toutefois, il convient de nuancer le propos car, comme l'explique Bill Mechanic, « *l'hémorragie des talents est naturelle. L'aptitude à faire fonctionner une organisation consiste à ne pas garder ceux qui veulent rester, mais à garder ceux qui devraient rester* »[106]. Par conséquent, s'il n'est pas étonnant de constater que des professionnels s'en vont, il demeure préoccupant de les voir réussir ailleurs, jusqu'à dépasser en performances celles de leur précédent employeur.

Autre facteur aggravant pour les *majors* : les pesanteurs bureaucratiques. Bien que Watts affirme que Walt Disney en jouait, il semble que sa firme y soit particulièrement sujette[107]. Comme le déclare sous anonymat un haut responsable de Disney : « *organisée initialement de manière matricielle, c'est un maelstrom très lourd et compliqué qui coûte cher. Cette structure est une armée mexicaine à front renversé : beaucoup de management et très peu de soldats* »[108]. D'autre part, les divisions des parcs cherchent en permanence et systématiquement à reproduire des méthodes surannées. Par exemple, les attractions s'enracinent dans le passé, comme le remarque ce dirigeant lorsqu'il déclare qu'« *il est aberrant que Disney impose à ses sous-traitants des centaines de spécifications vieilles de plus de cinquante ans qui doublent le coût des attractions* »[109]. Bien que l'entreprise soit mondialement reconnue pour la qualité de ses divertissements, le prix de ces derniers est devenu excessif. Enfin, comme il a déjà été mentionné, les studios font l'objet de contrôles draconiens[110].

Constatons que les départs successifs des équipes dirigeantes se sont déroulés difficilement et avec grand fracas. Aussi bien en 1984 qu'en 2005, les dirigeants ont noyauté les fonctions principales et plus encore le conseil d'administration. Devenues arrogantes en raison de leurs réussites, elles se sont accrochées à leur position et à leur stratégie dépassée, freinant considérablement la croissance de la société[111]. Dans les années deux mille, le studio a décliné jusqu'à devenir déficitaire avec des sorties décevantes, comme *Pearl Harbor* (2001). Se sont ajoutés les désastres de la surexpansion des magasins Disney et les rachats inconsidérés de chaînes de télévision. Enfin, dans la division des parcs, les débuts difficiles de California Adventure et le déficit permanent de Disneyland Paris sont venus ébranler la domination incontestée des dirigeants. En effet, il a fallu tous ces échecs et ces pertes colossales pour que les responsables soient remis en cause[112]. Ainsi, ces compagnies cinématographiques peuvent-elles ralentir les processus créatifs et l'éclosion des innovations.

L'ajustement des *majors* aux mutations socio-culturelles. Les symboliques contraignent les capitalistes de la culture qui – tout en les maintenant – doivent augmenter leur production, élargir leurs publics et s'adapter aux changements sociaux. Les structures de symboles apparaissent à la fois fragiles, requérant une constante attention de la *major*, et difficiles à adapter aux évolutions sociétales. Sur ce point, Disney a acquis une position forte dans le créneau des films pour enfants en développant un label reconnaissable. Toutefois, son avantage concurrentiel s'est transformé progressivement en un carcan dans lequel la firme s'est enfermée, essayant de reproduire indéfiniment les genres du fondateur qui s'était personnellement déjà plaint des contraintes du label[113]. À cet égard, ses successeurs se sont montrés particulièrement soucieux de la fidélité à cette marque, sans se préoccuper de son renouvellement créatif. Or, cette inertie de l'entreprise paraît d'autant plus absurde que les années soixante-dix ont donné lieu à des transformations considérables au plan culturel.

À partir des années quatre-vingt, on observe une généralisation des films PG et PG-13, dont l'accès est soumis à l'accord parental. Il existe désormais une indéniable volonté de produire des films convenant non seulement aux enfants en bas âge, mais aussi aux adolescents et aux parents. Cette extension est indispensable pour attirer de nouvelles catégories de spectateurs dans les salles et leur faire acheter des produits dérivés. Soulignons à cet égard qu'il existe un compromis toujours fragile à établir entre le fait d'intéresser les adultes et celui de satisfaire les enfants.[114] Un Vice-président souhaitant garder l'anonymat a déclaré qu'il avait regardé le premier épisode de *Pirates des Caraïbes* avec ses enfants de cinq et sept ans : « *tout s'est bien passé jusqu'à ce que leur inconscient prenne le dessus durant leur sommeil. Ils se sont réveillés en pleurs* ». Au-delà de son caractère anecdotique, cette confidence fait apparaître le conflit entre des impératifs contradictoires, inhérents aux longs métrages Disney. Par ailleurs, cela indique que la bannière Disney doit rassembler les films potentiellement les plus innovants et capables de faire l'objet de déclinaisons.

D'une part, la firme se livre à une réelle politique de prestige qui conduit à associer toutes les activités-phares autour du nom de son fondateur. D'autre part, elle tente – *a contrario* – de dissimuler au grand public son implication dans des créations ordinaires. Le studio Touchstone a par exemple permis à l'équipe d'Eisner arrivant de la Paramount de s'épanouir. Les premiers films classés R (*restricted*) sont sortis avec *Off Beat* (1986) et *Outrageous Fortune* (1987). Comme Charlie Nelson l'explique : « *on a protégé la marque par la création d'une entité différente appelée Touchstone* ». Le même dirigeant a dégagé les critères qui déterminent le label pour chacun des films : « *le contenu, le réalisateur, les acteurs, le niveau de la langue, la violence, l'action et les producteurs* »[115]. Pour les dessins animés, Igor Khait précise que l'attention est portée sur le langage utilisé, la personnalité des héros et l'attrait de l'histoire, concluant : « *en somme le dessin animé doit se conformer à une formule spécifique* »[116]. Or, malgré la fusion des entités cinématographiques, cette politique de cloisonnement a bel et bien été préservée[117].

Afin de compléter son offre audiovisuelle, la compagnie s'est dotée d'une société qui s'adresse à des publics-niches et à des audiences intellectuelles. Fondée à New York par les frères Weinstein, Miramax a été acquise par Disney le 30 juin 1993 pour 80 millions de dollars. Depuis, elle a distribué *The Piano* (1993), *Trainspotting* (1996) et produit *The English Patient* (1996), *Pulp Fiction* (1994) et *Gangs of New York* (2002), ce qui lui a valu de nombreuses récompenses. Ayant produit en 25 ans 550 créations et reçu 200 nominations aux oscars, on estime aujourd'hui qu'elle vaut 2 milliards de dollars[118].

Toutefois, l'intégration de Disney dans l'univers tumultueux d'Hollywood a provoqué des conséquences dommageables pour son image. En effet, voulant devenir un grand studio, la firme s'est mise à produire des films qui s'adressaient à tous les publics. Pour ce faire, elle s'est mêlée à l'ensemble du milieu cinématographique. Mais employant des professionnels de la filière, elle a été confrontée à leur excentricité et à leur extravagance. À titre illustratif, les films les plus sulfureux de Miramax ont pu gêner Disney dans le lobbying qu'elle menait à Washington D.C. *Fahrenheit 9/11*, documentaire démontrant les liens entre les familles Bush et Al Saoud, a par exemple interféré avec les négociations portant sur les frais de licence pour le câble. Malgré le refus d'Eisner, Miramax l'a tout de même financé mais n'a pas réussi à le distribuer, faisant appel à d'autres compagnies aux États-Unis, comme à l'étranger. Aux yeux des républicains, la firme Disney est alors passée pour une entreprise favorable à la gauche, tandis qu'elle est apparue auprès des progressistes comme un censeur empêchant toute liberté d'expression[119]. En fait, sa production considérable l'a exposée de tous côtés à des polémiques.

L'image d'un groupe irréprochable – patiemment construite et soigneusement préservée par les prédécesseurs d'Eisner – a souffert ces dernières années de scandales et de pratiques immorales. En effet, Disney a été éclaboussée par de nombreuses affaires. Par exemple, les poursuites engagées contre Michael Ovitz ainsi que le procès au sujet du départ de Jeffrey Katzenberg ont étalé sur la place publique non seulement des rémunérations colossales, mais plus encore les pratiques opaques et douteuses, propres à la *major*[120]. Une longue bataille s'est aussi engagée entre Disney et la famille Slesinger au sujet du personnage de Winnie l'Ourson[121]. Or, ces actions en justice ont eu pour conséquence d'affecter considérablement le label d'une compagnie et de la rapprocher des autres firmes hollywoodiennes.

La société Disney a cependant toujours voulu échapper à une telle assimilation, ce qui l'a conduite à s'affirmer comme fondamentalement différente. En l'espèce, Claudine Reynes rappelle la précision terminologique suivant laquelle « *on ne dit jamais 'je vais à Hollywood', on dit 'je vais à Burbank'* »[122]. Ce qui compte c'est qu'elle ait construit au fil des décennies une image d'innocence et de films mièvres destinés aux enfants, ce que Charlie Nelson, chargé de la publicité au studio, exprime en ces termes : « *Disney est la seule vraie marque d'Hollywood [...] Lorsqu'un film sort sous la bannière Disney, les personnes l'identifient immédiatement* »[123].

Aujourd'hui, la nouvelle stratégie adoptée par l'actuel Directeur général, Robert Iger, confirme la valeur du label Disney qui constitue toujours l'atout de la firme. Les licenciements de l'été 2006, les remaniements au sein de l'équipe dirigeante, le travail de redéfinition identitaire et l'abandon du nom, Buena Vista, ont conduit à un recentrage de ses activités – en particulier de ses créations – autour de sa signature. La *major* entend désormais se recentrer plus que jamais sur ce qui fait son cœur de métier. Or, comme le déclare Dick Cook : « *nous détenons une vraie marque mondialement connue [...] les quatre-vingts meilleurs films pourraient venir de Disney si nous enlevions parfois un mot ou deux et modifions une scène par ci par là* ». D'où l'objectif de produire une dizaine de films clairement et explicitement labellisés Walt Disney avec uniquement deux ou trois identifiés sous le label Touchstone[124]. En d'autres termes, la société connaît à présent une phase de repli où, après un cycle d'expansion tous azimuts dans l'ensemble de l'*entertainment*, les activités centrales doivent être préservées.

Par ailleurs, Disney est également confrontée à des problèmes d'adaptation aux évolutions socio-culturelles. En effet, il ne s'agit pas seulement de trouver l'inspiration porteuse ou le concept-clef qui fera d'un film un succès, mais d'être en mesure de correspondre à des transformations proprement sociales. Comme l'affirmait Eisner lorsqu'il était à la tête de Disney : « *Kids are aging* »[125]. Il entendait ainsi souligner par cette boutade que les générations actuelles seraient plus matures en matière audiovisuelle qu'auparavant, ce qui risquerait de desservir fondamentalement la compagnie. Cette mutation limiterait l'emprise de son label aux tout petits, diminuant d'autant ses débouchés. À cet égard, une des personnes interrogées nous confiait : « *j'aime beaucoup Pixar avec les Indestructibles, Toy Story. Il y a une originalité que l'on ne retrouve pas chez Disney qui a vieilli* »[126]. Concernant les parcs, Gérard Couturier souligne les problèmes actuels auxquels la *major* est confrontée : « *il y a trente ans, le lycéen américain âgé de dix-huit ans allait fêter en famille à Disneyland son diplôme de fin d'études secondaires [graduation] [...] Aujourd'hui, peu de jeunes gens ont envie de célébrer ce passage dans un tel parc à thème* »[127].

D'autres indicateurs montrent également la baisse d'attrait que subit la marque. Il ressort de l'analyse fondée sur l'âge des enfants que, dès six ans, les dépenses des familles consacrées à ces biens commencent à décroître. Puis, cette diminution s'accentue à partir de 11 ans. À l'exception des parcs et des films – dont l'évolution diffère des autres – toutes les consommations connaissent une baisse de fréquentation à ces stades de l'enfance. Si 84 et 89% des parents interrogés ayant des enfants en bas âge ont consacré un budget aux produits Disney, ils ne sont plus que 56%, lorsque ces derniers atteignent l'âge de onze ans[128].

Au cours de notre enquête, il n'était pas rare que des mères nous affirment que « *leurs enfants étaient trop âgés pour cette marque puisqu'[ils] avaient plus de sept ans* ». Dans le même esprit, de nombreux commentaires révèlent une gêne à reconnaître ces consommations pour des enfants plus âgés[129]. Que les personnes aient effectivement cessé d'acheter de tels biens ou qu'ils n'aient pas osé l'avouer, cette forte relation entre Disney et la prime jeunesse apparaît. Ainsi l'avantage indéniable dont profite toujours la *major* s'avère également un handicap, d'autant plus qu'elle s'efforce depuis ces dernières années d'attirer aussi bien les « *parents sans enfants, les seniors que les adultes en voyage de noces et les célibataires engagés dans la vie active* »[130].

C'est dire combien les dirigeants de Disney sont préoccupés par toute perte d'attractivité. Comme l'explique Charlie Nelson : « *cette marque, nous devons certes la protéger, mais aussi la si-*

tuer dans l'air du temps, il faut qu'elle reste constamment attrayante pour les sociétés contemporaines »[131]. En fait, il convient d'adapter Disney à l'époque actuelle, sans pour autant trahir la confiance que les parents lui accordent. Mais cela ne va pas sans difficultés car son univers inoffensif et rassurant d'innocence est confronté aux modes enfantines et adolescentes. Or, celles-ci ne correspondent plus à ces valeurs et s'en sont même nettement affranchies. Toutefois, le souci de renouveler les contes et les personnages en adoptant un ton décalé apparaît très délicat à mettre en œuvre dans la mesure où il peut purement et simplement provoquer le désintérêt du public pour ces narrations.

À ce sujet, la firme demeure elle-même partagée sur la conduite à adopter. Protecteur de l'héritage laissé par son oncle, Roy Disney s'est ému de la vulgarité de dérivés comme un t-shirt où figuraient Blanche Neige avec l'inscription : « *[elle] traîne avec les sept nains* ». Devant ces reproches, Andrew Mooney, chef du département Consumer Products, les a rapidement retirés de la vente[132].

Considérée comme partie prenante de la culture enfantine, la firme Disney est prise en étau entre les tendances conservatrices nostalgiques du passé – qui regrettent ces transformations contemporaines – et les aspirations libérales qui la perçoivent comme rétrograde, voire anachronique. Devant l'évolution de la compagnie vécue par certains comme un relâchement moral, les groupes conservateurs ont organisé de nombreux boycotts du label. Si leur impact économique reste réduit, ils contribuent cependant à ternir son image. Des églises évangélistes ainsi que des associations catholiques ont, par exemple, encouragé leurs fidèles à ne plus acheter Disney de 1996 à 2005. En l'occurrence, ils se disaient choqués par la promotion de l'homosexualité et de la culture *gay* organisée dans les parcs, notamment avec la fête des homosexuels[133].

En outre, certains longs métrages de Miramax à l'instar de *The Priest* (1994), *Pulp Fiction* (1994), *Dogma* (1999), *Kids* (1995) ont entraîné la fureur de ces extrémistes[134]. Toutefois, le départ des frères Weinstein ainsi que la superproduction d'inspiration chrétienne, *Les Chroniques de Narnia*, les ont conduits à interrompre leur campagne de protestation[135]. En réalité, ils se sont surtout montrés vindicatifs à l'égard de la politique mise en œuvre par Michael Eisner depuis les années quatre-vingt. Or, cette dernière a bel et bien permis l'expansion de la *major* et son renouvellement. Tout ceci souligne combien Disney doit prendre en considération les modifications contemporaines des sociétés. C'est la raison pour laquelle depuis 1991, elle organise à Disney World le jour des homosexuels.

À l'inverse de cet excès de libéralisme dont on lui a fait grief, la compagnie a également été accusée de véhiculer des stéréotypes raciaux et des valeurs conservatrices. Selon des études portant sur le genre (*gender studies*), elle ferait des femmes des êtres passifs, comme en témoignent effectivement les rôles tenus par Jasmine dans *Aladdin* (1992) ou celui de la Belle dans *La Belle et la Bête* (1991)[136]. En outre, on lui a reproché de représenter de manière éhontée les Africains, les Juifs ou les Arabes dans *Aladdin*. Quant aux Afro-Américains et aux Hispaniques, rappelons qu'ils apparaissent sous les traits de hyènes dans le *Roi Lion*. Ces violentes critiques ont finalement conduit Disney à réaliser un film sur l'Indienne Pocahontas. En 2009, elle a sorti *The Princess and the Frog*, long métrage où une jeune Afro-Américaine tient le rôle principal. Finalement, ces questions paraissent d'autant plus préoccupantes que Disney entend s'imposer à l'étranger, précisément sur ces continents dont elle simplifie et caricature les styles de vie et les cultures[137].

De toute évidence, les productions Disney doivent se départir de leur caractère aseptisé et vieillot pour parvenir à la conquête de nouveaux marchés. Ces dernières années, les dirigeants de Disney – emmenés par Eisner – ont perdu toute capacité d'anticiper les opportunités de profits, tant pour les films que pour les nouvelles technologies. De nombreuses occasions de produire des succès cinématographiques ont été ainsi perdues, comme pour l'adaptation du roman *Le Seigneur des anneaux* proposée par Harvey Weinstein, alors que les projets effectivement financés tels que *Pearl Harbor* (2001) et *Armageddon* (1998) n'ont pas emporté l'assentiment général, contrairement à des films comme le *Sixième Sens* dont Disney s'est en partie désengagée au cours du tournage[138].

D'autre part, la firme déclinante ne s'est pas imposée dans la sphère de l'Internet. Bien qu'elle ait investi des fonds considérables, son site Go.com ne s'est pas révélé le plus attrayant et adapté à ce nouveau média, ce qui a entraîné de lourdes pertes avec la fermeture de ce portail en 2001 ainsi que 400 licenciements[139]. Voulant développer en interne des activités, Disney est arrivée tardivement sur ce marché, alors qu'Ovitz avait pourtant proposé de prendre dès août 1997 une part substantielle dans Yahoo![140]. En réalité, comme le déclare Stanley Gold : « *Michael Eisner n'a pas du tout compris la révolution digitale. Il a investi à perte près de 1 milliard dans Go.com, alors que, au même moment, les deux génies [Larry Page et Sergey Brin] créaient leur fulgurant moteur de recherche google.com* »[141]. Reconnaissons cependant que ces déconvenues s'avèrent communes aux *majors*, à l'image de Time-Warner dont la fusion avec AOL en 2001 s'est transformée en un désastre financier.

Il semble donc impératif pour les compagnies de se placer en première ligne sur les créneaux porteurs pour pouvoir d'emblée épouser tout changement de comportement socio-culturel qui viendrait à induire un nouveau mode de consommation[142]. S'engage alors une âpre bataille pour obtenir l'exclusivité des technologies, période pendant laquelle « *la compagnie essaie de les adapter au modèle économique qui lui sera le plus favorable d'un point de vue comptable* »[143].

Bien qu'il soit encore difficile d'appréhender l'ampleur de tous ces bouleversements impliqués par l'émergence de ces médias, il est certain que ces réseaux enchevêtrés et semi-communautaires transforment, d'ores et déjà, la consommation audiovisuelle. Or, Hollywood connaît des difficultés à maîtriser ces vastes secteurs socio-économiques où les opérateurs sont accusés de manière récurrente de piraterie.

Notes

1. Leonard Klady, « Hollywood's Holidaze », *Variety*, 376 (3), 5 Sept. 1999, p. 7.
2. Joffre Dumazedier, *Vers la civilisation des loisirs*, Paris, Seuil, 1962, p. 29.
3. *Ibid.*, pp. 17, 21.
4. *Ibid.*, pp. 21-22.
5. Fernand Braudel, *Grammaire des civilisations*, Paris, Arthaud-Flammarion, 1987.
6. Cf., Stephen Siwek, *Copyright Industries in the U.S. Economy. The 2006 Report*, Nov. 2006, obtenu sur le site web : http://www.iipa.com, p. 5.
7. Monique Dagnaud, *Les Artisans de l'imaginaire. Comment la télévision fabrique la culture de masse*, Paris, Armand Colin, 2006, p. 21.
8. Sur ce sujet, cf., http://licensing.disney.com/Home/display.jsp.
9. Fernand Braudel, *La Dynamique du capitalisme*, Paris, Arthaud, 1985. Coll. Champ/Flammarion (192), pp. 64-65.
10. *Ibid.*
11. PriceWaterHouseCoopers, *Global Entertainment and Media Outlook 2006-2010. Global Overview.* Les domaines audiovisuels, musicaux et internet produisent plus de 872 milliards de dollars.
12. L'École de Birmingham a initié de nombreuses recherches dans le domaine des *cultural studies* telles que celles poursuivies par Richard Hoggart et Stuart Hall. Elle s'est concentrée sur l'étude sociologique et la réception de la culture de masse. Cf., Richard Hoggart, *La Culture du pauvre*, trad., Paris, Minuit, 1970 ; Stuart Hall, Dorothy Hobson, Andre Lowe, Paul Willis (Eds.), *Culture, Media, Language*, Londres, Hutchinson, 1980.
13. Norbert Élias, *La Société de cour*, trad., Paris, Flammarion, 1993. Coll. Champs ; Thorstein Veblen, *Théorie de la classe de loisir*, trad., Paris, Gallimard, 1979.
14. Cf., Steven Watts, *The Magic Kingdom : Walt Disney and the American Way of Life*, Boston, Houghton Mifflin, 1997, p. 33.
15. Cf., Pierre Lambert, « Biographies », in : Bruno Girveau (Éd.), *Il était une fois Walt Disney aux sources de l'art des studios Disney*, Paris, Éditions de la Réunion des Musées Nationaux, 2006, pp. 294-318
16. À propos de Hannah Barbera, cf., l'entretien du 8 août 2006 avec Jeff Holder, ancien responsable des programmes à ABC ayant travaillé avec Walt Disney.
17. Sur la collaboration de Disney avec de prestigieuses entreprises comme Christophe et Baccarat, cf., l'entretien du 6 juin 2006 avec Claudine Reynes, responsable du *merchandising* à Disneyland Paris.
18. David Bloom, « Are Disney Characters Ready for Rough Ride? », *Variety*, 388 (5), 16 Sept. 2002, p. 7 (1).

19. Marshall McLuhan, *Pour comprendre les médias. Les prolongements technologiques de l'homme*, trad., Tours/Paris, Éditions Mame/Seuil, 1968, pp. 41-42.
20. Susan G. Davis, « The Theme Park : Global Industry and Cultural Form », *Media, Culture and Society*, 18 (3), July 1996, p. 406.
21. *Ibid.*, pp. 399-400.
22. Émile Durkheim, *Les Formes élémentaires de la religion*, [1912], 7ème éd., Paris, PUF, 1985, pp. 158 *sq.*, 459 *sq.*, 593 *sq.*
23. Entretien du 11 août 2006 avec Hal Richardson, haut responsable de la *Pay-TV* à Disney, Dreamworks et Paramount.
24. Informations obtenues sur le site web : www.licensing.disney.com.
25. Propos de Yi-fu Tuan cités par Melissa Utsler, « Owning a Private Piece of the Public Disney Rock : Consumer Response and the Main Street Electrical Parade Light Bulb », *Journal of American Culture*, 22 (2), Sum. 1989, p. 19.
26. Janet Wasko, « Show Me the Money. Challenging Hollywood Economics », in : Andrew Calabrese, Colin Sparks (Eds.), *Toward a Political Economy of Culture : Capitalism and Communication in the Twenty-First Century*, Lanham/Oxford, Rowman & Littlefield, 2004, pp. 131-151.
27. Walt Disney Company, *Annual Report 2006*, consulté à la page web : http://corporate.disney.go.com/investors/index.html.
28. Dave Smith, *Disney A to Z. The Updated Official Encyclopedia*, 2ème éd., New York, Hyperion, 1998, p. 423.
29. Cf., Pierre Bourdieu, *Esquisse d'une théorie de la pratique*, Paris/Genève, Droz, 1972. Coll. Travaux de droit, d'économie, et de sciences politiques (92), p. 178.
30. Watts, *The Magic Kingdom, op. cit.*, pp. 148-149.
31. *Ibid.*
32. *Ibid.*, pp. 362-363.
33. Watts, *op. cit.*, pp. 146-149.
34. Répondant à l'expansion prodigieuse de la compagnie, les Disney stores vont ouvrir dans les *malls* et les centres des métropoles. En 1997, on en comptait plus de 600 dans onze pays et en 1999, 747 qui recevaient 250 millions de clients par an. Sur ce point, cf., Jill Goldsmith, « Mouse Cashes Out of Retail », *Variety*, 396 (10), 25 Oct. 2004, p. 5 (1).
35. Cf., « Top 10 Amusement/Theme Park Chains Worldwide », *Amusement Business*, 115 (51), 22 Dec. 2003, p. 14.
36. Entretien avec Hal Richardson, *op. cit.*
37. Données obtenues sur le site web de Disneyland Paris (www.eurodisney.com) dans le *Rapport annuel d'activité 2008*, page 25.
38. Ces résultats proviennent d'un questionnaire administré auprès 1000 personnes. Cf., Alexandre Bohas, *La firme Disney : Analyse du capitalisme culturel d'Hollywood*, thèse d'Économie politique internationale dirigée par madame le

professeur Josepha Laroche à l'Université Paris 1 Panthéon-Sorbonne, déc. 2007, annexes 13-22.
39. Cf., Michaela Boland, « Legit 'Dancing' Dazzles », *Variety*, 398 (11), 2 May 2005, p. A6 (2) ; Renaud Machart, « Une production qui n'a pas le droit à l'échec », *Le Monde*, 5 octobre 2007.
40. Sur la rénovation de la 42ème West de New York, cf., Marc Eliot, *Down 42nd Street. Sex, Money, Culture, and Politics at the Crossroads of the World*, New York, Warner Books, 2001.
41. William Baumol, William Bowen, *Performing Arts : The Economic Dilemma ; a Study of Problems Common to Theater, Opera, Music, and Dance*, New York, 20th Century Fund, 1966.
42. Entretien avec Jeff Holder, *op. cit.*
43. Sur ce point, cf., Gilles Brougère, David Buckingham, Jeffrey Goldstein, *Toys, Games and Media*, Mahwah, Lawrence Erlbaum Associates, 2005.
44. Smith, *Disney A to Z, op. cit.*, pp. 93, 146 ; « Ferries and Cruiselines », *Duty-Free News International*, (66), Jan. 2005.
45. Susan Davis, « The Theme Park : Global Industry and Cultural Form », *Media, Culture and Society*, 18 (3), July 1996, p. 401.
46. Davis, *op. cit.*, p. 406.
47. *Ibid.*, p. 403.
48. *Ibid.*, pp. 24-33 ; Alison James, « Euro-Mickey Braces for Wild Ride », *Variety*, 399 (11), 8 Aug. 2005, p. 22 (2).
49. Ces résultats proviennent d'un questionnaire administré auprès 1000 personnes. Cf., Bohas, *La firme Disney, op. cit.*, déc. 2007.
50. Cf., également Eileen Meehan, Mark Philips, Janet Wasko (Eds.), *Dazzled by Disney ? The Global Disney Audiences Project*, Leicester, Leicester University Press, 2006, p. 49.
51. Arthur De Vany, *Hollywood Economics. How Extreme Uncertainty Shapes the Film Industry ?*, Londres, Routledge, 2003, pp. 2, 4, 8.
52. *Ibid.*, p. 8.
53. Wasko, « Show Me the Money », *op. cit.*, pp. 131-132.
54. Bernard Stiegler, « Le désir asphyxié, ou comment l'industrie culturelle détruit l'individu », *Le Monde Diplomatique*, juil. 2004.
55. Max Horkheimer, Theodore W. Adorno, *La Dialectique de la Raison. Fragments philosophiques*, trad., Paris, Gallimard, 1974, pp. 137, 129-131, 176.
56. Théodore Adorno, « L'industrie culturelle », *Communications*, (3), 1964, p. 18.
57. Erwin Panofsky, « II. Style et matière du septième art », in : Erwin Panofsky, *Trois essais sur le style*, trad., Paris Gallimard, 1996, p. 109.

58. Joseph Schumpeter, *Business Cycles. A Theoretical, Historical and Statistical Analysis of the Capitalist Process*, trad., [1939], New York/Londres, McGraw-Hill Books, 1964, p. 61.
59. Schumpeter, *Business Cycles, op. cit.*, pp. 109-110.
60. *Ibid.*, pp. 67-68.
61. Joseph Schumpeter, *Capitalisme, socialisme et démocratie*, trad., [1947], 2ème éd., Paris, Payot, 1990, pp. 116-118.
62. *Ibid.*, p. 118.
63. *Ibid.*, p. 110.
64. Charles Baudelaire, « Salon de 1859 », in : Charles Baudelaire, *Œuvres Complètes*, Paris, Éditions Robert Laffont, 1980, p. 751.
65. Cf., The Walt Disney Company, *2006 Annual Report*, 2007, p. 1, informations obtenues sur le site internet : http://corporate.disney.go.com.
66. Cf., Walt Disney Company, *2005 Fourth Quarter Report*, Burbank, Walt Disney Company, 2005, pp. 20, 25 ; Merissa Marr, « Disney Expects Its Movie Studio To Post Big Loss », *Wall Street Journal*, 15 sept. 2005, p. B3.
67. Cf., The Walt Disney Company, *2008 Annual Report*, 2009, p. 1, informations obtenues sur le site internet : http://corporate.disney.go.com.
68. Douglas Gomery, *The Coming of Sound : a History*, New York/Abingdon, Routledge, 2005.
69. McLuhan, *Pour comprendre les médias, op. cit.*, p. 326.
70. Entretien avec Hal Richardson, *op. cit.*
71. Dès 2000, les recettes provenant de la vente de supports pré-enregistrés et de leur location se portaient aux États-Unis à 11,6 et 8,3 milliards de dollars, tous deux dépassant le *box-office* national de 7,5. Sur ce point, cf., Scott Hettrick, « Tarzan Puts Grinch in Vidlock », *Variety*, 381 (7), 8 Jan. 2001, p. 1.
72. Entretien du 24 août 2006 avec David Kornblum, Vice-président en matière de distribution et d'exploitation cinématographique à l'international pour Buena Vista.
73. Stewart, *Disney War, op. cit.*, pp. 438-439. Entretien avec David Kornblum, *op. cit.*
74. Entretien du 6 février 2007 avec Bridget Johnson, haut responsable de la production aux studios Disney, puis productrice indépendante.
75. Cf., Claudia Eller, « Picture This : Warner Bros. Having a Rare Down Year », *Los Angeles Times*, 18 aug. 2006, p. C1 (C2).
76. Entretien du 19 août 2006 avec Charlie Nelson, ancien responsable publicité aux studios Disney chargé des sorties cinématographiques.
77. Stewart, *Disney War, op. cit.*, p. 23 ; Bernard Génin (Éd.), *Disney au Grand Palais. Les influences européennes*, *Télérama Hors-Série*, sept. 2006.
78. Watts, *op. cit.*, p. 64.

79. Stewart, *Disney War, op. cit.* ; Bernard Guénin, « Walt Disney. Portrait d'un génie de la féerie », in : Bernard Génin (Éd.), *Disney au Grand Palais. Les influences européennes, Télérama Hors-Série*, sept. 2006, p. 15. Sur les technologies employées par la firme Disney, cf., Jay Paul Telotte, *The Mouse Machine. Disney and Technology*, Illinois (US), University of Illinois Press, 2008.
80. Bruno Girveau, « Disney au Musée ? », in : Girveau (Éd.), *Il était une fois Walt Disney, op. cit.*, p. 28.
81. *Ibid.*, p. 34.
82. Stewart, *Disney War, op. cit.*, pp. 108, 104.
83. Jeffrey Rayport, Carin-Isabel Knoop, Cate Reavis, « Disney's 'The Lion King' (A) : The $2 Billion Movie », *Harvard Business School Cases*, 17 aug. 1998.
84. Alan Bryman, *Disney and His Worlds*, Londres, Routledge, 1995, p. 51.
85. George Ritzer, *The McDonaldization of Society : An investigation Into the Changing Character of Contemporary Social Life*, Newbury, Pine Forge Press, 1993, p. 33.
86. Martine Robert, « Disney renforce son impact sur l'économie de l'Ile-de-France », *Les Échos*, 9-10 février 2007, p. 5 ; François Bostnavaron, « Parcs de loisirs. Nouveau départ pour Disney », *Le Monde*, 18 avril 2007, p. 25.
87. Carine Feno se souvient que : « *lorsque [elle] travaillait au sein de l'hôtel Santa Fe, une étiquette avait été imprimée par ordinateur pour indiquer ce que contenait un plat du restaurant. [...] Il fallait respecter le thème de l'hôtel, à savoir des couleurs et une police spéciale de caractères correspondant à l'univers mexicain au milieu du désert et à ses symboles, comme le cactus* »[87]. En l'occurrence, elle avait surtout oublié de demander l'intervention de la section Show Quality Support qui a vocation à étudier les requêtes et à proposer des solutions.
88. Blake Ashforth, Ronald Humphrey, « Emotional Labor in Service Roles : The Influence of Identity », *The Academy of Management Review*, 18 (1), Jan. 1993, pp. 88-89.
89. Anat Rafaeli, Robert Sutton, « Expression of Emotion As Part of the Work Role », *The Academy of Management Review*, 12 (1), Jan. 1987, pp. 23-37.
90. Entretien avec Hal Richardson, *op. cit.*
91. Cf., Alan Bryman, *The Disneyization of Society*, Londres, Sage, 2004.
92. Entretien du 6 septembre 2006 avec Igor Khait, ancien directeur de la production animée dans la compagnie Disney.
93. Schumpeter, *Capitalisme, socialisme et démocratie, op. cit.*, p. 166, pp. 180-192 et p. 193.
94. Entretien avec Igor Khait, *op. cit.*
95. Propos cités par Ben Fritz, « Change is Big Draw at Mouse », *Variety*, 402 (3), 6 March 2006, p. 3 (1).

96. Le *box-office* mondial de *Chicken Little* atteint les 314 millions de dollars, tandis qu'il n'a remporté que 40 millions lors du premier week-end. Rappelons que son budget est estimé à 150 millions.
97. Todd McCarthy, « Chicken Little », *Variety*, 400 (12), 7 Nov. 2005, p. 22 (1).
98. Laura Holson, « He Runs That Mickey Mouse Outfit », *The New York Times*, 4 March 2007.
99. Carl DiOrio, « 'Potter' Plangs WB on Top of Market », *Variety*, 385 (6), 24 Dec. 2001, p. 12 (1) ; Robert La Franco, « Creative Drive », *Hollywood Reporter*, 9-11 June 2006, pp. 43-46.
100. Créé en 1994 par Jeffrey Katzenberg, Steven Spielberg et David Geffen, Dreamworks a su s'imposer en moins d'une décennie. Il s'est allié à Pacific Data Images en 1996 pour développer des longs métrages d'animation assistée par ordinateur.
101. Josh Young, « Jeffrey's Wild Kingdom », *Variety*, 398 (13), 16 May 2005, p. S60 (5).
102. Sur les studios Pixar et Dreamworks, cf., Michael Mallory, « Cel Research », *Variety*, 396 (13), 15 Nov. 2004, p. A2 (2).
103. Yvonne Puig, « Toon Rivalry Gets Animated », *Variety*, 396 (12), 8 Nov. 2004, p. 5 (1).
104. Peter Schneider et Tom Schumacher viennent du milieu théâtral tandis que David Stainton diplômé de Harvard a appartenu à la division Strategic planning. Sur ce point, cf., l'entretien du 1er juillet 2006 avec Steve Hulett, ancien animateur chez Disney et responsable auprès de la Guilde des animateurs d'Hollywood.
105. Entretien avec Steve Hulett, *op. cit.* Cf. également, Ben Fritz, « Poach Approach : D'works Takes Top Disney Talent », *Variety*, 294 (63), 28 March 2007, p. 1 (2).
106. Entretien du 4 août 2006 avec Bill Mechanic, ancien dirigeant de la Buena Vista et de la Fox.
107. Watts, *op. cit.*, p. 268.
108. Entretien du 6 juin 2006 avec un haut responsable dans le département Imagineering de Disney.
109. *Ibid.*
110. Entretien avec Igor Khait, *op. cit.*
111. Wasko, *Understanding Disney*, *op. cit.*, p. 40. En 1997, le conseil d'administration de Disney a été désigné par *Business Week* comme le pire d'Amérique, du point de vue de la gouvernance d'entreprise.
112. Roger Smith, « Wedded Bliss Eludes TV Marriages », *Variety*, 376 (8), 11 Oct. 1999, p. 10.
113. Stewart, *op. cit.*, pp. 45-46. Selon Ron Miller, Walt Disney aurait déclaré à ses proches en parlant du cinéma hollywoodien : *« j'aimerais pouvoir faire*

de tels films [...] J'ai travaillé toute ma vie pour créer l'image de ce que 'Walt Disney' représente. Or, ce n'est pas moi, je fume, je bois ; autant de choses que le public ne doit pas savoir ».

114. Entretien avec Charlie Nelson, *op. cit.*
115. *Ibid.*
116. Entretien avec Igor Khait, *op. cit.*
117. À cet égard, certains ont mentionné la colère de Michael Eisner lorsque durant un entretien Diane Sawyer – célèbre présentatrice de l'émission *CBS 60 minutes* – a relevé à l'antenne que la compagnie détenait le label Touchstone. Après l'émission, il lui aurait déclaré : « *Merci, Diane maintenant toute l'Amérique sait que nous possédons Touchstone* ». En l'occurrence, en soulignant les liens que les responsables essaient constamment d'occulter, la journaliste mettait ainsi à mal la stratégie poursuivie par la firme et qui consiste à cloisonner radicalement les deux studios. Cf., *Ibid.*
118. « A Mouse Minus Miramax ? », *Variety*, 395 (9), 19 July 2004, p. 5 (1). Disney souhaitait baisser de 700 à 300 millions de dollars le budget de Miramax.
119. Stewart, *Disney War, op. cit.*, p. 429 *sq.*, 520.
120. Stewart, *Disney War, op. cit.*, pp. 321-322 ; Jill Goldsmith, « Shifts Across the Board ? », *Variety*, 397 (5), 20 Dec. 2004, p. 7 (2).
121. Cf., « Pooh Honey Battle Grows Stickier », *Variety*, 388 (13), 11 Nov. 2002, p. 2 (1).
122. Entretien du 6 juin 2006 avec Claudine Reynes, dirigeante merchandising à Disneyland Paris.
123. Entretien avec Charlie Nelson, *op. cit.*
124. Cf., Anne Thompson, « Changes at Disney Signal 'Strange Tides' », *Hollywood Reporter*, 21-23 July 2006, p. 30 (8).
125. Expression que l'on peut traduire par « *les enfants vieillissent* ». Cf., Entretien du 29 mai 2006 avec Gérard Couturier, haut responsable dans le département Imagineering de Disney.
126. Entretien du 9 novembre 2006 avec Clémence L., mère de trois enfants.
127. Entretien avec Gérard Couturier, *op. cit.*
128. Ces résultats proviennent d'un questionnaire administré auprès 1000 personnes. Cf., Alexandre Bohas, *La firme Disney : Analyse du capitalisme culturel d'Hollywood*, thèse d'Économie politique internationale dirigée par madame Josepha Laroche à l'Université Paris 1 Panthéon-Sorbonne, déc. 2007.
129. Sur ce point, cf., aussi Meehan, Philips, Wasko (Eds.), *Dazzled by Disney ?, op. cit.*, p. 41, pp. 43-44.
130. T.L. Stanley, « Disney Pitch : 'Not Just Mickey Mouse' », *Brandweek*, 13 Feb. 1995, p. 18.
131. Entretien avec Charlie Nelson, *op. cit.*

132. Stewart, *Disney War, op. cit.*, pp. 88, 355.
133. Pour plus d'informations, cf., http://www.christianaction.org.
134. Ronald Ostman, « Disney and Its Conservative Critics : Images Versus Realities », *Journal of Popular Film & Television*, Summer 1996, 2 (24), pp. 82-89.
135. Alex Johnson, « Southern Baptists End 8-year Disney Boycott », *MSNBC*, 22 June 2005.
136. Sur le supposé sexisme de Disney, cf., Benda Ayers (Ed.), *The Emperor's Old Groove : Decolonizing Disney's Magic Kingdom*, New York, Peter Lang, 2003.
137. Anthony Sprauve, « Out of the Closet », in : *62nd Anniversary Issue, Hollywood Reporter*, 1992, p. 36 ; Steve Chagollan, « Attitude Adjustment », *Hollywood Reporter 64th Anniversary Issue*, 1994, p. 22.
138. Cf., Stewart, *Disney War, op. cit.*
139. Marc Graser, « Traditional Rules », *Variety*, 382 (2), 26 Feb. 2001, p. S4.
140. Stewart, *Disney War, op. cit.*, p. 335; Marc Graser, « TV Webs Power Up Portal Perspectives », *Variety*, 377 (2), 22 Nov. 1999, p. 22.
141. Entretien avec Stanley Gold, *op. cit.*
142. Georg Szalai, « PwC : Net to Fuel Industry », *Hollywood Reporter*, 21 June 2006, p. 1 (27). Sur les nouveaux débouchés créés par les nouvelles technologies, cf., Wasko, *Hollywood in the Information Age, op. cit.*
143. Jesse Hiestand, « Profit Anticipation », *Hollywood Reporter*, 6-12 June 2006, p. 22.

Chapitre II

Vers une structuration hollywoodienne des imaginaires ?

La suprématie mondiale d'Hollywood résulte de l'enracinement au quotidien de ses symboles dans les sociétés étrangères, ce qui leur confère d'autant plus de valeur auprès des autres firmes. Cependant, ces symboliques n'ont pas pénétré de manière uniforme les sociétés, provoquant en matière de consommation et de connaissance de substantielles différences. En effet, les communautés imaginées – nationales ou infra-nationales – produisent des perceptions divergentes, tout en redéfinissant de manière transnationale les espaces économiques.

1. Une diffusion transnationale des narrations cinématographiques

Les univers narratifs confèrent aux compagnies associées sur les marchés une supériorité toute culturelle, tandis qu'ils contribuent de manière structurelle à différer les désillusions du consumérisme. Toutefois, les savoirs des acteurs sociaux se trouvent souvent diffus et varient en fonction de leurs propriétés socio-économiques. La réception devient alors hautement différenciée, ce qui limite l'emprise des imaginaires Disney.

Des symboliques attractives dans une production de masse. Les symboles donnent aux produits un attrait qui leur permet de s'imposer sur des marchés concurrentiels. Mais, plus fondamentalement, ils renouvellent le plaisir de la consommation en la parant de dimensions ludiques et socio-culturelles. Il convient d'observer l'atout économique que représente l'association commerciale avec des imaginaires signifiants. En l'espèce, il s'agit de rendre compte de l'enchevêtrement de logiques rationnelles et émotionnelles, en d'autres termes de la *communautisation* et de la *sociétisation* que recèle le marché, particulièrement la relation firme-client[1]. Ainsi, pour atteindre des publics toujours plus insaisissables, les entreprises tentent d'insérer leurs biens dans les contenus hollywoodiens[2].

En la matière, elles s'efforcent de transformer leurs publicités en *branded entertainment* (*loisirs de marque*) admettant ainsi « *aux produits filmés le pouvoir [...] de faire reconnaître leurs marques et de les diffuser mondialement* »[3]. Dans cette logique, l'insertion dans les longs métrages, de certains produits, implique naturellement des modifications de scénarios. Mais ils veulent désormais « *non seulement les montrer, mais aussi les intégrer complètement dans l'histoire et le concept* »[4]. Christy Grosz et Dan Bronson ajoutent que « *[les détenteurs de] marques passent des contrats avec Hollywood car ils sont attirés par l'opportunité de les présenter émotionnellement aux spectateurs* »[5]. Avec une telle démarche, on comprendra que la promotion devienne dissimulée – voire subliminale – tandis qu'elle fusionne avec l'action du film.

L'émergence des postmodernistes témoigne d'une réaction scientifique devant le renforcement considérable de la culture dans les relations socio-économiques, notamment à travers les images et les médias. Certains – tels Frederic Jameson ou Jean Baudrillard – vont même jusqu'à penser le remplacement de la réalité par la simulation[6]. S'ouvre alors l'ère de l'*hyperréel* où la différence entre l'être et l'apparence est abolie. L'existence se structurerait à partir de systèmes de signes qui ne renverraient plus à aucun fait réel. Bien que parfois excessive, l'attention portée sur les ensembles culturels conduit néanmoins à souligner l'« *esthétisation de la vie quotidienne* »[7]. Celle-ci correspond à ce que le septième art permet – voire offre – aux industriels. Évoluant sur des marchés saturés de biens, les compagnies s'approprient en effet les références cinématographiques pour se différencier de leurs concurrents.

Cette distinction par l'imaginaire demeure une stratégie avantageuse dans le champ de la consommation finale. Elle reste plus attrayante qu'un bien conférant une innovation utile car elle se fonde sur un lien mystérieux, irrationnel – aussi profond qu'émotionnel – créé par les films entre des narrations et des millions de spectateurs. Aussi, les symboles du cinéma orientent-ils les publics, dont l'adhésion s'avère cruciale. Ils structurent par conséquent, cette sphère centrale pour la conquête du pouvoir qu'évoque Pascal en ces termes : « *Qui donne le respect et la vénération aux personnes, aux ouvrages, aux lois, aux grands, sinon cette faculté imaginante ?* »[8]. Il nous apparaît donc que les relations entretenues par les références médiatiques doivent être prises en considération puisque « *des systèmes de croyances, de règles et de valeurs sont présents derrière les différentes manières de se comporter [...] les médias invitent à des voyages qui frappent l'imaginaire [...] ils semblent vraiment réels* »[9].

Ces dernières décennies, nous avons assisté à la généralisation de ces combinaisons biens-symboles sur les marchés. Participant pleinement au marketing, au design et à la distribution, elles sont devenues déterminantes, comme autant d'étapes cruciales dans les « *chaînes mondiales de biens* »[10]. On ne peut par conséquent ignorer ces développements, en particulier dans les créneaux destinés aux plus jeunes. À titre illustratif, les secteurs du jouet se sont considérablement appropriés ces ressources culturelles. Elles ont même financé des créations audiovisuelles mêlant des jouets préexistants, comme nous l'avons déjà évoqué[11]. En cela, l'économie ne fait qu'utiliser la suprématie symbolique qu'ont acquise les industries culturelles.

Par ailleurs, beaucoup déplorent que les films d'animation Disney fassent l'objet de tant de promotions cachées. Les spécialistes du cinéma constatent souvent, à juste titre, les nombreux partenariats ou les campagnes de publicité croisées. Selon eux, les œuvres cinématographiques seraient irrémédiablement atteintes par ces associations mercantiles qui se développent de plus en plus. Reprenant la thèse de l'École de Francfort, ils les appréhendent uniquement en termes commerciaux. Selon eux, il se serait donc créé une culture de masse qui menacerait l'individualité et la créativité. Or, ces études ne voient pas que la valeur de ces filières provient précisément de leur production artistique, et de leur capacité à produire l'aura, dont Walter Benjamin redoutait la supposée disparition[12] ; or elles vivent de l'innovation créative. Par conséquent, au lieu de regretter cette exploitation, il demeure fondamental d'expliquer les raisons qui conduisent le reste de l'économie à s'associer à ces firmes. En effet, il convient d'analyser à la lumière de leurs dimensions culturelles les raisons pour lesquelles leurs biens sont plus vendus que d'autres identiques, mais dépourvus de tout label.

En fait, ils revêtent un caractère sacré, la manifestation « *d'une réalité d'un tout autre ordre que les réalités 'naturelles'* »[13] contrairement aux marchandises ordinaires – profanes et dénuées de toute référence culturelle. Évoquant un film, ils signifient davantage que leur matérialité. Autrement dit, ils ne doivent pas être réductibles au produit lui-même. Leur présence doit toujours excéder leur apparition, faute de quoi les 6 à 12% prélevés au titre de la licence ne seraient pas justifiés[14]. À cet égard, nous pouvons identifier ce processus, apparemment mystérieux, à la « *sacralisation par quintessence* » – le bien acheté incarnant l'essence du produit – l'acquisition ne se réduisant pas à un simple échange[15]. C'est pourquoi les industriels acquièrent pour des sommes colossales des imageries qui créditeront leurs créations de cet aspect quasi religieux. En effet, ils souhaitent que ces derniers ne représentent pas qu'un pur objet de distraction, mais au contraire qu'ils soient chargés de toutes les émotions que les spectateurs ont ressenties pendant la projection du film. Les compagnies entendent donc susciter un attachement sentimental à l'égard d'une simple figurine ou d'une banale peluche. Autant dire que la *commodification* forme une notion beaucoup trop simplifiée pour refléter le phénomène d'exploitation commerciale du cinéma.

Par leur stratégie de promotion fondée sur les marques, les *majors* construisent une proximité et imposent la suprématie de leurs produits sur tout autre se trouvant sur le marché. Peu à peu, leurs symboles pénètrent la réalité quotidienne des individus dont « *les connaissances sociales se différencient* », selon Peter Berger et Thomas Luckmann, « *par degrés de familiarité* ». Les deux auteurs ajoutent que « *cet état laisse la totalité du monde opaque*

[...] la réalité de la vie de tous les jours apparaît comme une zone de lucidité sur fond d'obscurité »[16]. À titre illustratif, il semble que les films d'animation Disney demeurent pour les générations précédentes, la référence sur le marché, ce qui serait dû aussi bien à la qualité de l'offre qu'à la politique en faveur de la marque poursuivie par la société depuis ses débuts. Autrement dit, les compagnies utilisent le *merchandising*, la publicité ainsi que les médias pour construire socialement une quotidienneté mondiale intégrant leurs symboliques posées en référents socio-économiques.

En outre, elles sont favorisées par une configuration où les repères nationaux sont sensiblement brouillés. En effet, les ensembles identitaires se révèlent hétérogènes car ils sont mêlés à de nouvelles valeurs et images, ce qui conduit à penser que la mondialisation multiplie bien plutôt les identités qu'elle ne les menace[17]. La pluralité de l'offre proposée rend obscur le monde environnant les populations. Or, dans les sphères économiques, les firmes s'instituent au plan global comme un repère fiable dans un environnement incertain. Une relation de confiance peut dès lors se développer entre les groupes sociaux et les acteurs transnationaux dans le contexte d'une modernité *désencastrante* caractérisée par les capacités abstraites et les engagements sans face-à-face[18]. En dépit des critiques, les gens accordent facilement du crédit à ces marques, alors même que de récents rapports sont venus remettre en cause la réputation de qualité et de fiabilité du label Disney[19]

D'autre part, on ne peut ignorer l'attachement émotionnel qui concerne l'objet les imaginaires cinématographiques. En effet, il existe une réelle connivence entre les spectateurs et les personnages qui s'instaure à travers les histoires et les activités vécues dans un même temps. Les émotions qui en résultent s'intègrent alors profondément dans les mémoires collectives qui les lient aux symboliques. Bien que les films d'animation Disney peuvent sembler pour les adultes mièvres et plutôt superficiels, ils suscitent pourtant chez les plus jeunes une certaine excitation. Rappelons par exemple qu'un des parents consultés précise que son fils « *pleure à chaque fois que le père de Simba meurt dans Le Roi Lion* »[20]. Une autre personne se souvient avoir elle-même ressenti beaucoup de chagrin dans son enfance en regardant le film *Rox et Rouky* (1981)[21]. Sur ce point, plusieurs études conduites auprès d'enfants, confirment les processus d'identification et d'appropriation de l'œuvre dans les activités Disney[22]. Dans la même logique, les attractions entraînent de vifs émois chez les tout petits. Une mère se souvient que « *l'un de ses enfants a été terrifié durant l'attraction de Pinocchio, [petit train où l'on est plongé dans le noir et où se manifestent des fantômes] puis il a hurlé, quand la baleine a ouvert la bouche* »[23]. Certains adultes ont été aussi fascinés par « *la créativité et l'abondance de la déclinaison des objets. Il y a quelque chose de féerique [...] C'est éblouissant* »[24].

La firme s'efforce d'imposer actuellement dans toutes les sociétés contemporaines une conception consensuelle – hégémonique – des divertissements familiaux[25]. À cet égard, l'expression *les classiques Disney* relevée à de nombreuses reprises au cours de l'enquête révèle que les œuvres de ces studios sont considérées comme incontournables et revêtent une véritable autorité artistique. La récurrence de cette terminologie démontre en effet la présence d'un consensus sur leur valeur culturelle, d'où leur pouvoir de marché. Par ailleurs, la compagnie a contribué à la formation d'un groupe social – les enfants – par la promotion de tout un mode de vie à travers ses longs métrages et leurs dérivés. Elle a donc créé et ouvert la première de nouveaux marchés. Ne reconnaissant pas les séparations traditionnelles en termes de classes sociales notamment, elle a d'emblée évité toute limitation[26]. En outre, Disney n'entend être assimilée ni à un parti, ni à aucune famille politique : la firme ne se place pas sur ce champ. Elle recherche le consensus et entend regrouper l'assentiment de tous les parents, s'efforçant pour ce faire de dépolitiser ses produits. Elle se pose uniquement en entreprise productrice de divertissements. Par ailleurs, on peut observer qu'elle reste un repère culturel. Malgré le déclin temporaire de ses productions et l'émergence d'autres labels, elle demeure centrale, parvenant à évincer ses concurrents nationaux. Autrement dit, elle bénéficie encore de la notoriété accumulée au cours des décennies passées, l'époque où elle commençait de structurer le marché des biens culturels pour les enfants.

Contrairement aux analyses qui soulignent les valeurs conservatrices de Disney, Douglas Brode a émis l'hypothèse que ses œuvres développeraient, au contraire, les thèmes du pacifisme, de l'antiautoritarisme, du féminisme et de l'intégration raciale. Autant de valeurs qui ont caractérisé la génération de la contre-culture durant les années soixante. Selon cet auteur, Disney aurait participé à la promotion de la culture jeune qui s'est épanouie avec le *rock'n roll*, le festival de Woodstock et la mode *hippie*[27]. Ainsi, aurait-elle directement contribué à l'émergence de groupes sociaux, de pratiques et de conceptions, démontrant qu'au-delà du contenu, « *le média est [bien] le message* »[28].

La structuration symbolique réalisée par Disney démontre que tous les marchés sont enchevêtrés dans un ensemble de relations bien différentes dont on ne peut faire abstraction. Il est par conséquent nécessaire d'accepter la « *nature contingente de l'action économique à l'égard des structures cognitives, culturelles, sociales et des institutions politiques* »[29]. En la matière, les entreprises associées aux *majors* valorisent ces liens, ce que révèle leur souci de conclure des alliances stratégiques avec ces dernières. En effet, elles cherchent à profiter d'une certaine mainmise d'Hollywood sur les savoirs car « *quand une promotion croisée avec la sortie d'un film est réussie, même les produits les plus communs peuvent bénéficier d'une aura* »[30].

L'attrait pour les productions hollywoodiennes provient de la capacité de ces dernières à repousser sans cesse le sentiment de déception éprouvé par les consommateurs. À cet égard, Albert Hirschman observe l'oscillation des individus modernes entre *action publique* et *bonheur privé*[31]. Tandis que le passage de l'une à l'autre s'accompagne d'une grande satisfaction et d'une agréable surprise, il constate qu'à plus ou moins brève échéance, des déconvenues incitent à abandonner l'une pour l'autre. Aussi la corruption, les coûts de l'engagement politique et la complexité des affaires publiques encouragent-ils par exemple les acteurs sociaux à changer de domaine. Cependant, l'activité privée peut apparaître également décevante car, le plaisir résultant du passage de l'inconfort au confort, comme les occasions et l'ampleur des changements ressentis se réduisent avec le temps[32]. Devenant une fin en soi, elle n'apporte plus l'accomplissement promis par ses promoteurs. Or, au retour attendu dans la sphère publique, nous observons plutôt ces dernières années des sociétés qui restent très attachées au bonheur privé fût-il éphémère. Le réinvestissement dans le domaine politique est par conséquent d'autant plus différé que de nos jours les pratiques de consommation s'avèrent fondamentales dans la construction identitaire.

S'agissant des *majors* américaines, elles proposent des biens à l'utilisation temporaire ou irrégulière. Certains sont consommés de manière souvent instantanée et individuelle car ils sont détruits peu de temps après leur acquisition : un nouvel usage exige donc un achat supplémentaire, comme l'illustrent les séances de cinéma, la visite des parcs ou bien encore les aliments. D'autres peuvent, au contraire, se conserver longtemps tout en étant utilisés de façon discontinue ; détenus durablement, ils procurent toutefois l'occasion d'une heureuse redécouverte, comme c'est le cas par exemple avec les jouets, les vêtements et les DVDs.

Observons que les firmes cinématographiques renouvellent leurs dérivés pour chaque film. Tandis que les industries traditionnelles fabriquent sur plusieurs années des millions d'articles similaires, les capitalistes de la culture modifient périodiquement les symboliques et les thèmes utilisés. Si les types d'objets vendus restent les mêmes à l'instar des figurines, des vêtements et des jouets, chaque superproduction à succès donne lieu à une exploitation commerciale de son imaginaire. De ce fait, la *rethématisation* des attractions illustre un phénomène à l'œuvre dans de nombreuses productions. Une dynamique proche anime l'ensemble des loisirs hollywoodiens. Néanmoins, s'il est vrai que les suites de films ne font pas nécessairement vivre des personnages et des univers originaux ; elles façonnent tout de même de nouvelles intrigues qui alimentent les cycles de produits. Ces filières demeurent donc capables de différer – sinon freiner – la phase de déception évoquée par Hirschman.

Toujours nouveaux, les films et les diverses attractions font vendre en quantité et apportent du confort aux acteurs sociaux déjà engagés dans l'espace privé. Proposant des mondes imaginaires, ils délassent. Autrement dit, ils atténuent – voire occultent – l'impression de réitération.

En d'autres termes, les productions de la firme s'avèrent *divertissantes*, au sens pascalien. Bien que Blaise Pascal s'inscrive dans une perspective janséniste, il nous permet de percevoir la fonction remplie par le divertissement, lorsqu'il écrit : « *ôtez le leur, vous les verrez se sécher d'ennui [...] c'est bien être malheureux que d'être dans une tristesse insupportable, aussitôt qu'on est réduit à se considérer et à n'en être point diverti* »[33]. Alors que pour le philosophe du XVIIème siècle, les distractions éloignaient de toute réflexion métaphysique, les biens culturels détournent aujourd'hui nos contemporains de tout investissement dans la sphère politique et les cantonnent dans la recherche incessante du bonheur privé. Comme Hirschman le rappelle, aussi bien les conservateurs que les progressistes ont critiqué le retrait des individus de la sphère publique. Les uns se sont émus des bouleversements sociaux que cela pourrait provoquer, tandis que les autres les ont stigmatisés comme facteur d'aggravation des disparités socio-économiques[34]. Bien que cet aspect infantilisant mérite d'être rappelé, il reste plus crucial encore de souligner que « *les inventions nouvelles sont incapables de changer les traits les plus tragiques et terrifiants du sort humain. [...] Le laps de temps pendant lequel la nouveauté peut nous divertir est strictement limité [...] La déception ne cesse de guetter les consommateurs* »[35].

Pascal considère que « *la seule chose qui nous console de nos misères est le divertissement, et cependant c'est la plus grande de nos misères. [...] il amuse et nous fait arriver insensiblement à la mort* »[36]. Si en l'occurrence il pensait surtout à la religion, ses propos sur les loisirs demeurent pertinents pour rendre compte du désinvestissement du politique par les citoyens. Ce dernier s'inscrit dans un contexte postmoderne où les sociétés sont saturées de signes. Le postfordisme encourage la réalisation personnelle de chacun par des pratiques culturelles dans les multiplexes et les centres commerciaux par exemple. La diffusion massive d'imageries répond donc à une offre colossale de biens dont la vente se traduit sous forme de loisirs divertissants. Par conséquent, au plaisir de l'acquisition connue au cours des *Trente Glorieuses* fordistes a succédé le délassement par la consommation, ce qui altère l'acte même de consommer[37]. Ainsi, l'activité consommatoire s'est-elle muée en *entertainment*, ce qu'Henry Giroux a appelé la *dissimulation* de la firme Disney. Par ce terme, il dénonce l'image pure et innocente soigneusement travaillée en permanence qui cacherait en fait une compagnie féroce commercialisant à outrance ses symboles et diffusant subrepticement une « *éthique du consumérisme facile* »[38]. Bien que cette analyse paraisse excessive, elle souligne toutefois les enjeux multiples qui se trouvent au cœur de la culture commerciale destinée prioritairement aux jeunes publics.

La perte de sens observable dans les comportements consuméristes peut être perpétuellement différée, à condition de produire de manière incessante des films et des activités toujours innovantes, c'est-à-dire originales mais non déroutantes. Sans cette capacité de divertir constamment les spectateurs, les *majors* ne pourraient prévenir la déception des individus dans leur quête du bonheur privé. À cet égard, il faut bien comprendre que cette injonction de divertissement nouveau s'impose à toutes les attractions hollywoodiennes. En effet, les parcs ainsi que les longs métrages visent en permanence la nouveauté pour créer l'événement puisqu'ils doivent inciter le public à venir et à revenir sans cesse. En la matière, le manque de renouvellement reste la cause principale des échecs économiques, comme nous l'avons observé à la fin des années Eisner pour l'entreprise Disney.

Ce besoin constant d'inédit peut s'observer à travers les parcs à thèmes au sujet desquels Susan Davis a observé qu'« *ils ont besoin chaque année de nouveautés, que ce soit des arcades, des manèges, des spectacles de personnages, parades, des courts métrages et des représentations théâtrales* »[39]. Concernant les visiteurs du parc, une personne nous a confié : « *Lors de notre deuxième visite, l'attrait était beaucoup plus limité, il n'y avait plus aucun effet de surprise et d'émerveillement. Nous n'avons pas retrouvé les mêmes sensations que la première fois* »⁴⁰. Ainsi pouvons-nous constater avec Hirschman que les créations d'imaginaires ne font que différer *« le désenchantement quant à la quête du bonheur par une voie privée »*⁴¹.

Les difficultés de rentabilité rendent compte en creux du caractère fondamental que revêt la capacité de divertir. Souvent dénigrées, les attractions hollywoodiennes y parviennent cependant pleinement. De nombreux analystes d'inspiration wébérienne ont dressé des modèles de firmes transnationales et rationalisées qui ont, selon eux, transformé de façon décisive la société. Pour sa part, Ritzer a souligné ce processus de *mcdonaldization* qui se caractérise par la recherche d'efficacité, de calculabilité, de prédictibilité et de contrôle, supposée dominer de nos jours. Quant à Bryman, il a élaboré le terme *disneyization* dans lequel il englobe la thématisation, le *merchandising*, le travail émotionnel ainsi que le phénomène de dédifférenciation qui se donne à voir alors dans la consommation. Ces efforts d'analyse identifient des évolutions considérables à l'œuvre dans les sociétés contemporaines⁴².

Toutefois, ces études adoptent encore un regard trop extérieur sur ces activités, ce qui les empêche d'envisager l'attachement émotionnel des spectateurs-visiteurs suscité par ces organisations rationnelles. Ils n'appréhendent par conséquent pas les raisons pour lesquelles les gens prennent plaisir à s'y rendre, à faire la queue de longues heures et à acheter des produits dérivés à des prix exorbitants⁴³. Ces recherches manquent alors à comprendre le caractère aléatoire de ces productions puisqu'elles ne laissent que peu de place aux émotions procurées par ces divertissements et à leur dimension artistique. Elles ne consacrent pas assez d'attention au rôle stratégique des *majors* dans l'économie-monde, notamment à leur fonction d'enchantement. De surcroît, elles ne traitent pas tout spécialement les longs métrages qui inspirent les attractions et n'intègrent pas dans leur paradigme les cycles d'innovations dont bénéficient les filières de l'*entertainment*.

En fait, les biens hollywoodiens s'apparentent à des modes avec leur frénésie consommatrice et leur perte d'aura rapide due à leur appropriation et leur déclassification. Il ne s'agit point de diffusion d'après un schéma traditionnel *élite-population* mais de l'avant-garde d'une société de consommation[44]. Pour les entreprises, l'enjeu consiste à renouveler rapidement les lignes de produits et à s'imposer de manière permanente comme créatrices de référence. Tandis que les capitalistes culturels ont investi ces économies d'engouements éphémères (*fads*), l'aspect créatif de leur contenu et l'attraction propre au septième art contribuent à pérenniser la prépondérance de leurs imaginaires triomphants.

Cependant, l'essoufflement de la création cinématographique provoque la déception des spectateurs. En particulier, comme l'a noté Gérard Couturier, une tension provenant du *merchandising* « *existe entre le 'branding' relativement cher par rapport au pouvoir d'achat du consommateur et cette production de masse. Or, le branding ne peut expliquer un prix dix fois plus élevé que son coût réel* »[45]. Alors que cette contradiction n'apparaît pas en période de forte créativité – le merveilleux des films justifiant le montant élevé de ses dérivés – elle se pose de nouveau à chaque ralentissement de l'innovation. Le mercantilisme de la firme éclate alors de manière flagrante : il est purement et simplement mis à nu dans toute sa crudité. Dans ces conditions, le *branding* n'est plus assuré car il suppose selon Susan Davis le maintien d'« *une base solide de reconnaissance aussi bien pour les compagnies et leurs personnages que pour leurs associés avec des biens de haute qualité et une expérience d'achat de haut niveau (upscale shopping experience)* »[46]. Cette situation de désaffection très préoccupante quant aux comptes de la compagnie a pu être observée pour Disney lors de la recherche de Global Disney Audience Project, dans la mesure où elle n'a laissé que désillusion[47].

Une reconnaissance inégale des symboles hollywoodiens. Bien que soutenues par un intense appareil de promotion, les symboliques d'Hollywood font l'objet, de la part des publics, de réceptions et d'appropriations diversifiées. Leur savoir varie sensiblement en fonction de leurs caractéristiques socio-culturelles, ce qui nous conduit à reconsidérer les relations entretenues entre les consommateurs-spectateurs et les imaginaires cinématographiques.

Envisagée comme « *l'élargissement, l'approfondissement et l'accélération de l'interconnexion dans tous les aspects de la vie sociale contemporaine* », la mondialisation transforme en profondeur les contextes non seulement politiques mais aussi culturels et économiques[48]. En matière audiovisuelle, ces deux dernières décennies, ce processus a été marqué à l'échelle mondiale par un renforcement – voire par une suprématie – des narrations américaines. La densité des liens ainsi créés contribue à la diffusion d'un mode de vie à laquelle participent les *majors*. Les acteurs sociaux vivent quotidiennement parmi des flux transnationaux qu'ils adoptent et s'approprient plus ou moins consciemment, ou bien au contraire redoutent. Diffusés par des entités non-étatiques, ces biens-symboles restent traités financièrement et économiquement dans le cadre des relations entre les firmes/États/associations non gouvernementales. Or, leur impact doit aussi être analysé au plan micro-politique[49]. Pour ce faire, il convient d'appréhender dans un même mouvement d'analyse aussi bien les acteurs sociaux investis d'une pluralité de rôles et désormais en prise directe avec les affaires du monde que les organisations colossales qui composent également la scène mondiale. De ce point de vue, la globalisation paraît autant une reconfiguration des rapports entre acteurs qu'une transformation profonde marquée par l'activité des sociétés dans les relations internationales.

Différentes études ont rendu compte en France – pays pourtant décrit comme de sensibilité assez anti-américaine – de jugements favorables à la *major* Disney. En effet, les qualificatifs auxquels les personnes interrogées l'associent sont concentrés en un petit nombre tous à connotation positive. Six des quinze items représentent 80% des réponses, et évoquent une marque divertissante, merveilleuse et destinée aux familles. Néanmoins, l'image de Disney ne manque pas d'être aussi associée au terme commercial (12%)[50]. Par conséquent, la compagnie n'échappe pas aux critiques, bien qu'elle soit globalement perçue de manière très positive. Comme l'a remarqué

Janet Wasko, les consommateurs-spectateurs se montrent « *capables de compartimenter leur approche de Disney. Même si certains des aspects de l'entreprise ont été critiqués, les loisirs de Disney sont encore considérés comme sains, sûrs et même pour la plupart, comme drôles* »[51]. D'autre part, les termes les plus péjoratifs sont très peu retenus. À titre illustratif, des mots tels que *envahissant, superficiel* et *ennuyeux* ont obtenu chacun moins de 3% de réponses[52]. L'introduction des critères du lieu ou de la catégorie socio-professionnelle reproduit la même polarisation en faveur de la *major*. Il existe cependant des différences parmi les catégories sociales et les territoires. Autant dire que les variations identifiées dessinent des profils moins homogènes et cohérents que ceux affichés ostensiblement par la firme.

La globalisation se présente comme « *un phénomène différencié impliquant des domaines d'activité et d'interaction aussi diversifiés que la politique, l'environnement, la culture, l'économie [...] qui peuvent être pensés en termes de localisation du pouvoir* »[53]. Une diversité d'attitudes peut être distinguée dans la pénétration et l'appropriation des biens-symboles américains[54]. On isole ainsi une « *mondialisation substantielle* »[55] (*thick*) dont la portée affecte l'ensemble de la vie sociale ; une « *diffuse* » qui combine des processus diverses avec un résultat plus faible. Enfin, une « *mondialisation fine* », où la croissance des flux reste sans conséquences.

Les productions Disney prennent des significations variées selon les groupes d'appartenance sociale que l'on interroge, mais aussi en fonction des territoires sur lesquels sont conduites les recherches. Sur ce point, on peut distinguer trois modèles qui recouvrent les configurations consommatoires des populations. Deux variables principales s'avèrent discriminantes : l'une qui reflète la connaissance des supports cinématographiques. Elle comprend aussi bien le *home video* que les salles de projection, ce qui traduit un mode d'apprentissage des symboles fondé principalement sur ces médias. Quant au second critère, il témoigne de la familiarisation avec les autres types de produits – y compris les parcs – ce qui renvoie aux sphères non audiovisuelles. Bien que très tôt exploitées par la firme, ces activités se sont considérablement développées ces dernières décennies. Trois profils idéal-typiques peuvent être établis.

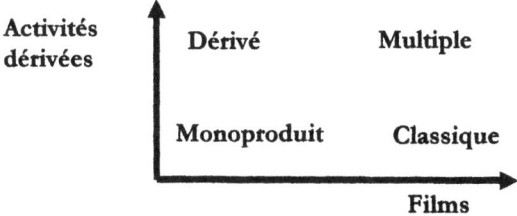

Les types de consommation Disney

Tout d'abord, le mode classique où les films dominent. On retrouve ce comportement chez les personnes vivant dans les régions éloignées des centres urbains, comme à Saint-Claude (39) où plus d'un tiers des gens n'ont mentionné que des longs métrages. De manière logique, la part de l'échantillon ne l'associant qu'à ces derniers s'accroît avec l'âge : 21% des moins de 25 ans ; 33% des plus de 56 ans. Quant aux ouvriers, ils sont 40% à citer uniquement les films, tandis que peu d'entre eux mentionnent d'autres sortes de biens.

Ce modèle de consommation renvoie à une familiarisation à l'entreprise, opérée avant sa transformation en firme de l'*entertainment* largement impliquée dans le *merchandising* mondial. Ses manifestations les plus frappantes ont pris la forme de la construction de Disneyland Paris et du lancement des Disney stores, sans compter que les habitants de la ville jurassienne sont excentrés par rapport à toutes ces initiatives marchandes. En effet, le plus proche magasin – se trouvant à Lyon dans la galerie de La Part-Dieu – demeure à plus d'une heure et demie de route. Par ailleurs, cet idéal-type remet en question les synergies culturelles sur lesquelles repose la prospérité de Disney. En fait, largement sensibilisés à l'univers Disney par les films, les publics connaissent très peu les productions annexes, ce qui infirme le caractère automatique de l'apprentissage des savoirs commerciaux de nature non-audiovisuelle. Aussi pouvons-nous constater, avec Richard Hoggart, qu'infléchir les pratiques et les conceptions populaires des firmes cinématographiques reste difficile. Autrement dit, les sous-cultures et les configurations socio-culturelles atténuent l'impact des compagnies transnationales[56].

Au contraire, le modèle de consommation multiple se caractérise par une sensibilité aiguë aux différentes lignes de biens. Non seulement les personnes évoquent les films, mais elles mentionnent aussi leurs nombreux dérivés et le parc Disneyland. À l'évidence, elles se trouvent au fait de l'ensemble des activités, même si elles ne les apprécient pas nécessairement toutes. Leur connaissance audiovisuelle demeure significative, mais elle se singularise surtout par la part élevée des combinaisons. Ce phénomène s'observe en particulier chez les jeunes : dans notre enquête 62% des réponses données par les moins de 25 ans se composent d'associations, alors qu'elles ne forment que 44% parmi les plus de 56 ans. Concernant la sensibilisation à la marque selon l'âge, nous pouvons constater que la présence des trois principaux types d'achats baisse avec l'âge des personnes interrogées.

Les cadres, les professions intermédiaires ainsi que les employés correspondent à cette catégorie de consommateurs dont les combinaisons se montent à environ 60%, alors qu'elles ne représentent que 28% pour les ouvriers. En outre, ce profil se concentre dans les arrondissements aisés de Paris : que ce soit à Saint-Michel, au métro Edgar Quinet et à Passy, les films mentionnés à eux-seuls forment 20 à 30% alors que lorsqu'ils sont associés à des biens annexes, leur pourcentage dépasse les 40% (62%, 49%, 60%). Remarquons aussi que les associations triptyques sont plus élevées parmi les classes moyennes – avec 12% – ce qui corrobore la thèse suivant laquelle les industries culturelles s'adressent en priorité à ces groupes. *A contrario*, soulignons l'écart avec les ouvriers pour lesquels les associations ternaires sont rares, s'élevant seulement à 4%. Quant aux achats, les catégories intermédiaires se distinguent à nouveau par leur consommation élevée des trois types de biens.

À ces premières observations, s'ajoute un troisième modèle de consommation dérivée qui se distingue par la place considérable accordée aux activités non-audiovisuelles. En l'occurrence, le plus frappant demeure les réponses ne mentionnant pas même les films. Toutefois, cette notation rejoint, du point de vue de la réception, ce que l'on a souligné précédemment pour le domaine de la diffusion. Tous ces divertissements non-audiovisuels – qui ont acquis une autonomie substantielle – démontrent le maintien des imageries par des manifestations distinctes d'un film et par la profondeur de leur enracinement. Les classes moyennes et populaires détiennent les parts les plus élevées de ces produits combinés, atteignant près d'un quart des réponses : 24% pour les professions intermédiaires, 31% pour les employés et enfin pas moins de 37% pour les ouvriers. Rappelons que ces données chiffrées ne concernent pas les associations avec les films.

Quant aux lieux où ce phénomène apparaît le plus accentué, on compte des quartiers défavorisés tels que Barbès Rochechouart et les abords du supermarché de Villeneuve-le-Roi où respectivement 47% et 33% des personnes interrogées ont évoqué uniquement les biens annexes. Mais il semble également crucial de souligner l'influence du parc. Tandis que cette prééminence ne peut être que partiellement généralisée à l'Europe, l'ampleur de sa médiatisation et de son implantation fait de ce dernier un véritable média. À ce sujet, Gérard Couturier souligne « *un rayonnement impossible à chiffrer pour la société, la marque et les personnages* »[57]. En effet, il faut remarquer en l'occurrence que même dans une région aussi enclavée géographiquement et éloignée du parc que le Haut Jura, 31% des personnes interrogées y pensaient lorsque les mots Walt Disney étaient évoqués[58].

Enfin, les connaissances monoproduit indiquent une vision pauvre de l'univers Disney, montrant également que la capacité de la compagnie à susciter des désirs consommatoires demeure finalement limitée. Par exemple, 72% des ouvriers ont répondu en ne donnant qu'un seul type de produit – malgré nos relances – tandis que ce type d'informations se limitait à

44% chez les employés, et 40% chez les professions intermédiaires et supérieures[59]. Ainsi, l'autopromotion réalisée par les biens Disney – souvent décriée par les chercheurs – apparaît inefficace. Il faut donc souligner que cette fragmentation constitue un échec pour les dirigeants marketing de la *major* car à la déclinaison des narrations sur de nombreux médias, les publics consommateurs ne font pas état d'une connaissance diversifiée. Autrement dit, les vastes campagnes de promotion, qui entendent imposer un impératif de consommation multiple, conduisent à des comportements où l'acquisition d'un produit appelant l'achat d'un autre ne s'avère pas automatique.

La faiblesse des informations portant sur les divertissements Disney s'est aussi manifestée au cours de notre enquête par une incapacité des gens à nommer clairement des types d'achats. Bien que nous ne puissions pas différencier entre les personnes ne voulant pas répondre et celles ne connaissant vraiment pas la firme, certains ont ouvertement et explicitement reconnu qu'ils se trouvaient dans l'incapacité de penser à une référence précise. Lors des entretiens, beaucoup se sont trouvés dans le même cas, notamment lorsqu'ils ont grandi sans la télévision et en milieu rural, les opportunités de sensibilisation aux produits Disney étant rares[60]. En dépit d'une stratégie intense de communication, une forte imprécision prévaut et la confusion entre les films caractérise les propos des parents : « *je les confonds tous. Pour moi tout film [américain d'animation] est un long métrage Disney* »[61], ce qui dévalorise d'autant la spécificité de ce label, mais témoigne, dans le même temps, de son caractère hégémonique dans les imaginaires collectifs. Autrement dit, ces approximations et ces savoirs partiels manifestés envers les productions Disney traduisent une *attention oblique* envers les univers cinématographiques et une *consommation nonchalante* à l'égard des messages publicitaires[62].

Ce manque d'informations et ces résistances établissent les réelles frontières de l'économie-monde hollywoodienne qui ne respectent pas les délimitations étatiques. Ces « *zones neutres* »[63], selon la terminologie braudélienne, restent des espaces où les acquisitions de ces produits et la familiarisation avec les symboles Disney s'estompent. Elles ne constituent pas tant les périphéries de l'économie-monde que des territoires échappant à cet ordre dominant. Comme l'a écrit Fernand Braudel : « *les zones arriérées [...] criblent les régions centrales elles-mêmes de multiples taches régionales [...] toutes les économies avancées sont ainsi comme trouées d'innombrables puits, hors du temps du monde* »[64]. Une pénétration symbolique homogène aurait impliqué un long processus de modification des pratiques socio-culturelles ou une socialisation aux distractions hollywoodiennes par d'autres moyens moins traditionnels – audiovisuels ou non – qui n'ont à l'évidence pas réussi.

Par ailleurs, la présence de variations géo-culturelles résulte de disparités évoquées déjà en son temps par Dumazedier à propos des divertissements. En la matière, un certain *sous-développement* caractérisait les « *milieux ouvriers qui habit[ai]ent les cités isolées ou des banlieues dans lesquelles persist[ai]ent une ségrégation sociale et un sous-équipement des installations collectives [et] dans le milieu rural* »[65]. Ces inégalités ralentissent – voire limitent – considérablement l'expansion de la civilisation des loisirs dont les modes de distribution sont aujourd'hui contrecarrés. C'est la raison pour laquelle les *majors* préfèrent nettement les pays où subsiste un foyer de création. Sans cette dernière, l'économie du cinéma est peu développée, ce qui réduit d'autant les opportunités de profits. Si l'exploitation cinématographique s'est affaiblie, c'est un moyen de diffusion symbolique et de rentabilisation qui manque d'autant. En fait, les firmes de l'*entertainment* prospèrent dans les territoires où de substantiels marchés constituent d'énormes débouchés.

À ces modèles de connaissance acquis au cours d'expériences diverses de Disney et identifiés grâce à des critères socio-économiques et géographiques, nous pouvons essayer d'associer les différences de perceptions auxquelles nous nous sommes référés précédemment. Ainsi peut-on dresser des esquisses d'*habitus* différenciés[66]. Par exemple, ayant été peu confrontés au mershandising envahissant et parfois irritant, les Saint-Claudiens ne retiennent-ils de Disney que le côté merveilleux et divertissant. Les mêmes conclusions peuvent être avancées pour les ouvriers, bien que ceux-ci se distinguent par le poids des dérivés, ce qui les range – nous l'avons déjà vu – dans une autre catégorie. Par ailleurs, on peut noter que le groupe citant le plus souvent les trois types d'achats Disney, à savoir les professions intermédiaires avec 12%, se révèle être aussi celui qui souligne la dimension commerciale de ces activités : les excès du consumérisme réduisant *de facto* son caractère magique.

Ces productions s'insèrent dans des contextes sociaux marqués par une volonté d'affirmation et de *distinction sociale*[67]. Elles répondent à des consommations *ostentatoires* ou *d'apparat* qui ont pour but de montrer un positionnement social[68]. À cet égard, Dominique Pasquier a démontré combien les symboles produits par les industries culturelles constituaient pour les adolescents des signes de marquage et de démarquage social, à partir desquels les regroupements entre pairs se façonnaient[69]. En effet, les milieux populaires tentent de s'affirmer par ces symboles, alors que les classes moyennes et aisées chercheraient plutôt à s'en distinguer. De manière générale, ces dernières restent plus méfiantes à l'égard des questions relatives à leur consommation de produits Disney. Elles minorent par exemple délibérément les achats de cette marque en déclarant « *n'avoir acheté que quelques articles il y a longtemps* »[70] au premier abord. Puis l'entretien révèle – à travers l'évocation de souvenirs et de pratiques – qu'elles ont acquis ces biens-symboles en nombre important[71]. Bien que cela renvoie à des usages différents, il semble que leurs déclarations résultent également d'une dissimulation symbolique. Menés auprès de mères de famille, plusieurs entretiens se sont révélés pauvres car elles refusaient en fait de se confier, mettant en avant leur ignorance : « *on n'est pas de grands consommateurs, je vous le dis franchement [...] je ne suis pas un bon exemple* »[72].

A contrario, les personnes issues des milieux populaires déclarent ostensiblement leurs emplettes, prenant soin de détailler le bol, les assiettes en carton, le bavoir etc. Elles affirment aussi s'être rendues plusieurs fois à Disneyland et y avoir pris du plaisir. Finalement, les dimensions culturelles, émotionnelles et sociales de ces symboles structurent les marchés, tout en contribuant à asseoir la suprématie de certains biens. Elles pèsent sur l'*habitus* des spectateurs-consommateurs – leur prédisposition à acheter – qui, au même titre que le prix ou la qualité, influe sur les comportements consommatoires[73].

Malgré l'inscription de notre étude dans un espace statocentré, cette dernière conduit à mettre en relief des différences significatives d'appropriation, selon des schèmes dissemblables d'interprétation et de perception. Ainsi pouvons-nous infirmer la thèse d'une culture globale supplantant les différences nationales. Au contraire, les symboles mondiaux font l'objet d'une intégration différenciée selon les cadres préexistants[74]. Après avoir examiné les significations et les réalités diverses que recouvrent les productions Disney, observons la nébuleuse symbolique qu'elles constituent pour les populations interrogées.

Les univers de la culture commerciale demeurent tributaires de la mondialisation. Ils ont acquis un rayonnement mondial – non seulement dans les pays occidentaux, mais aussi dans les régions en développement – qui s'observe, tant par les produits que par les savoirs. Le caractère universel de Disney est généralement souligné ; d'où la fameuse expression *It Is a Small World After All*[75]. La compagnie véhicule presque unanimement des valeurs familiales, des sentiments joyeux et des souvenirs d'enfance. Une recherche poursuivie dans dix-huit pays montre la convergence des idéaux diffusés par Disney. Ce label est associé mondialement à l'amusement (95%), à la fantaisie (93%) et au bonheur (88%). Des qualificatifs négatifs tels que *raciste* ne sont que peu évoqués (18%)[76]. Certes Disney constitue un symbole renvoyant à des pratiques marquées, qui attirent à ce titre de vastes publics. Mais l'offre s'étant multipliée et Disney ayant perdu sa position monopolistique, de longs métrages d'animation créés par d'autres *majors* ont été également cités[77].

En revanche, les gens se positionnent surtout à l'égard des personnages. Ainsi, 10% d'entre eux ont répondu au questionnaire par Mickey, *Shrek* de Dreamworks s'adresserait davantage à des adultes tandis que *Nemo, Cars, Toy Story* de Pixar seraient plutôt destinés à l'ensemble de la famille. En fait, non seulement la firme Disney renvoie à différentes réalités mais elle apparaît également rattachée à des symboles imprécis dont la densité de sens s'est réduite. Finalement, elle reste dans les consciences car la permanence de cette référence l'a enracinée. Toutefois, il serait bon de savoir dans quelle mesure elle représente davantage qu'un simple mot. D'autant plus que ce phénomène résulte aussi de son expansion tous azimuts et de son exceptionnelle diversification. Comme le terme Disney comprend aussi bien les premiers dessins animés que le dernier *blockbuster*, *Pirates des Caraïbes*, il ne pouvait que perdre en spécificité, sinon en substance.

Le genre des films est établi de manière vague, chacun ayant sa propre réputation. L'orientation dans les productions que les parents voient ou font voir à leurs enfants repose donc sur des éléments très rudimentaires et sur des idées préconçues. Réputés violents, les dessins animés japonais sont envisagés avec méfiance. Beaucoup d'adultes confient ne pas les acheter par crainte. L'un d'entre eux mentionne même qu'il « *a caché dans un placard des vidéos japonaises qui avaient été offertes* »[78]. On peut remarquer que celles-ci sont considérées à tort comme sommaires : « *leurs couleurs trop vives, leurs effets spéciaux peu crédibles, leur graphisme peu élaboré* »[79].

Des films français d'animation tels qu'*Azur et Asmar* et *Kirikou* ont été appréciés. Cependant, là aussi, des a priori minent parfois la promotion de leurs créations. Bien que certaines personnes interrogées admettent ne pas en avoir vu récemment, elles affirment dans le même temps « *les trouver moins bien que les productions américaines car ils restaient trop réalistes et leurs décors ne sont pas assez étudiés* »[80]. Un avocat interrogé à Passy lors de notre enquête nous expliquait qu'il n'achetait pas français car la morale sous-jacente ne le satisfaisait pas. Il les suspectait « *d'être gauchiste, tandis qu'avec Disney, on [était] sûr du message du film* »[81].

Quant aux superproductions hollywoodiennes, elles bénéficient de la confiance des parents. Or, ce sentiment joue sur ce marché un rôle considérable. Une étude menée dans une dizaine de pays révélait que « *les personnes interrogées ont indiqué dans leur grande majorité qu'ils introduiraient leurs enfants à l'univers Disney en partie parce qu'ils estimaient que ces offres étaient sûres* »[82]. Bien que l'exploitation commerciale soit critiquée et qu'une différence sensible d'appréciation sépare les films de leurs activités dérivées, les productions américaines recueillent globalement l'assentiment des publics. Au cours des entretiens, une mère de famille déclarait même : « *dès l'instant où c'est un dessin animé Disney pour les enfants, je fais confiance. Je considère qu'il a été filtré contrairement à ce qui est programmé à la télévision* »[83]. Elle ajoutait à propos des passages montrant des héros confrontés à des événements douloureux : « *plutôt que de les cacher, je préfère leur laisser voir pour qu'ils découvrent peu à peu certaines dimensions de la vie, ce qui constitue une manière ludique d'aborder des sujets graves et de diffuser des messages intéressants* ». En d'autres termes, lorsqu'un film américain peut choquer la jeunesse par son intrigue ou la violence, il dévoile de manière cinématographique les aspects cruels de la vie. A contrario, quand un long métrage d'origine différente fait de même, il entérine un préjugé négatif.

Il semble que les spectateurs perçoivent différemment des contenus similaires, suivant qu'ils proviennent de firmes hollywoodiennes ou non, ce qui confirme le poids des idées préconçues qui encouragent l'achat en faveur de telle ou telle compagnie. En effet, peu de spectateurs ont finalement vu des dessins animés nippons ou français, mais lorsqu'ils l'ont fait, ils les ont appréciés, prenant pour exemple les films français *Azur et Asmar* (2006) ou *Kirikou et les bêtes sauvages* (2005)[84]. En conséquence, on peut observer dans le choix des films d'animation, l'importance des opinions dominantes qui jouent généralement en faveur d'Hollywood.

Par ailleurs, les parents mènent un subtil jeu d'éloignement à l'égard de Disney. Si la proximité de leur progéniture envers les diverses productions des *majors* a considérablement augmenté, il n'en reste pas moins qu'ils se soucient de les préserver d'un *merchandising* trop intrusif. Ainsi, les personnes interrogées déclarent-elles dans leur grande majorité ne pas vouloir que leurs enfants « *baignent dans la culture Disney* »[85] ; se montrant nettement hostiles aux produits dérivés. En fait, comme nous avons pu l'observer, les familles sélectionnent leur consommation Disney[86]. La spirale consumériste – souvent décrite comme aliénante – par ses détracteurs paraît plus incertaine et lâche. Si chaque bien en appelle certes un autre, les comportements individuels ne peuvent être réduits à une simple adhésion aux messages publicitaires contenus. Le caractère commercial constitue un discours sous-jacent à lui seul qui est nettement perçu par le public, ce qui réduit d'autant l'attrait et la magie du produit. Une mère de famille interrogée tient même à préciser : « *c'est de l'escroquerie : C'est très cher parce que c'est Disney* »[87]. Par conséquent, toutes ces tactiques, ces micro-stratégies et ces refus « *de prendre part à l'activité cadrée* »[88], de suivre les logiques encouragées par la firme représentent autant de freins à sa prospérité.

Souligner le mercantilisme de la *major* revient à ternir son image et à décourager d'éventuels achats. En fait, ces critiques diminuent la dimension sacrée, l'aura déjà notée, pour faire, au contraire, ressortir le peu de valeur du produit et son coût. Autrement dit, ces mises à distance réitérées réduisent sa capacité de séduction et d'enchantement. Cette dénonciation du tout-commercial, qui est apparue dans notre enquête, porte sur des objets et des symboles quotidiens auxquels les personnes se sont habituées et qu'elles se sont appropriées. Ainsi, il est clair que ces dernières ne consomment pas en toute passivité, mais s'engagent plutôt dans des « *négociations actives* » portant sur les biens de la firme[89].

2. Une appropriation aléatoire de l'*American Way of Life*

Les biens, les symboles et les pratiques diffusés par Hollywood s'imposent diversement sans pour autant supplanter les modes de vie et les références des communautés préexistantes. Il importe donc d'observer la permanence des spécificités socio-culturelles dans des marchés fragmentés de manière transnationale. En outre, la suprématie des créations américaines n'en implique pas moins des processus infra-nationaux d'appropriation et une segmentation de la demande qui montrent bien que le processus de mondialisation n'équivaut pas à une simple uniformisation souvent décriée.

La permanence des re/décodages infranationaux. Les loisirs hollywoodiens travaillent les pratiques sociales et les infléchissent. Ils développent à travers une longue socialisation et des attachements émotionnels et culturels à une marque, des personnages ou bien encore des narrations exploités par des messages promotionnels réitérés. Ils orientent l'attention des populations vers des produits spécifiques. En outre, l'effet des *majors* peut être ressenti par les médias utilisés. Comme Marshall McLuhan l'a montré : « *le vrai message, c'est le média lui-même, c'est-à-dire que ses effets sur l'individu ou sur la société dépendent du changement d'échelle [...] de rythme ou de modèles qu'il provoque dans les affaires humaines [...] que produit chaque nouvelle technologie* »[90]. Dans le cas de Disney, ses attractions conduisent les acteurs sociaux à consommer des marchandises et à visiter ses parcs. Mais bien que les firmes transnationales diffusent des valeurs et des symboles, les cultures gardent chacune une autonomie. Elles restent des *communautés imaginées* dont la spécificité ne disparaît pas avec la globalisation. Bien au contraire, les institutions et les entreprises nationales affirment leur particularisme, contribuant à l'enracinement de chacun dans un contexte aussi bien local que national. Cependant, depuis les travaux de Benedict Anderson plusieurs recherches ont montré la portée des médias de masse sur les consciences individuelles[91].

Les gens sont certes engagés dans des actions quotidiennes dont les implications revêtent des aspects économico-culturels. Ils nourrissent des relations diverses avec des cultures commerciales dont l'ampleur se pose au plan mondial. Mais les représentations collectives demeurent fortement marquées par l'environnement antérieur. Or, ce dernier modifie les conditions de réception des univers narratifs provenant des compagnies cinématographiques. On ne peut par conséquent pas se contenter de penser cette transmission de manière mécanique. En fait, comme l'a mis en lumière Stuart Hall, les spectateurs-consommateurs interprètent les flux culturels et se les approprient par un usage social très différencié[92]. Dès lors, il faut prendre en considération la mise en forme du matériau discursif, des distorsions et des spécificités qui en découlent. En l'espèce, ces éléments doivent être intégrés dans l'analyse, particulièrement pour les industries culturelles qui, par définition, supposent la prise en compte d'une dimension cognitive.

Il convient d'aborder la présence des codes infra-nationaux qui affectent grandement l'appropriation et l'utilisation des activités hollywoodiennes. Bien que la restructuration des marchés rapproche les cultures et les modes de vie lointains, elle n'implique pas une meilleure connaissance de ceux-ci car des processus de fragmentation, d'hétérogénéisation et d'hybridation se trouvent à l'œuvre. D'une part, les biens-symboles globaux, se mêlant aux identités nationales, engendrent des perspectives différentes. D'autre part, ces rapports transnationaux ne provoquent pas – selon les contextes culturels – les mêmes réactions et comportements. Rappelons en effet, que les populations entretiennent des relations ambivalentes avec le cinéma-monde, à l'instar des bouleversements discontinus de la globalisation. Comme nous l'avons déjà vu, elles n'appréhendent pas les mêmes productions lorsque l'on évoque la firme Disney car les configurations socio-culturelles interviennent dans l'approche que chacun s'en fait.

Les liens que les *majors* entretiennent avec leurs publics sont moins étroits qu'il n'y paraît de prime abord. Nous pouvons à ce sujet établir un parallèle entre ces théoriciens qui ont remarqué ces phénomènes hybrides dans la sphère mondiale et les *cultural studies* qui ont observé les résistances locales et les catégories autonomes auprès de multiples populations dans leurs rapports avec les médias. Toutes ces approches ont en commun de souligner la complexité de changements qui ne se réduisent pas à une simple mondialisation uniforme. En fait, il s'agit d'intégrer également au plan des connaissances et des consciences les *domestic structures*[93].

L'appropriation des films ainsi que des attractions vendues par les *majors* peut atténuer sensiblement leur utilisation et leur message. Se posant entre les symboliques et les consommateurs, les instances culturelles, sociales, cognitives et matérielles interviennent comme des éléments de distanciation ou de rapprochement. En effet, elles introduisent au sein des États-nations des différences dans la valorisation et les usages culturels. Conformément à ce que Katz et Liebes observaient déjà, avec le succès de la série *Dallas*, les films ne revêtent pas la même signification et le même attrait dans tous les pays. Alors qu'il a bénéficié d'une énorme notoriété au plan mondial – à l'exception notable du Japon – ce feuilleton-série télévisé a connu des lectures diverses qui conduisent à remettre en question son caractère homogénéisant[94]. En l'occurrence, nous constatons que les décodages idéologiques du produit médiatique s'exercent différemment selon les cultures des téléspectateurs. Par ailleurs, si le message diffuse des stéréotypes en matière de genre ou de classe, il peut fournir une base à des campagnes de dénonciation, comme le montre Marc Doucet[95].

C'est la raison pour laquelle Bill Mechanic lui-même – pourtant partisan d'une gestion mondiale et directe des *majors* – recommande de s'allier dans l'Hexagone et au Japon à des partenaires nationaux lorsqu'il déclare : « *ils forment des marchés uniques où la manière de concevoir les longs métrages et la sensibilité à l'égard des films locaux demeurent uniques. Par exemple, il est plus facile de distribuer des films en Allemagne qu'en France où ils risquent facilement d'être ignorés* »[96]. Dans ces pays, la firme Disney est concurrencée dans les salles ainsi que dans le *homo video*. À titre illustratif, *Porco Rosso* (1992) de Ghibli s'est davantage vendu que la *Belle et la Bête* (1991), tandis que la vente des supports préenregistrés de la série *Evanglion* a dégagé plus de recettes que *Toy Story* (1995) ou *Pocahontas* (1995).

En France, le processus de diffusion cinématographique paraît particulièrement délicat, ce qui a justifié les alliances entre Buena Vista et Gaumont de 1993 à 2004 et UGC et Fox de 1995 à 2005. En effet, on peut constater que les publics français abordent les films d'après des critères artistiques et esthétiques, ce qui diffère des spectateurs américains qui – dans leur grande majorité – les perçoivent à l'aune du divertissement procuré. Ainsi, les personnes consultées au cours de notre enquête évoquent-elles des dimensions qui relèvent davantage du champ artistique que de l'*entertainment*. Elles opposent souvent les *mangas* aux dessins animés américains pour justifier leur préférence pour ces derniers. Se posant en réels esthètes, elles évoquent le graphisme « *recherché, la finesse des personnages, le côté artistique et les paysages bucoliques* »[97] pour ces derniers. Au contraire, les productions nippones sont qualifiées de « *sommaires* »[98], « *les couleurs trop vives, les effets spéciaux incroyables et les yeux de taille excessive* »[99]. Elles évoquent « *le plaisir de l'instant* »[100] pour expliquer leur confusion entre les différents dessins animés. Certaines ont cité, *Le Roi et l'oiseau* (1980) – l'œuvre de Jacques Prévert et du réalisateur Paul Grimault – mettant en exergue son caractère poétique et littéraire[101]. Beaucoup ont mentionné les *classiques Disney*, comme *Fantasia*, le moins populaire des premiers films d'animation, mais le plus créatif et innovant dans sa conception[102].

Par ailleurs, on peut observer un réel déni des gens à l'égard de Disney qui rappelle à certains égards les commentaires recueillis par Ien Ang sur l'émission *Dallas* ou Dominique Pasquier pour *Hélène et les garçons*[103]. Souvent les phrases occultant une telle connaissance se traduisent par des propos tels que : « *je n'ai pas été bercé par la culture Disney* »[104]. Parfois, les personnes vont même jusqu'à exprimer leur regret de l'« *uniformisation de la pensée avec ces attractions très américaines et contrôlées que l'on retrouve à Paris, à Tokyo ou en Californie* »[105]. Or, malgré ces commentaires critiques, personne ne refuse d'acheter des biens Disney à ses enfants. Un père observant la chambre de son fils reconnaît qu'il y a « *un poster Disney, deux jouets de Toy Story et de Monster, Inc., une grande peluche Mickey en haut de sa commode* »[106] avant d'ajouter que « *Disney n'est pas omniprésent [...] il n'existe pas une culture Disney à outrance à la maison* ». À l'inverse, un parent particulièrement marqué par ces imaginaires et le moins critique à l'égard de Disney mentionne qu'il a déjà acheté « *pour son enfant de dix-neuf mois les petits stickers, les jouets, Winnie marchant à quatre pattes, la voiture de Winnie [...] quatre peluches Disney, et quelques habits* »[107]. Mais il déclare peu après : « *on n'achète pas que cela, il a juste quelques objets Disney, on n'est pas des gens bornés* ». Autant dire qu'ils refusent tous d'être assimilés à des consommateurs Disney standards, bien qu'ils contribuent à des degrés divers à la prospérité de la firme. Sur ce point, constatons que la culture commerciale d'Hollywood ne requiert ni une adhésion explicite, ni une pleine connaissance, mais seulement un consentement tacite structurant les achats quotidiens, voire peut même s'accommoder d'un franc déni.

Les succès des productions Disney dépendent également des modes de vie nationaux car ces biens font l'objet d'une valorisation différenciée en fonction du type de produit vendu. Dans ce contexte, les propos deviennent même critiques à l'égard du *merchandising* Disney : « *je suis contre tout ce qui tourne autour du film* »[108]. Une institutrice se dit même agacée par « *l'omniprésence de Disney [...] avec les fourchettes Mickey, les aliments Mickey....* »[109]. En effet, les jouets ainsi que les artefacts licencés sont sévèrement critiqués. Dans le même temps, les achats personnels sont minimisés, tandis que la famille élargie ainsi que les amis sont souvent évoqués pour justifier l'acquisition d'un bien. C'est pourquoi, une mère de famille nous explique que « *les grands parents ont beaucoup acheté. Tout une panoplie : un casque avec les oreilles de Mickey qui s'allument ; une petite Sirène qui tourne* »[110].

Au contraire, les journaux ainsi que les livres Disney sont bien reçus, ce qui ne va pas sans rappeler le rang spécifique dont jouissent ces supports en France. N'ont-ils pas diverti presque quatre générations avec *Le Journal de Mickey* – diffusé dès octobre 1934 – *Mickey Parade* (depuis mars 1966), *Picsou Magazine* (février 1972) et Mickey Poche (avril 1974)[111] ? Malgré leur appartenance aux biens annexes, les ouvrages et magazines sont rangés à statut égal avec les films. À ce sujet, les déclarations d'un père sont révélatrices : « *les livres qui leur permettent de relire l'histoire sont intéressants. Bien qu'on puisse les classer comme dérivés, je ne les considère pas comme tels. Ils sont différents, à part* »[112]. Exigeant un travail artistique, ils restent d'un point de vue analytique, extraits des univers narratifs cinématographiques, montrant une fois de plus que la dichotomie commercial/artistique reste insatisfaisante car trop grossière. Les publications Disney font partie de « *la culture que tout le monde connaît* »[113], comme si ces imaginaires étaient plus facilement justifiés sous cette forme plus légitime. Ce statut particulier n'est pas nouveau car une personne retraitée se remémore : « *Pendant les grandes vacances passées aux Sables d'Olonne, ma mère achetait une bande dessinée à chacun. Comme nous étions quatre, on choisissait des albums différents, un de Mickey, de Spirou et des fillettes* »[114].

Il semble malaisé de faire adopter des usages culturels et des biens-symboles à l'étranger. Compter uniquement sur l'attractivité des imaginaires pour attirer les consommateurs paraît un pari risqué. Si les nombreux supports déclinant le film ont été facilement introduits dans les secteurs audiovisuels, d'autres activités peuvent se révéler difficiles à promouvoir. À titre illustratif, les parcs à thèmes demeurent des infrastructures lourdes qui supposent des investissements considérables, sans pour autant que la fréquentation massive des publics assure une rentabilisation. Sur le vieux continent, tandis que les populations se rendent en masse à Disneyland Paris, elles se montrent moins enclines à y dépenser des sommes importantes. Le désastre financier de ce complexe résulte de la sous-utilisation du *resort* et d'achats peu élevés[115]. D'où les pertes substantielles qui n'ont fait qu'aggraver un surendettement initial. Toutefois, notons que des difficultés financières ont également miné les autres initiatives des firmes américaines[116].

Par ailleurs, les souvenirs du public s'avèrent plutôt négatifs : « *il y a trop d'attente, on patiente durant trois quarts d'heure pour trente secondes de plaisir* »[117]. Les jouets vendus sur place y sont jugés, à juste titre, plus coûteux que dans les magasins. Autant de raisons qui expliquent les attitudes ambivalentes à l'égard de ces activités. Les visiteurs européens sont moins disposés à rester dans les hôtels luxueux de Disney, à y prendre leurs repas et à assister aux spectacles ou bien à acheter des souvenirs[118]. Comme le relève Claudine Reynes : « *le challenge était d'intégrer une culture étrangère en Europe [...] Or, le consommateur européen n'a pas du tout les mêmes comportements que le visiteur américain* »[119]. En outre, des erreurs d'estimations, quant à la clientèle potentielle, ont été commises. L'ancienne dirigeante du département produits dérivés dans le *resort* parisien se souvient que : « *selon les études, la cible de clientèle était 'cadre et cadre sup' [...] Après les premiers mois, on a vu arriver de jeunes couples issus des classes populaires, portant un 'marcel' et des tongs [...] avec un pique-nique dissimulé* ».

D'autre part, Disneyland reste considéré comme un endroit destiné au divertissement familial. Bien qu'il paraisse assez attractif, sa supposée magie est cantonnée pour les parents à celle de leurs enfants[120], une autre personne qui n'« *était jamais allée sans [les siens], ayant de nombreux a priori défavorables* »[121] déclare que « *c'était sympa pour les petits* », manière de bien marquer la mise à distance. Si la fréquentation se distingue par la jeunesse des clients, elle se compose principalement d'enfants accompagnés d'adultes, ce qui est dû à « *la tradition des manèges où l'on met l'enfant dans l'attraction. Mais on n'y va pas car on craint le jugement des autres* »[122]. Finalement, le parc de Disney s'adresserait aux cinq-quinze ans, alors que celui d'Astérix conviendrait plutôt aux dix-vingt ans, et ce dernier serait plus apprécié des adultes. Mais la portée commerciale de Disneyland s'en trouve ainsi d'autant limitée. Passionnée de Disney, une personne consultée rapporte en ces termes les différences de comportements adoptés par les Européens et les Américains : « *[ces derniers] participent, se portent volontaires, et se prêtent au jeu ; les premiers sont beaucoup plus retenus. Ils ont besoin de justifier leur visite en précisant qu'ils 'ont emmené leurs enfants', ce qui est le refrain inévitable* »[123].

Aussi, soulignons que si les activités proposées par les firmes attirent de nombreux publics en Amérique du Nord comme en Europe et au Japon, les consommateurs spectateurs adoptent des pratiques différentes suivant leurs conceptions et perceptions, ce qui constitue autant de facteurs d'incertitude qui détermineront pourtant la réussite ou l'échec de ces investissements.

La fragmentation transnationale de la demande. Les marchés de l'*entertainment* se sont considérablement diversifiés sous l'effet des stratégies firmales et des spectateurs-consommateurs. Comme l'a observé Arjun Appadurai : « *l'émergence d'un ordre postnational donnerait lieu, à un système formé non pas d'unités homogènes, mais fondé sur des rapports entre unités hétérogènes* »[124]. Il se caractériserait par l'instabilité des ordres culturels dans un monde de téléspectateurs déterritorialisés où l'image détient désormais la prépondérance. Cette volatilité concerne toutes les audiences des *majors*, comme le déclare Dick Cook, chef des studios Disney : « *avec plus de 100 chaînes [rien qu'aux États-Unis] et une demande très fragmentée [...] il est difficile de s'adresser de nos jours à un public de masse* »[125].

Les firmes se tournent aussi volontairement vers des groupes spécifiques à travers leurs politiques de labels et de promotion. En revanche, les dynamiques de l'économie contemporaine semblent moins privilégier « *les États-nations [que] les goûts culturels et le marketing de niche* ». Le même auteur ajoute que l'industrie cinématographique a dépassé l'horizon des communautés imaginées incarné dans la nation ; l'audiovisuel postfordiste « *exploite des modes de vie plus particularisés et met alors en rapport les classes euro-américaines sur la base de préférences culturelles au lieu de configurations nationales* »[126]. Mais en dernière instance l'objectif reste toujours d'atteindre de manière transnationale un maximum de foyers différenciés et non un ensemble prétendument homogène de populations.

On peut faire remonter ce mouvement de morcellement aux succès déjà évoqués de Salzman, dont les films tels que *Rock Around The Clock* (1956) constituent les prémices de l'engagement hollywoodien dans la culture jeune. Plus tard, un autre créneau, les *tween*, a émergé pour les enfants pas assez âgés pour les longs métrages dédiés aux adolescents. Puis il s'est lui-même fragmenté avec les *pre-tween*[127]. Sur ce point, il est intéressant de remarquer que ces néologismes reflètent l'émergence de marchés toujours plus segmentés au gré de succès inattendus. Ces termes ont été adoptés progressivement par la filière avec la généralisation de ces productions et ne font pas l'objet de limites aux contours stricts : ils s'adressent indifféremment aussi bien aux enfants de dix à douze ans qu'à ceux de huit à douze ans.

À titre d'exemple, rappelons que la firme Disney s'est montrée particulièrement innovante pour les neuf-quatorze ans auprès desquels elle se maintient actuellement toujours leader avec Disney Channel. Elle a ainsi organisé l'émergence de véritables vedettes au sein de ses studios. Raven-Symoné est dernièrement devenue la nouvelle star de Disney. Sa série *That's so Raven* a dépassé les 100 épisodes qui se classent numéro un aux États-Unis pour les six-quatorze ans. Elle est également diffusée dans 100 pays, ce qui a procuré à Disney une plateforme considérable de *merchandising*[128]. Tandis que Disney Channel totalise 700 millions de dollars de recettes et est privilégiée pour ces audiences, on compte la sortie régulière de films – sous Walt Disney Pictures – dédiés à ces publics, qui dépeignent souvent des femmes confrontées à des événements inattendus comme *The Princess Diaries* (2001) ou *Ice Princess* (2005).

Notons que la compagnie a lancé des ensembles de biens-symboles pour chaque âge et sexe. Les principaux viennent de figures classiques comme Mickey Mouse et Winnie l'ourson, ce dernier étant destiné spécifiquement aux plus jeunes (*toddlers* et *pre-schoolers*). Selon le magazine *Forbes*, ils ont rapporté en 2003, 5,8 et 5,6 milliards de dollars se rangeant respectivement au premier et au deuxième rangs du classement des personnages les plus rentables[129]. Quant à Disney Princess, elle s'est adressée aux fillettes dès 1999. Autant dire que ces produits couvrent toutes les activités de l'entreprise offrant des vêtements, des films en DVD, des albums musicaux ainsi que des spectacles sur glace[130].

On voit donc ainsi que la fragmentation des publics a procuré de nouvelles opportunités commerciales à la firme Disney, tout en rendant cependant la pénétration de ces marchés plus aisée pour les autres *majors*. Disney doit par conséquent rivaliser avec d'autres acteurs sur tous les créneaux, ce que Charlie Nelson exprime très bien en ces termes : « *il fut un temps où il n'y avait qu'un film pour tout le monde. Aujourd'hui il y a un ciblage par âge beaucoup plus important, ce qui facilite la concurrence de Disney sur les multiples marchés de l'enfance*»[131]. Ce phénomène résulte d'un changement de configuration où la concurrence se trouve exacerbée avec des clients plus exigeants et des studios ciblant chaque tranche d'âge. On assiste alors à une expansion de leur investissement dans l'univers de la jeunesse. C'est ainsi que de nos jours, des films et des collections entières de produits dérivés sont uniquement destinés à certaines classes d'âge. Les frénésies consuméristes et les mouvements de mode s'adressent désormais aussi aux plus jeunes, ce qui a conduit les compagnies à développer des productions leur étant tout spécialement dédiées. À titre d'exemple, Disney ne dispose plus d'une position forte dans les séries de dessins animés[132] car les créneaux de la petite enfance ont surtout été concurrencés par Nickelodeon qui dispose de sa propre chaîne de narrations intégrant des personnages comme *Dora* et *Bob l'éponge*. Cependant, Disney Channel reste encore impliquée dans les programmes pour les enfants en bas âge avec Playhouse Disney destinés aux deux-cinq ans[133].

Outre la spécialisation des créations, le morcellement des sphères de l'*entertainment* se reflète également dans les campagnes de publicité relatives aux longs métrages. Les *majors* suivent les recompositions des ensembles socio-culturels dont la structuration ne se réduit pas aux États-nations. Depuis plusieurs années, elles commercialisent en effet tous leurs films en adaptant les messages aux différentes audiences. Pour un film destiné aux adultes sans particularité, Charlie Nelson affirme qu'«*[les studios] conçoivent un spot télévisé par catégorie orienté respectivement vers les aux afro-américains, hispaniques, jeunes filles, jeunes garçons, parents, adultes hommes et femmes, chacun occupant les chaînes à une heure appropriée*»[134]. Aussi s'agit-il moins de signaler au public un film de qualité que : « *d'envoyer au bon moment un message ciblé à un public ciblé* », ce qui correspond en fait à la raison d'être du marketing et de la publicité[135].

Les firmes cinématographiques s'efforcent d'attirer les minorités infranationales qui, plutôt que de se fondre dans la société nationale, tiennent à demeurer segmentées et organisées en communautés relativement autonomes. Concentrées dans certaines régions, elles se caractérisent par des comportements différents, à commencer par la pratique de la langue. À titre d'exemple, rappelons que les latino-américains gardent aux États-Unis leur spécificité linguistique. Comme 80% des hispaniques sont rassemblés dans dix marchés régionaux, les compagnies hollywoodiennes sont conduites à acheter de manière croissante des espaces publicitaires sur les chaînes hispanophones, Univision et Telemundo[136]. De surcroît, elles réalisent des clips publicitaires et des films en espagnol pour répondre à ces niches.

À l'international, la commercialisation implique des modifications qui intègrent les conseils des agences autochtones de communication qui « *seules peuvent éviter de heurter les susceptibilités et respecter le PC [Politiquement Correct]* »[137]. Par conséquent, les *majors* sont amenées à modifier de nombreuses caractéristiques suivant les territoires telles que le support, les spots, les noms, la palette couleur, l'affiche et parfois même le montage. C'est ainsi qu'à la suite du mécontentement suscité par les connotations racistes d'*Aladdin* (1992), des scènes ont été coupées pour la sortie vidéo[138]. Dès lors, on comprend bien qu'il est important de « *saisir l'énergie dégagée par le film et d'adapter sa promotion en conséquence* ». À cet égard Charlie Nelson nous rappelle les différences de stratégie qui sont adoptées en prenant pour exemple, *Signes* (2002) un long métrage réalisé par Night Shyamalan : « *l'acteur principal Mel Gibson n'a pas été utilisé dans les campagnes de promotion aux États-Unis pour garder l'aspect mystérieux du film. En revanche, comme les audiences internationales, en particulier asiatiques, sont davantage attirées par les films d'action et les vedettes, la star a été réinsérée dans le spot* »[139].

Pour les *majors* américaines, le lancement d'un film s'avère toujours délicat car chaque pays présente des obstacles non négligeables à sa promotion. Notons que l'activité est très réglementée sur le vieux continent. Par exemple, les publicités à la télévision y sont juridiquement limitées, ce qui constitue au contraire le moyen le plus répandu aux États-Unis. Toutefois, les barrières les plus importantes restent culturelles. À titre d'exemple, les comédies américaines ne font jamais recette au Japon car l'humour présent dans ces films ne passe pas. Ainsi, les *Chronicles of Riddick* (2004) n'ont pas été diffusées dans les pays musulmans car un personnage religieux s'appelait Imam, ce qui risquait de créer des tensions. En outre, beaucoup de films impliquent une sensibilisation – sinon une connaissance – au préalable sans laquelle ils perdraient tout intérêt. Certains comme *Invincible* (2006) et *The Game Plan* (2007) portent sur le football américain et le baseball dont les règles semblent à première vue très obscures pour les audiences étrangères. Or, comment attirer les publics pour un long métrage lorsqu'il traite d'un sport inconnu ?

Dans un autre domaine, la firme Disney a été confrontée à des différences culturelles au sujet du parc de Hong Kong. En l'occurrence, son lancement commercial a été particulièrement maladroit car les publicités représentaient des couples avec deux enfants, ce qui est prohibé par la loi. De même, elles vantaient l'occasion de distraction en famille dans une société qui reste très hiérarchisée et entièrement tournée vers le travail et le collectif[140]. Plus grave, la compagnie s'est heurtée aux limites de sa propre implantation. En effet, peu de Chinois adultes reconnaissent les personnages Disney car ils ne leur sont pas familiers. Pourtant, l'entreprise s'est efforcée d'adapter ses activités, utilisant même la philosophie *feng shui*[141]. Finalement, c'est ce hiatus qui demeure le plus préoccupant car il relève de la socialisation et de la familiarisation à Disney. Celui-ci devra pourtant être réglé lors de l'installation du prochain complexe, prévue à Shanghai en 2012[142]. Bien que les dirigeants des Disneylands Paris et Tokyo aient dû également faire face à des problèmes d'adaptation, ils n'ont jamais été confrontés à une telle méconnaissance narrative[143]. Mais on peut ainsi d'autant mieux mesurer l'imprégnation socio-culturelle nécessaire à la *major* et le caractère éminemment culturel de toutes ses activités[144]. Par conséquent, il n'est pas surprenant qu'elle connaisse des difficultés à attirer des Chinois de l'intérieur, ce qui explique qu'elle ait manqué ses objectifs relatifs à la fréquentation des visiteurs[145]. Cependant, le parc – comme tout autre média –

représente un agent de sensibilisation à ses symboles. C'est pourquoi, le groupe Disney s'est lancé dans de vastes campagnes de publicité et plus encore dans l'implantation multisectorielle de ses symboliques. La diffusion de ses films et émissions s'est alors accélérée avec la conclusion d'accords avec des partenariats nationaux tandis que le nombre de magasins a doublé depuis l'ouverture de Disneyland Hong Kong. En conséquence, Disney ambitionne de vendre ses produits dans 6 000 points d'ici la fin 2009[146].

Notes

1. Max Weber, *Économie et société*, trad., Paris, Plon, 1971, p. 41. Cf., aussi Michael Löwy (Éd.), *Max Weber, la religion et la construction du social*, Archives des sciences sociales des religions, (127), juil.-sept. 2004, p. 99.
2. Christy Grosz, Dan Bronson, « Collide. Consumer Brands and Hollywood Are Uniting in an Effort to Reach a Broader Audience », *Hollywood Reporter*, 28 April 2003, p. S2 ; cf., Jean-Marc Lehu (Ed.), *Branded Entertainment : Product Placement and Brand Strategy in the Entertainment Business*, Londres/Philadelphie, Kogan Page, 2007.
3. Grosz, Bronson, *op. cit.*, p. S2.
4. *Ibid.*, p. S4.
5. *Ibid.*, p. S8.
6. Frederic Jameson, *Postmodernism : Or, the Cultural Logic of Late Capitalism*, Londres, Verso, 1991. Pour aborder la relation établie entre la montée des formes postmodernes de la culture et le changement des modes d'accumulation du capital, cf., David Harvey, *The Condition of Postmodernity*, Oxford/Cambridge, Blackwell, 1989.
7. Mike Featherstone, *Consumer Culture & Postmodernism*, Londres, Sage, 1991, p. 25 ; Pour une vision similaire sur les firmes du divertissement, cf., Michael Wolf, *The Entertainment Economy : How Mega-Media Forces Are Transforming Our Lives*, New York, Time Books, 1999. Sur la consommation symbolique, cf., Wilfred Dolfsma (Ed.), *Consuming Symbolic Goods : Identity and Commitment*, Review of Social Economy, 62 (3), Sept. 2004, pp. 275-420.
8. Blaise Pascal, *Pensées*, [1670], Paris, GF-Flammarion, 1976, p. 73.
9. John L Coughey, *Imaginary Social Worlds. A Cultural Approach*, Lincoln/Londres, University of Nebraska Press, 1984, pp. 36, 42, 59.
10. Miguel Korzeniewicz, « Commodity Chains and Marketing Strategies : Nike and the Global Athletic Footwear Industry », in : Gary Gereffi, Miguel Korzeniewicz (Eds.), *Commodity Chains and Global Capitalism*, Westport, Praeger, 1994, pp. 247-261. L'auteur analyse les stratégies de la firme Nike en matière de marketing national et de production mondiale.
11. Gilles Brougère, David Buckingham, Jeffrey Goldstein, *Toys, Games and Media*, Mahwah (N.J.), Lawrence Erlbaum Associates, 2005.
12. Walter Benjamin, « L'Œuvre d'art à l'ère de sa reproductibilité technique », [1935] in : Walter Benjamin, *Œuvres*, t. III, trad., Paris, Gallimard, 2000. Coll. Folio/essais, pp. 68-143.
13. Mircea Éliade, *Le Sacré et le profane*, Paris, Gallimard, 1965, p. 14.
14. Entretien du 27 janvier 2007 avec Lucie Besson, haut responsable dans l'entreprise française de jouets, Smoby ; Janet Wasko, *Understanding Disney : the Manufacture of Fantasy*, Cambridge, Blackwell, 2001, pp. 222-224.

Dans cet ouvrage, la dimension sacrée est soulignée comme le caractère universel de Disney.

15. Thomas O'Guinn, Russell Belk, « Heaven on Earth : Consumption at Heritage Village, USA », *The Journal of Consumer Research*, 16 (2), Sept. 1989, pp. 227-238.

16. Peter L. Berger, Thomas Luckmann, *The Social Construction of Reality. A Treatise in the Sociology of Knowledge*, New York, Anchor Books, 1966, p. 43 *sq*.

17. John Tomlinson, *Globalization and Culture*, Chicago, Chicago University Press, 1999.

18. Anthony Giddens, *Les Conséquences de la modernité*, Paris, L'Harmattan, 1994, p. 114. Anthony Giddens dégage trois dynamiques de la modernité : « *la séparation du temps et de l'espace, les mécanismes de dé-localisations et la réflexivité institutionnelle* ».

19. Comme pour tous les produits dérivés, ceux de Disney font parfois face à des problèmes. Cf., « Œufs en chocolat Disney », *Que Choisir ?*, 7 mai 2007, obtenu sur le site web : http://www.quechoisir.org. Durant le mois d'août 2007, Mattel a été contrainte de rappeler des jouets provenant des imaginaires hollywoodiens dont des voitures de *Cars*.

20. Entretien du 9 nov. 2006 avec Gérald C., père de deux enfants ; Cf., la même remarque sur les chasseurs pour *Bambi*, Waller Hastings, « Bambi and the Hunting Ethos – Walt Disney Co. Character », *Journal of Popular Film & Television*, Summer 1996, 24 (2), pp. 53-59.

21. Entretien du 9 nov. 2006 avec Élodie C., mère de deux enfants en bas âge.

22. Sophie Thiroux, *Étude des processus identificatoires chez les enfants et les adolescents âgés de trois à seize ans et demi dans le cadre du visionnage de longs métrages d'animation de Walt Disney*, Thèse dirigée par Pascale Planche et soutenue en 2003 à l'Université de Bretagne Occidentale.

23. Entretiens du 9 nov. 2006 avec Clémence L., mère de trois enfants.

24. Entretien du 3 fév. 2007 avec Marie-France F., mère de deux filles.

25. Cf., les cas de l'Australie et de la Grèce, Eileen Meehan, Mark Philips, Janet Wasko (Eds.), *Dazzled by Disney ? The Global Disney Audiences Project*, Leicester, Leicester University Press, 2006, pp. 65-87, 135-159.

26. Monique Dagnaud, *Les Artisans de l'imaginaire. Comment la télévision fabrique la culture de masse*, Paris, Armand Colin, 2006, p. 23. L'auteur se réfère en particulier à l'ouvrage de Dominique Kalifa, *La Culture de masse en France 1860-1930*, t. 1, Paris, La Découverte, 2001.

27. Douglas Brode, *From Walt to Woodstock : How Disney Created the Counterculture*, Austin, University of Texas Press, 2004.

28. Marshall McLuhan, *Pour comprendre les médias. Les prolongements technologiques de l'homme*, trad., Tours/Paris, Éditions Mame/Seuil, 1968.

29. Sharon Zukin, Paul DiMaggio, *Structures of Capital. The Social Organization of the Economy*, 2ème éd., Cambridge, Cambridge University Press, 1990, p. 15.
30. Gall Schiller, « Brand Warfare », *Hollywood Reporter*, 10-16 may 2005, p. S4.
31. Albert Hirschman, *Bonheur privé, action publique*, trad., Paris, Fayard, 1983, pp. 24, 29.
32. *Ibid.*, pp. 53, 62.
33. Pascal, *Pensées, op. cit.*, p. 95.
34. Hirschman, *Bonheur privé, action publique, op. cit.*, pp. 82, 85.
35. *Ibid.*, pp. 98-100.
36. Pascal, *op. cit.*, p. 96.
37. Jon Goss, « The 'Magic of the Mall' : An Analysis of Form, Function, and Meaning in the Contemporary Retail Built Environment », *Annals of the Association of American Geographers*, 83 (1), March 1993, pp. 18-47.
38. Henry Giroux, *The Mouse that Roared: Disney and the End of Innocence*, Lanham, Rowman & Littlefield, 1999, p. 25.
39. Susan Davis, « The Theme Park : Global Industry and Cultural Form », *Media, Culture and Society*, 18 (3), July 1996, p. 407.
40. Entretien du 3 février 2007 avec Marie-France F., mère de deux enfants.
41. Hirschman, *op. cit.*, p. 130.
42. Alan Bryman, *The Disneyization of Society*, Londres, Sage, 2004.
43. Cf., Barry Smart (Ed.), *Resisting McDonaldization*, Londres, Sage, 1999.
44. Elihu Katz, Rolf Meyersohn, « Notes on a Natural History of Fads », *The American Journal of Sociology*, 62 (6), May 1957, pp. 594-601.
45. Entretien du 29 mai 2006 avec Gérard Couturier, haut responsable dans le département *Imagineering* de Disney. Le *branding* peut être défini comme la technique de mise en valeur d'un bien par la marque.
46. Davis, *op. cit.*, p. 408.
47. Meehan, Philips, Wasko (Eds.), *Dazzled by Disney ?, op. cit.*
48. David Held, Anthony G. McGrew, David Goldblatt, Jonathan Perraton, *Global Transformations : Politics, Economics and Culture*, Cambridge, Polity Press, 1999, p. 21.
49. Anthony Giddens, *Les Conséquences de la modernité*, trad., Paris, L'Harmattan, 1994.
50. Données obtenues par un questionnaire administré auprès de 1000 personnes dans le cadre de ma thèse. Cf., Alexandre Bohas, *La Firme Disney : Analyse du capitalisme culturel d'Hollywood*, thèse d'Économie politique internationale dirigée par le professeur Josepha Laroche à l'Université Paris 1 Panthéon-Sorbonne, 2007, p. 403 *sq.*

51. Janet Wasko, *Understanding Disney: the Manufacture of Fantasy*, Cambridge, Blackwell, 2001, p. 193.
52. Bohas, *La Firme Disney*, *op. cit.*, p. 215.
53. Held, McGrew, Goldblatt, Perraton, *Global Transformations*, *op. cit.*, p. 21.
54. D'autres chercheurs ont mis en lumière les cas d'hybridation entre les biens Disney et des cultures très éloignées de celle véhiculée par Disney. Cf., Batya Weinbaum, « Disney-Mediated Images Emerging in Cross-Cultural Expression on Isla Mujeres, Mexico », *Journal of American & Comparative Cultures*, 20 (2), Summer 1997, pp. 19-29.
55. Held, McGrew, Goldblatt, Perraton, *Global Transformations*, *op. cit.*, pp. 21-23.
56. Hoggart, *La Culture du pauvre*, *op. cit.*
57. Entretien avec Gérard Couturier, *op. cit.*
58. Bohas, *La Firme Disney*, *op. cit.*, p. 328.
59. Observations notées pendant les questionnaires.
60. Entretien du 15 nov 2006 avec Nelly C., du 2 août 2007 avec Colette C., et du 14 novembre 2006 avec Maria M., toutes trois mères d'enfants à présent adultes.
61. Entretien avec Élodie C., mère de deux enfants en bas âge.
62. Hoggart, *La Culture du pauvre*, *op. cit.*, pp. 296, 295.
63. Fernand Braudel, *Civilisation matérielle, économie et capitalisme XV-XVIIIème siècle, vol. 3. Le temps du monde*, Paris, Armand Colin, 1993. p. 39.
64. *Ibid.*, pp. 38-39.
65. Joffre Dumazedier, *Vers la civilisation des loisirs*, Paris, Seuil, 1962, p. 23.
66. Pierre Bourdieu, *Esquisse d'une théorie de la pratique*, Paris/Genève, Droz, 1972, p. 178.
67. Pierre Bourdieu, *La Distinction. Critique sociale du jugement*, Paris, Éditions de minuit, 1979.
68. Cf., Thorstein Veblen, *Théorie de la classe du loisir*, trad., [1899], Paris, Gallimard, 1978 ; Norbert Élias, trad., *La Société de cour*, [1933], Paris, Flammarion, 1985.
69. Dominique Pasquier, *Cultures lycéennes. La tyrannie de la majorité*, Paris, Éditions Autrement, 2005. Coll. « Mutations » (235).
70. Entretien du 6 déc. 2006 avec Emmanuelle M.
71. La France apparaît, selon l'étude de Meehan, Philips et Wasko, comme le pays où le taux de consommation Disney est le plus bas pour les produits dérivés. Meehan, Philips, Wasko (Eds.), *Dazzled by Disney*, *op. cit.*, p. 43.
72. Entretien du 6 mai 2007 avec Carole D.
73. Nous reprenons la notion d'*habitus* telle qu'elle est définie par Pierre Bourdieu : « *systèmes de dispositions durables et transposables qui, intégrant toutes les*

expériences passées, fonctionnent à chaque moment telle une matrice de perceptions, d'appréciations, et d'actions ». Cf., Bourdieu, *Esquisse, op. cit.*, p. 178.

74. Anthony Smith, « Towards a Global Culture ? », *Theory, Culture and Society*, 7 (2), June 1990, pp. 171-191. L'auteur reste sceptique quant aux identités nationales qui seraient supplantées, voire remplacées. L'argument le plus stimulant fondé sur des études approfondies vient d'Inglehart qui étudie le changement intergénérationnel s'agissant des identités mondiales, de l'Organisation des Nations Unies et de l'anglais (Ronald Inglehart, *Modernization and Postmodernization. Cultural, Economic and Political Change in 43 Societies*, Princeton, Princeton University Press, 1997.

75. Sur ce point de vue, voir l'étude menée au Mexique par Silvia Molina Y Vedia, « Disney en México : observaciones sobre la integración de objetos de la cultura global en la vida cotidiana », *Revista Mexicana de Ciencias Políticas y Sociales*, (171), janv.-mars 1998, pp. 97-126.

76. Meehan, Philips, Wasko (Eds.), *Dazzled by Disney, op. cit.*, p. 44.

77. Entretien du 2 février 2007 avec Virginie S.

78. *Ibid.*

79. Entretien du 9 nov. 2006 avec Gérald C., père de deux enfants.

80. *Ibid.*

81. Propos collectés lors de l'administration des questionnaires.

82. Meehan, Philips, Wasko (Eds.), *Dazzled by Disney, op. cit.*, p. 49.

83. Entretien du 9 nov. 2006 avec Élodie C., mère de deux enfants.

84. Entretien du 9 nov. 2006 avec Clément L., mère de trois enfants.

85. *Ibid.*

86. Hoggart, *op. cit.*, p. 295.

87. Entretien du 9 nov. 2006 avec Élodie C., mère de deux enfants.

88. Sur les ruptures de cadres, cf., Erving Goffman, *Les Cadres de l'expérience*, [1974], trad., Paris, Minuit, 1991, p. 338 *sq.*

89. Tamar Liebes, Elihu Katz, « Six interprétations de la série 'Dallas' », in : Daniel Dayan (Éd.), *À la recherche du public. Réception, télévision, médias*, Hermès, (11-12), 1992, p. 125.

90. Marshall McLuhan, *Pour comprendre les médias. Les prolongements technologiques de l'homme*, trad., Tours/Paris, Éditions Mame/Seuil, 1968, pp. 25, 26.

91. Benedict Anderson, *Imagined Communities. Reflections on the Origin and Spread of Nationalism*, Londres, Verso Editions, 1983. Pour aborder la relation entre média de masse et lien social, cf., aussi Dominique Wolton, *Éloge du grand public. Une théorie critique de la télévision*, Paris, GF-Flammarion, 1990.

92. Stuart Hall, Dorothy Hobson, Andre Lowe, Paul Willis (Eds.), *Culture, Media, Language*, Londres, Hutchinson, 1980.

93. Thomas Risse Kappen, *Bringing Transnational Relations Back in : Non-State Actors, Domestic Structures and International Institutions*, Cambridge, Cambridge University Press, 1995.
94. Tamar Liebes, Elihu Katz, *The Export of Meaning : Cross-cultural Readings of Dallas*, New York, Oxford University Press, 1990 ; Ien Ang, *Watching Dallas : Soap Opera and the Melodramatic Imagination*, Londres/New York, Methuen, 1985.
95. Marc Doucet, « Child's Play : The Political Imaginary of International Relations and Contemporary Popular Children's Films », *Global Society*, 19 (3), July 2005, pp. 289-306.
96. Entretien du 4 août 2006 avec Bill Mechanic, ancien dirigeant de la Buena Vista et de la Fox.
97. Entretien du 6 déc. 2006 avec Emmanuelle M, mère de trois enfants.
98. *Ibid.*
99. Entretien du 9 nov. 2006 avec Gérald C., père de deux enfants.
100. Entretien du 15 novembre 2006 avec Nelly C.
101. Entretien du 9 nov. 2006 avec Gérald C., père de deux enfants.
102. Entretien du 26 nov. 2006 avec Nicole M.
103. Ien Ang, *Watching Dallas*, *op. cit.*, p. 89 *sq*. Dans cet ouvrage, l'auteur démontre la capacité des personnes de visionner et d'apprécier un film en rejetant tout contenu idéologique et en adoptant même une position franchement critique.
104. Entretien du 6 déc. 2006 avec Emmanuelle M., mère de trois enfants et professeur des écoles.
105. Entretien du 4 déc. 2006 avec Benjamin P., père d'un garçon.
106. *Ibid.*
107. Entretien du 28 nov. 2006 avec Frédéric F., père d'un garçon.
108. Entretien du 9 nov. 2009 avec Clémence L.
109. Entretien du 6 déc. 2006 avec Emmanuelle M., mère de trois enfants.
110. Entretien d'Élodie C., mère de deux enfants.
111. Jacques Guyot, « France : Disney in the Land of Cultural Exception, in : *Dazzled by Disney*, *op. cit.*, p. 121.
112. Entretien du 9 nov. 2009 avec Gérald C., père de deux enfants.
113. *Ibid.*
114. Entretien du 26 nov. 2006 avec Nicole M.
115. James Alison, « Euro-Mickey Braces for Wild Ride », *Variety*, 399 (11), 8 Aug. 2005, p. 22 (2).
116. David S. Cohen, « Asia Locales Offer Scary Upside », *Variety*, 399 (11), 8 Aug. 2005, p. 22 (1).
117. Entretien du 6 déc. 2006 avec Emmanuelle M., mère de trois enfants.
118. Stewart, *Disney War*, *op. cit.*, p. 129.

119. Entretien du 6 juin 2006 avec Claudine Reynes, responsable *merchandising* à Disneyland Paris.
120. Entretien du 4 déc. 2006 avec Benjamin P., père d'un garçon.
121. Entretien du 9 nov. 2006 avec Gérald C., père de deux enfants.
122. Entretien du 28 nov. 2006 avec Frédéric F., père d'un garçon.
123. Entretien du 28 novembre 2006 avec Frédéric F., père d'un garçon.
124. Arjun Appadurai, *Après le colonialisme. Les conséquences culturelles de la globalisation*, trad., Paris, Payot, 2001, p. 28.
125. Nicole Laporte, « Navigating Change », *Variety*, 23 feb. 2004.
126. Janet Staiger, « Le commerce international du cinéma et les flux culturels mondiaux : une approche néomarxiste » in : Pierre-Jean Benghozi, Christian Delage (Éds.), *Une Histoire économique du cinéma francais (1895-1995). Regards croisés franco-americains*, Paris, L'Harmattan, 1997, pp. 362, 346.
127. Les mots « tween » et « pretween » proviennent de la contraction de « between », qui signifie « entre ».
128. Kimberly Nordyke, « Disney Channel a Youth Market Creative Force », *Hollywood Reporter*, 1-7 Aug. 2006, p. 1 (23).
129. Les dix personnages de fiction ayant le plus rapporté totalisent 25 milliards de dollars de revenus. Cf., Vanessa Gisquet, Lacey Rose, « Top Characters Gross $25B », *Forbes*, 19 Oct. 2004.
130. Jill Goldsmith, « Disney Fairies Aim to Capture Princess Magic », *Variety*, 405 (13), 12 Feb. 2007, p. 16 (2).
131. Entretien du 19 août 2006 avec Charlie Nelson, ancien responsable publicité aux studios Disney chargé des sorties cinématographiques.
132. « Global Television Broadcasting Companies Ranked by Number of Half-Hour Episodes of Children's Animated Television Series as of November 2005 », *Screen Digest*, (383), Dec. 2005.
133. John Dempsey, « Disney Preps Channel for the Preschool Set », *Variety*, 383 (6), 25 June 2001, p. 18.
134. Entretien avec Charlie Nelson, *op. cit.*
135. Pak Minju, « Target Pratice », *Hollywood Reporter*, 14 March 2005, p. S6 (8).
136. Chris Gardner, « Marketing to Hispanics », *Variety*, 30 july 2006.
137. Entretien avec Charlie Nelson, *op. cit.*
138. Larry B. Stammer, « Digging for the Deeper Meaning in Disney Movies », *Los Angeles Times*, 21 Aug. 2004, p. B2.
139. Entretien avec Charlie Nelson, *op. cit.*
140. Merissa Marr, Geoffrey A. Fowler, « Hong Kong Disneyland Tries to Bridge Gap », *Wall Street Journal*, 14 June 2006.
141. Laura Holson, « Disney Bows to Feng Shui », *The New York Times*, 25 April 2005.

142. Ethan Smith, James Areddy, « Shanghai Disney Project Includes Hotels, Shopping », *Wall Street Journal*, 5 nov. 2009.
143. Sur l'adaptation à Tokyo, Aviad Raz, « Domesticating Disney », *Journal of Popular Culture*, 33 (4), Spring 2000, pp. 77-99.
144. Melvyn Stokes, Richard Maltby, *Hollywood Abroad : Audiences and Cultural Exchange*, 2005, pp. 21-34 et 99-120.
145. William Foreman, « Hong Kong Park Misses Visitor Goal », *Orlando Sentinel*, 6 Sept. 2006.
146. Simons, « Bringing Disney to China », *op. cit.*

Conclusion

Au plan mondial les capitalistes culturels concentrent les structures productives et distributives dans les sphères de l'*entertainment*. Ils se sont établis en centre de décision de cette économie-monde. Bénéficiant d'un *ethos* spécifique et de capacités de diffusion considérables, ils capitalisent leurs précédents succès, alors qu'ils exploitent pleinement la réussite de leurs nouvelles œuvres. Une véritable accumulation du capital cinématographique distingue Hollywood des autres foyers créatifs. Le déni artistique, la recherche d'un processus de production rigoureux ainsi que le contrôle exercé sur les artistes fondent des pratiques et une attitude spécifique envers les films. Toutefois, nous avons observé combien cette éthique rationaliste reste continuellement remise en question par l'aléa propre à toute réalisation. Ce dernier résulte de créations et de réceptions qui demeurent largement imprévisibles. Cette dimension insaisissable est trop souvent ignorée bien qu'elle provoque une destruction créatrice, propre à la filière.

À ceci s'ajoute la concurrence qui oppose les compagnies hollywoodiennes. En effet, elle crée les conditions d'émulation et de fortes externalités, tandis que dans le même temps leur solidarité favorise leur expansion mondiale. Depuis la fin du *studio system* classique, leurs rapports sont devenus plus compétitifs. S'étant concentrées dans la distribution et le financement, elles ont laissé la production à des sociétés plus réduites. Les équipes de techniciens et d'acteurs sont recrutées aujourd'hui en fonction d'affinités artistiques, d'un savoir-faire et des profits passés. De mécanique, le type de relation est donc devenu organique, rendant le milieu plus incertain. À cet égard, les délocalisations s'inscrivent dans cette mutation qui facilite les implantations hors de Californie. Cependant, les étapes décisives de préproduction et de postproduction restent centralisées à Los Angeles où les grands studios maintiennent leur quartier général.

L'exceptionnelle réussite de ces firmes s'est accompagnée d'un investissement dans les réseaux internationaux, les programmes audiovisuels et les loisirs. Aujourd'hui, elles entretiennent des relations avec les secteurs du sport, de la culture et des jeux de plein air, tandis qu'elles sont toutes absorbées dans d'immenses conglomérats. Elles produisent ainsi un ensemble d'ordre civilisationnel composé aussi bien d'imaginaires narratifs, de divertissements que de biens dérivés. Ces derniers contribuent souvent à l'enracinement de symboliques qui revêtent des dimensions innovantes et/ou divertissantes, sans oublier qu'ils représentent également des activités complémentaires des films.

Hollywood demeure intégré à l'économie de multiples façons. Dans de vastes domaines, ses imaginaires sont associés à des lignes de produits ; ses marques et ses personnages offrant un avantage concurrentiel. L'attrait que les productions hollywoodiennes suscitent s'est accru avec la saturation des marchés et l'éclosion de l'ère postmoderne. Leurs imageries ont fait l'objet d'utilisations diversifiées à travers des campagnes de promotion. Mais – cotées en bourse – les compagnies hollywoodiennes sont soumises aux mêmes règles de rentabilité et aux mêmes pressions de leurs actionnaires que les autres entreprises. Leurs œuvres sont évaluées à l'aune de leur résultat financier plus que de leurs caractéristiques esthétiques. De surcroît, les responsables de la promotion et de la diffusion viennent de milieux divers, juridiques et économiques, éloignés de la création cinématographique. N'entretenant pas d'affinités artistiques avec le milieu, ils contrôlent de manière rigoureuse et comptable les productions. Autrement dit, ils imposent un impératif de profitabilité. Quant aux chefs de la production, leur carrière apparaît sensibles aux aléas des réussites et des échecs. Leur cursus est marqué par des allers-retours auprès des *majors* comme de sociétés indépendantes. Intégrés aux milieux d'Hollywood, ils subissent donc ainsi – au même titre que les créatifs – l'imprévisibilité inhérente à ces biens.

Les firmes de l'*entertainment* ont pour particularité d'être confrontées à des contraintes économico-culturelles. En effet, leurs dirigeants entendent maintenir et approfondir la notoriété des *majors* dont la valeur tient à leur capacité de renouvellement et d'innovation. Le rôle des leaders consiste donc à entretenir sans cesse leur attractivité par une politique événementielle intense, une large distribution et une recherche créative. Il leur faut aussi suivre – voire anticiper – les mutations sociales et technologiques qui émergent hors de leur champ. Cependant, l'exploitation commerciale des œuvres cinématographiques accélère leur dépréciation et la lassitude des publics. L'organisation conglomérale des compagnies encourage la simple reproduction de films selon des formules toutes faites. En outre, elles veulent s'adresser à de nouvelles audiences, tant au sein des pays leur étant déjà acquis, que là où elles sont nouvellement implantées. Pour ce faire, elles doivent adapter leurs narrations et leurs messages, tout en lançant des processus de socialisation dans les zones encore peu sensibles à leurs imaginaires.

Les capitalistes culturels étendent leur puissance transnationale dans une économie-monde qui ne s'ordonne pas selon des frontières étatiques, mais d'après l'enracinement socio-culturel de leurs symboles. Pour ce faire, les réseaux de diffusion ainsi que la Motion Picture Association leur confèrent une assise transnationale. Leur implantation recouvre des enjeux multiples qui impliquent l'introduction de pratiques consommatoires, sectorielles et gouvernementales leur permettant de prospérer. Au plan politico-juridique, la MPA veille à l'ouverture des marchés et au maintien de systèmes favorables à l'activité de ses membres, toujours en quête de débouchés. Elle entend notamment imposer la libre concurrence et le respect de la propriété intellectuelle. C'est dans ce contexte que les *majors* ont investi durablement les secteurs de l'image et des loisirs. Elles diffusent donc des symboles au cœur des économies nationales dont des pans entiers se retrouvent en situation de dépendance. Les *majors* américaines maintiennent une civilisation américaine des loisirs ; les symboles qu'elles promeuvent et les comportements qu'elles inspirent exercent un impact sur les économies, les modes de vie et les mentalités collectives. Elles s'imposent bien souvent comme références plus ou moins implicites dans la vie quotidienne des acteurs sociaux.

Alors que beaucoup établissent une séparation stricte et réductrice entre le septième art d'une part et ses dérivés commerciaux d'autre part – correspondant à la division art/commerce – nous nous sommes efforcés d'éviter ce lieu commun en soulignant les dimensions culturelles et créatives qui perdurent dans les produits commercialisés et diffusés mondialement. Il s'est agi de dépasser cette dichotomie en considérant que les productions des *majors* revêtent un caractère civilisationnel. En fait, chacune d'elles forme une « *structure structurante* », procédant de sa domination autant qu'elle la renforce[1]. La suprématie d'Hollywood relève d'une familiarisation réussie, qui se fonde sur une reconnaissance durablement maintenue par des capitalisations colossales en matière de diffusion et de production, tant dans l'audiovisuel que dans les loisirs *lato sensu*. Leurs filiales occupent une place cruciale car elles doivent s'insérer dans les secteurs cinématographiques et s'adapter aux particularités nationales. De même, la réussite de leurs parcs et de leur *merchandising* dépend d'une intégration au savoir pratique des individus alors qu'elle contribue à renforcer leur enracinement symbolique à l'étranger.

Toutefois, cette mondialisation nous est apparue largement différenciée tout au long de notre recherche. Elle varie en fonction des trajectoires socioprofessionnelles et des contextes géoculturels qui limitent ou accroissent la proximité aux narrations hollywoodiennes. Comme nous l'avons constaté avec Disney, la prépondérance de ces compagnies s'érode dès que l'on s'éloigne des grands centres et que l'on se détourne des adultes ayant des enfants en bas âge et appartenant aux classes moyennes. Leur présence s'affaiblit dans les zones moins réceptives : les populations les conçoivent de manière restrictive, tandis que les informations les concernant se réduisent nettement. Ces derniers représentent de réelles limites pour l'économie-monde de l'*entertainment*. Autant dire que l'avantage concurrentiel que leur confèrent leurs symboles varie en fonction de leur enracinement. En outre, ceux-ci ne demeurent que partiellement discriminants car une confusion existe à propos des films ou des personnages. Si les publics différencient bien les animations, nationales, japonaises ou américaines, leurs connaissances relatives à chaque entité s'avèrent, sans surprise : faibles. En effet, malgré la reconnaissance du label, elles ne parviennent que difficilement à attribuer tel ou tel film à telle ou telle firme, d'autant plus que ces dernières années l'offre s'est diversifiée.

Nous pouvons également constater une appropriation diversifiée du mode de vie américain. Ne remplaçant pas les identités préexistantes, ce dernier est considéré et vécu à travers des prismes nationaux ou infranationaux qui entraînent d'incessants dé/recodages. Il ne s'intègre que progressivement et partiellement aux savoirs pratiques des populations. Cette nécessité de s'adapter à ces différentes audiences s'accompagne d'une tendance à la fragmentation transnationale de la demande et de l'offre, ce qui rend le maintien d'une prépondérance américaine assez délicate. Par conséquent, le capitalisme de la culture peut se définir de manière idéal-typique comme l'économie consistant à accumuler et renouveler des productions culturelles, à utiliser les narrations ainsi créées dans les sphères les plus vastes et donc à maintenir un attrait magique et sans fin pour les biens ainsi produits. Bien qu'historiquement fondé en premier lieu sur les films, ce capitalisme culturel s'est montré capable tout au long du XXème siècle de prospérer également dans des champs non-audiovisuels.

Demeurant la seule *major* encore indépendante, la firme Disney se rapproche de cet idéal-type, sans toutefois y parvenir complètement. Elle s'est développée principalement grâce à la puissance de ses univers narratifs et à leur diffusion mondiale, sans s'adosser à une entité plus ample. Ses actifs tant artistiques que financiers résultent d'une accumulation capitaliste provenant de ses programmes et de ses déclinaisons mercantiles. Soulignons que ses attractions ont connu un énorme succès tandis que ses symboles jouissent d'une notoriété inégalée et durable. Au tournant des décennies quatre-vingt et quatre-vingt-dix, son expansion a pu paraître sans borne. Ses œuvres provoquaient l'émerveillement des publics, créant une demande considérable en faveur de ses dérivés. Une telle situation a permis à la compagnie de connaître un développement exceptionnel au sein du milieu hollywoodien ; son art apparaissant alors conférer et ouvrir à chaque film des espaces économiques illimités et sans rival où ses produits annexes étaient écoulés et appréciés.

Cependant, Disney est confrontée périodiquement à des atonies créatives. Ses recettes ne sont plus aussi réussies, ses combinaisons de talents ont vieilli, les équipes dirigeantes peinent à innover et les transformations sociales font évoluer les appréciations des audiences de telle sorte que la *major* ne réussit guère à s'y conformer. Ces dernières années, l'expansion sans fin à laquelle la compagnie semblait promise s'est soudain bloquée. Ses lancements à grands renforts de marketing ont donné lieu à des gains modérés ou même à de lourds échecs. Ne fascinant plus, ses films ont laissé apparaître l'image d'une entreprise commerciale dans toute sa crudité. Son *merchandising* est devenu omniprésent et banal, ce qui a engendré une certaine déception parmi ses publics. Ne subjuguant plus ses concurrents, elle les a laissés émerger, se faisant ravir son monopole en matière d'animation populaire. La magie qu'elle symbolisait ne s'est plus retrouvée dans ses créations. Tout à coup celles-ci ont paru, au contraire, ennuyeuses et se sont donc traduites par des pertes. Les énormes investissements que les productions ont exigés n'ont alors pas été rentabilisés. Leurs symboliques manquant d'attrait n'ont pas pu se maintenir durablement. Par conséquent, elles n'ont pas permis d'accumulation capitalistique. Autant dire que le rachat de Pixar et l'arrivée d'Eisner vingt ans plus tôt peuvent s'expliquer par la recherche d'une nouvelle créativité, d'un nouveau souffle.

Par ailleurs, les dirigeants des *majors* disposent d'une rationalité limitée qui les empêche de développer une activité pleinement globale. D'une part, leur appartenance à des entités les absorbant les oblige à des stratégies de recherche du profit provenant davantage du secteur des loisirs que de la seule sphère cinématographique, ce qui dessert d'autant la diffusion de ces derniers. D'autre part, les types de production ainsi que les logiques de financement et de distribution démontrent surtout que les perceptions des hauts responsables demeurent moins globalisées qu'internationalisées. En effet, les studios détiennent des imaginaires mondialisés et des structures distributives aux capacités mondiales. Toutefois, elles sont gérées par des personnes à la culture stato-centrée qui considèrent encore le marché intérieur comme fondamental.

Au plan transnational, les productions hollywoodiennes constituent les seuls ensembles de biens-symboles commerciaux. Dominant économiquement les marchés de l'audiovisuel et de l'*entertainment*, elles renforcent structurellement les avantages concurrentiels, contestent la primauté des identités nationales et diffusent l'*American Way of Life*. Reposant sur une hégémonie sectorielle, elles participent de la prépondérance américaine en lui conférant une assise socio-culturelle implicite auprès des populations. En dépit de mécontentements manifestés périodiquement contre le gouvernement de Washington, les *majors* restent mondialement appréciées, maintenant ainsi les structures de domination[2]. Ne se trouvant pas prioritairement dans la sphère politique, elles contribuent à la détermination de ce qui est produit et de ce que l'on prend pour acquis. Se logeant dans le sens commun, elles structurent et formatent le quotidien des populations. En d'autres termes, il existe bien une mondialisation des *habitus* puisque ces derniers ne dépendent plus à présent uniquement de modes de vie nationaux, mais aussi d'une multitude de symboles transnationaux. Aussi, pouvons-nous observer les enjeux de pouvoir à l'œuvre dans les « *structures des savoirs* »[3]. Toutefois, tandis que la prépondérance de l'Amérique se maintient à travers des savoirs et pratiques, elle ne requiert pas une intégration profonde au sein des sociétés. Au contraire, nous avons observé qu'elle restait variable, discontinue et évanescente selon les contextes géo-culturels. Par ailleurs, elle se fonde souvent sur un déni d'existence auprès des populations. Ainsi est-elle tacitement acceptée, ne reposant pas sur un accord idéologique mais sur des préférences et des relations émotionnelles.

Bien que transnationales, toutes ces firmes demeurent basées aux États-Unis. Elles portent et diffusent par conséquent l'empreinte de la puissance américaine. L'impression d'universalité que dégagent leurs symboliques provient en réalité de l'intériorisation dont elles font l'objet, ce qui représente finalement rien moins que leur consécration. Les *majors* exercent un pouvoir économico-culturel sur les marchés, mais tout autant sur les aspirations plus larges des individus et donc aussi sur leur devenir. Autant dire que l'attrait qu'elles suscitent contribue au rayonnement des États-Unis.

La dimension individuelle de la puissance américaine ne peut être observée que sous un angle méthodologique qui prenne en considération les comportements, les perceptions ainsi que les discours portés par les individus sur les biens culturels. De cette façon, il est permis d'appréhender les pratiques, les usages et les conditions de leur consommation. D'où l'intérêt d'associer une économie politique internationale des médias à des études de réception. Notre recherche s'est donc efforcée d'expliquer le fonctionnement du capitalisme culturel d'Hollywood par le biais d'un double examen auprès des dirigeants et des consommateurs-spectateurs. Cette étude correspond au souci de l'internationaliste de se rapprocher des populations concernées par les phénomènes mondiaux afin d'échapper au risque d'une « *vue aérienne* » des relations internationales[4].

Notes

1. Cf., Pierre Bourdieu, *Esquisse d'une théorie de la pratique*, Paris/Genève, Droz, 1972. Coll. Travaux de droit, d'économie, et de sciences politiques (92), p. 178.
2. Alexandre Bohas, « The Paradox of Anti-Americanism : Reflection on the Shallow Concept of Soft Power », *Global Society*, 20 (4), oct. 2006, pp. 395-414.
3. Susan Strange, *States and Markets*, $2^{\text{ème}}$ éd., Londres, Pinter, 1994, p. 119.
4. Andy Smith, « 'L'espace public européen' : une vue (trop) aérienne », *Critique internationale*, (2), hiv. 1998, pp. 169-180.

Bibliographie

Économie politique internationale

Cerny Philip G., « Plurality, Pluralism, and Power : Elements of Pluralist Analysis in an Age of Globalization », in : Eisfeld Rainer (Ed.), *Pluralism : Developments in the Theory and Practice of Democracy*, Opladen & Farmington Hills, Barbara Budrich Publishers, 2006, pp. 81-111.
Chavagneux Christian, *Économie politique internationale*, Paris, La Découverte, 2004. Coll. Repères (367).
Dicken Peter, *Global Shift : Transforming the World Economy*, 4ème éd., Londres, Sage, 2003.
Dunning John H., *Alliance Capitalism and Global Business*, Abingdon, Routledge, 1997.
Fligstein Neil, *The Architecture of Markets : an Economic Sociology of Twenty-First Century Capitalist Societies*, Princeton, Princeton University Press, 2001.
Gilpin Robert, *Global Political Economy : Understanding the International Economic Order*, Princeton, Princeton University Press, 2001.
Laroche Josepha, *Politique internationale*, 2ème éd, Paris, LGDJ, 2000.
Lawton Thomas C., Rosenau James N., Verdun Amy C. (Eds.), *Strange Power : Shaping the Parameters of International Relations and International Political Economy*, Aldershot, Ashage, 2000.
Michalet Charles-Albert, *Le Capitalisme mondial*, 3ème éd., Paris, PUF, 1998.
Strange Susan, Stopford John, *Rival States, Rival Firms: Competition for World Market Shares*, Cambridge, Cambridge University Press, 1991.
Strange Susan, *States and Markets*, 2ème éd., Londres, Pinter, 1994.

Mondialisation

Appadurai Arjun, *Globalization*, Durham/Londres, Duke University Press, 2001.
Cerny Philip G., *The Changing Architecture of Politics. Structures, Agency and the Future of the State*, Londres, Sage, 1990.
Farchy Joëlle, Tardif Jean, *Les Enjeux de la mondialisation culturelle*, Paris, Éditions Hors Commerce, 2006.

Gournay Bernard, *Exception culturelle et mondialisation*, Paris, Presses de Sciences-Po., 2002. Coll. Bibliothèque du citoyen.
Held David, McGrew Anthony G., Goldblatt David, Perraton Jonathan, *Global Transformations : Politics, Economics and Culture*, Cambridge, Polity Press, 1999
Rosenau James N., *Turbulence in World Politics : a Theory of Continuity and Change*, Princeton, Princeton University Press, 1990.
Tomlinson John, *Globalization and Culture*, Chicago, Chicago University Press, 1999.

Prépondérance américaine

Brzezinski Zbigniew, *Le Grand échiquier : l'Amérique et le reste du monde*, trad., Paris, Bayard, 1997.
Fraser Matthew, *Les Armes de distraction massive ou l'impérialisme culturel américain*, trad., Montréal, Hurtebise HMH, 2004.
Gilpin Robert, *U.S. Power and the Multinational Corporation : the Political Economy of Foreign Direct Investment*, New York, Basic Books, 1975.
Nye Joseph S., *Soft Power. The Means to Success in World Politics*, New York, Public Affairs, 2004.
Saunders Frances Stonor, *Who Paid the Piper ? The CIA and the Cultural Cold War*, Londres, Grante Books, 1999.
Strange Susan, *The Retreat of the State. The Diffusion of Power in the World Economy*, Cambridge, Cambridge University Press, 1996.

Économie et sociologie des industries culturelles

Balle Francis, *Médias et sociétés*, 11ème éd., Paris, Montchrestien, 2003.
Bonnell René, *La Vingt-cinquième image. Une économie de l'audiovisuel*, 3ème éd., Paris, Gallimard, 2001.
Horkheimer Max, Adorno Theodor W., *La Dialectique de la Raison. Fragments philosophiques*, trad., Paris, Gallimard, 1974.
Laroche Josepha, Bohas Alexandre, *Canal+ et les majors américaines. Une vision désenchantée du cinéma-monde*, Paris, L'Harmattan, 2008.
Michalet Charles-Albert, *Le Drôle de drame du cinéma mondial. Une industrie culturelle menacée*, Paris, La Découverte/FEN, 1987.
Panofsky Erwin, *Trois essais sur le style*, trad., Paris, Gallimard, 1996.
Staiger Janet, *Media Research Studies*, New York, New York University Press, 2005.

Staiger Janet, *The Studio System*, New Brunswick, Rutgers University Press, 1995.
Wasko Janet, Hagen Inguno (Eds.), *Consuming Audiences ? Production and Reception in Media Research*, Hampton, Cresskill, 1999.

Hollywood

Bordwell David, Staiger Janet, Thompson Kristin, *The Classical Hollywood Cinema. Film, Style and Mode of Production to 1960*, 2ème éd., Londres, Routledge, 1985.
Bourget Jean-Loup, *Hollywood. La norme et la marge*, Paris, Armand Colin, 1998.
De Vany Arthur, *Hollywood Economics. How Extreme Uncertainty Shapes the Film Industry ?*, Londres, Routledge, 2003.
Garson Charlotte, *Le Cinéma hollywoodien*, Paris, Les Cahiers du cinema, 2008.
Gomery Douglas, *The Hollywood Studio System : a History*, Londres, British Film Institute, 2005.
Maltby Richard, *Hollywood Abroad : Audiences and Cultural Exchange*, Londres, BFI Publishing, 2005.
Miller Toby, Govil Nitin, McMurrin John, Maxwell Richard, Wang Tin, *Global Hollywood 2*, Londres, British Film Institute, 2005.
Scott Allen, *On Hollywood : the Place, the Industry*, Princeton, Princeton University Press, 2005.
Squire Jason E. (Ed.), *The Movie Business Book*, 3ème éd., New York, Fireside, 2004.
Wasko Janet, *Hollywood in the Information Age. Beyond the Silver Screen*, Austin, University of Texas, 2005.
Wasko Janet, *How Hollywood Works*, Londres, Sage, 2003.
Wyatt Justin, *High Concept. Movies and Marketing in Hollywood*, Austin, University of Texas Press, 1994.

La compagnie Walt Disney

Adams Judith, *The American Amusement Park Industry : A History of Technology and Thrills*, Boston, G. K. Hall, 1991.
Bryman Alan, *The Disneyization of Society*, Londres, Sage, 2004.
Dorfman Ariel, Mattelart Armand, *Donald l'imposteur ou l'impérialisme raconté aux enfants*, Paris, A. Moreau, 1976.

Giroux Henry, *The Mouse that Roared : Disney and the End of Innocence*, Lanham, Rowman & Littlefield, 1999.
Girveau Bruno (Éd.), *Il était une fois Walt Disney aux sources de l'art des studios Disney*, Paris, Éditions de la Réunion des Musées Nationaux, 2006.
Meehan Eileen, Philips Mark, Wasko Janet (Eds.), *Dazzled By Disney ? The Global Disney Audiences Project*, Leicester, Leicester University Press, 2001.
Roffat Sébastien, *Disney et la France : les vingt ans d'Euro Disneyland*, Paris, L'Harmattan, 2007.
Smith Dave, *Disney A to Z. The Updated Official Encyclopedia*, 2ème éd., New York, Hyperion, 1998.
Stewart James, *Disney War*, New York, Simon & Schuster, 2005.
Wasko Janet, *Understanding Disney : the Manufacture of Fantasy*, Cambridge, Blackwell, 2001.
Watts Steven, *The Magic Kingdom : Walt Disney and the American Way of Life*, Boston, Houghton Mifflin, 1997.

Les études de réception

Ang Ien, *Watching Dallas : Soap Opera and the Melodramatic Imagination*, Londres/New York, Methuen, 1985.
Dayan Daniel, Katz Elihu, *La Télévision cérémonielle. Anthropologie et histoire en direct*, trad., Paris, PUF, 1996.
Hall Stuart, *Identités et cultures. Politiques des Cultural Studies*, trad., Paris, Éditions Amsterdam, 2007.
Hoggart Richard, *La Culture du pauvre*, trad., Paris, Les Éditions de minuit, 1970.
Liebes Tamar, Katz Elihu, *The Export of Meaning : Cross-cultural Readings of Dallas*, New York, Oxford University Press, 1990.

Glossaire

Blockbuster
À l'origine, ce terme désigne un film à grand succès. Il est désormais devenu synonyme de superproductions, de sorties à grand renfort de publicité, qui doivent rapporter plusieurs centaines de millions de dollars.

Buzz
Phénomène recherché par les campagnes de publicité Il transforme le film ou l'attraction promue en une activité à la mode, placée tout à coup au centre des discussions.

Chaîne thématique
Chaîne de télévision qui présente des programmes spécifiques, comme par exemple Disney Channel.

Chronologie des medias
Elle établit l'ordre et les délais de diffusion des films sur les différents supports. Aux États-Unis, aucune législation ou règlement ne vient fixer la chronologie des médias. Celle-ci se constitue simplement en fonction de tractations conclues au coup par coup entre les ayants droit et les sociétés de distribution.

Commodification
Processus qui soumet aux lois du marché des activités auparavant non-marchandes.

Dailies
Les premières images tirées des négatifs provenant des premières journées de tournage.

Entertainment
Ce terme peut se traduire par « *divertissements commerciaux* ». Il désigne de manière plus globale la sphère des loisirs et sert de justification à l'orientation non-artistique de certains films.

Final cut
Droit détenu par le producteur ou le réalisateur lui permettant d'opérer les ultimes remaniements lors du montage d'un film.

Franchise
Stratégie de production cinématographique qui s'articule sur une déclinaison multimédia et une forte commercialisation des narrations et des personnages.

G (*General*)
Certificat donné par la MPAA qui atteste que le film peut être regardé par les enfants.

Greenlighting
Processus au cours duquel il est décidé si un film sera produit ou non.

Home video
Secteur de diffusion cinématographique relatif aux supports pré-enregistrés.

Live-action
Film composé d'images d'acteurs et d'objets bien réels, par opposition aux dessins animés. Ce type cinématographique reste la norme.

Mogul
Supposé venir de la figure du Grand Moghol, ce terme désigne les magnats des médias.

Networks
Cette expression désigne les réseaux que forment aux États-Unis les trois chaînes de télévision (ABC, NBC, CBS). Dans chaque région, leurs émissions sont gérées par des entreprises affiliées.

PG (*Parental Guidance*) et PG-13
Certificat accordé par la MPAA et qui indique qu'un film peut être regardé par les enfants sous la surveillance de leurs parents ou dont le contenu pourrait heurter les enfants âgés de moins de treize ans.

Postproduction
Phase de la production qui se déroule après le tournage et implique le montage ainsi que les effets visuels.

Préproduction
Ensemble des arrangements précédant le tournage. Il comprend notamment la rédaction du scénario, la construction des plateaux, le casting et la préparation de la réalisation.

Prime time
Expression anglaise désignant les plages horaires de grande audience. S'agissant de la télévision, elle renvoie aux premières parties de soirée.

Remake
Film adapté d'une production préexistante.

Resort
Traduit comme « *lieu de vacances* », il désigne les parcs ainsi que l'ensemble de leur base hôtelière.

R (*Restricted*)
Certificat indiquant que le film pourrait être visionné par des enfants de moins de dix-sept ans, à condition qu'ils soient accompagnés d'un adulte.

Sequel
Film présentant la suite d'une production déjà sortie. Il reprend tout à la fois son univers narratif et les mêmes personnages.

Sneak preview
Technique qui consiste à projeter un film avant sa sortie afin de recueillir l'avis du public. L'objectif visé est de procéder à d'éventuels ajustements lors du montage.

Index des personnes citées

Affleck Ben, 71.
Almodovar, Pedro, 59.
Anderson Ken, 130, 197, 214, 236.
Ashman Howard, 149.
Aviv Oren, 105.
Baldwin Alec, 75.
Barrymore John, 44.
Besson Luc, 59.
Besson Lucie, 123, 211.
Bird Brad, 155.
Blau Louis, 70.
Bonnell René, 62, 76, 91, 119.
Bruckheimer Jerry, 70.
Clinton Bill, 52.
Clooney George, 83.
Cook Dick, 105, 159, 204.
Cort Robert, 47, 71, 73, 74, 87, 104, 111, 114, 121, 123.
Couturier Gérard, 36, 71, 122, 160, 170, 184, 189, 212, 213.
Crawford Joan, 44.
Cruise Tom, 71.
Daly Ann, 105.
Damon Matt, 71.
Depp Johnny, 83, 147.
Disney Roy, 161.
Dreyfuss Richard, 33.
Duff Hilary, 83.
Edison Thomas, 35.
Eisner Michael, 33, 37, 40, 46, 48, 76, 83, 148, 162, 163, 170.
Feno Carine, 168.
Fullenbach Evi, 65, 77.
Garbo Greta, 44.
Geffen David, 169.

Girveau Bruno, 40, 72, 149, 165, 168, 232, 237.
Glickman Dan, 51.
Gold Stanley, 163, 171.
Grimault Paul, 200.
Harlow Jean, 44.
Hay Will H., 50.
Holder Jeff, 49, 61, 72, 74, 76, 131, 138, 165, 166.
Hulett Steve, 42, 49, 73, 74, 75, 92, 93, 119, 154, 169.
Iger Robert, 83, 159.
Iwerks Ub, 36, 44.
Jobs Steve, 109.
Johnson Bridget, 66, 70, 71, 72, 73, 77, 85, 104, 117, 148, 167.
Johnson Michael, 77.
Kamen Herman, 135.
Katzenberg Jeffrey, 37, 38, 39, 46, 48, 113, 149, 154, 159, 169.
Khait Igor, 36, 39, 41, 71, 72, 92, 118, 119, 123, 153, 157, 169, 170.
Kornblum David, 59, 71, 167.
Lasseter John, 36, 153, 155.
Laurentiis Dino de, 101.
Leipzig Adam, 34, 36, 41, 71, 72, 104.
Lepetit Jean-François, 37, 71, 72, 102, 118, 121.
Levine Bob, 108.
Lima Brenda, 155.
Lucas George, 35, 153.
Malcom John, 75.
Marcoly Anthony, 101.

Mechanic Bill, 46, 56, 59, 60, 73, 75, 76, 87, 99, 100, 101, 102, 104, 105, 117, 120, 121, 147, 155, 169, 199, 215.
Miller Ron, 170.
Mintz Charles, 44.
Mooney Andrew, 161.
Montarini Fabrizio, 76.
Murdoch Rupert, 74, 87, 117.
Nelson Charlie, 84, 116, 148, 157, 159, 161, 168, 170, 171, 206, 207, 216.
Nolte Nick, 33.
Ovitz Michael, 159, 163.
Paley William, 80.
Powers Patrick, 44.
Ranft Joe, 155.
Renoir Jean, 42.
Reynes Claudine, 112, 123, 159, 165, 170, 202, 216.
Richardson Hal, 72, 73, 98, 99, 106, 112, 113, 120, 121, 123, 132, 136, 147, 165, 166, 167, 168.
Roth Joe, 33.
Sarnoff David, 80.
Schneider Peter, 155, 169.
Schumacher Tom, 155, 169.
Serreau Coline, 71.
Spielberg Steven, 35, 38, 64, 169.
Squire Jason E., 71.
Stainton David, 155, 169.
Stewart James, 70, 71, 72.
Taylor Michael, 61, 76, 88, 98, 120.
Valenti Jack, 53.
Veltroni Walter, 57.
Villiers Étienne de, 77.
Weinstein les frères Harvey et Bob, 157, 162.
Wells Franck, 37, 48.
Williams Roy, 83.
Winkler Margaret, 44.
Woodien Harry, 135.
Zanuck Darryl, 40.
Zoradi Mark, 101.
Zukor Adolph, 40.

Index des noms d'auteurs

Adorno Theodor W., 25, 72, 143, 166, 230.
Alison James, 166, 215.
Anderson Benedict, 197, 214.
Ang Ien, 203, 215, 232.
Appadurai Arjun, 122, 204, 216, 230.
Arquembourg Jocelyne, 77.
Ashforth Blake, 168.
Ayers Benda, 171.
Baudelaire Charles, 167.
Baudrillard Jean, 174.
Baumol William, 76, 137, 166.
Belk Russell, 211.
Bell Jeff, 122.
Benghozi Pierre-Jean, 216.
Benjamin Walter, 176, 210, 235.
Berger Peter, 176, 211.
Blaise Pascal, 120, 175, 181, 210, 212.
Bohas Alexandre, 13, 14, 16, 17, 25, 73, 119, 166, 170, 212, 227, 230.
Boniface Pascal, 120.
Bonnell René, 77, 230.
Bordwell David, 32, 40, 70, 72, 231.
Boujut Michel, 73.
Bourdieu Pierre, 25, 72, 165, 213, 214, 227.
Bourget Jean-Loup, 231.
Bowen William, 166.
Braudel Fernand, 21, 25, 55, 56, 62, 64, 75, 128, 129, 164, 191, 213.
Brode Douglas, 16, 179, 211.
Brougère Gilles, 166, 210.

Bryman Alan, 73, 116, 122, 152, 168, 212, 231.
Buckingham David, 166, 210.
Calabrese Andrew, 72, 165.
Cerny Philip G., 5, 17, 26, 91, 118, 123, 229, 230.
Conant Michael, 73.
Continet Nathalie, 117.
Coughey John L, 210.
Créton Laurent, 73.
Dagnaud Monique, 35, 71, 128, 164, 211.
Darras Éric, 96.
Darré Yann, 72.
Davis Susan G., 141, 166, 182, 184, 212.
Dayan Daniel, 232.
Dejean Joan, 26.
Delage Christian, 216.
De Vany Arthur, 142, 166, 231.
Dicken Peter, 76, 199.
DiMaggio Paul, 25, 212.
Doherty Thomas, 19, 25.
Dolfsma Wilfred, 210.
Dorfman Ariel, 16, 25, 232.
Doucet Marc, 199, 215.
Dumazedier Joffre, 129, 164, 191, 213.
Dunning John H., 122, 229.
Durkheim Émile, 48, 74, 118, 132, 165.
Eisfeld Rainer, 26, 229.
Éliade Mircea, 210.
Élias Norbert, 25, 164, 213.
Eliot Marc, 166.
Elmer Greg, 118.
Farchy Joëlle, 230.
Featherstone Mike, 26, 210.

Feitz Anne, 77, 122.
Freeman Gregory, 118.
Ganascia Gérald, 116.
Garey Norman H., 71.
Gasher Mike, 118.
Geertz Clifford, 25.
Gereffi Gary, 210.
Germain Randall, 118.
Giddens Anthony, 26, 211, 212.
Gill Stephen, 26.
Gilmore James, 122.
Gilpin Robert, 26, 229.
Giroux Henry, 182, 212, 232.
Girveau Bruno, 232, 235.
Goffman Erving, 214.
Goldstein Jeffrey, 25, 166, 210.
Gomery Douglas, 45, 57, 71, 73, 75, 80, 116, 167, 231.
Goss Jon, 212.
Govil Nitin, 74, 118, 231.
Gramsci Antonio, 13, 26.
Grosz Christy, 174, 210.
Guback Thomas, 72.
Guyot Jacques, 215.
Hagen Inguno, 231.
Hall Stuart, 26, 164, 198, 214, 231, 232.
Hanssen Andrew, 73.
Hartley John, 117, 122.
Harvey David, 163, 210.
Hastings Waller, 211.
Haugaard Mark, 26.
Held David, 212, 213, 230.
Hiestand Jesse, 76, 171.
Hirschman Albert, 179, 181, 183, 212.
Hobson Dorothy, 26, 164, 214.

Hoggart Richard, 164, 188, 213, 214, 232.
Holt Jennifer, 117.
Horkheimer Max, 72, 167, 230.
Huang George, 118.
Humphrey Ronald, 168.
Inglehart Ronald, 214.
Jameson Frederic, 174, 210.
Kalifa Dominique, 211.
Katz Elihu, 77, 199, 212, 214, 215, 232.
Keck Margaret, 75.
Kemp Stuart, 118.
Keohane Robert, 25.
King Margaret, 13, 17, 67, 70, 81, 168.
Knoop Carin-Isabel, 168.
Korzeniewicz Miguel, 210.
Kyser Jack, 118.
Lambert Pierre, 165.
Laroche Josepha, 9, 17, 73, 74, 119, 166, 171, 213, 229, 230.
Lehu Jean-Marc, 210.
Lent John A., 118, 119.
Lentner Howard, 26.
Liebes Tamar, 199, 214, 215, 232.
Lochard Guy, 77.
Lowe Andre, 26, 164, 214.
Löwy Michael, 71, 210.
Luckmann Thomas, 176, 211.
Lukes Steve, 25.
Maltby Richard, 77, 217, 231.
Marchetti Dominique,
Mattelart Armand, 16, 25, 232.
Maussion Christian de, 73.
Maxwell Richard, 74, 118, 231.

McGrew Anthony G., 212, 213, 230.
McLuhan Marshall, 15, 131, 147, 165, 167, 197, 212, 214.
McMurrin John, 74, 118, 231.
Meehan Eileen, 112, 123, 166, 171, 211, 212, 213, 214, 232.
Mercier Arnaud, 77.
Meyersohn Rolf, 212.
Michalet Charles-Albert, 26, 230.
Miller Toby, 74, 118, 170, 231, 236.
Molina Y Vedia Silvia, 214.
Montebello Fabrice, 123.
Montova Michael, 118.
Moreau François, 25, 117, 232.
Moul Charles, 77.
Nye Joseph, 22, 25, 229.
Ostman Ronald, 171.
Packman Hollie Muir,
Panofsky Erwin, 114, 123, 167, 230.
Panzar John, 76.
Pasquier Dominique, 192, 200, 213.
Peltier Stéphanie, 117.
Perraton Jonathan, 212, 213, 230.
Philips Mark, 166, 211, 212, 213, 214, 232.
Pine Joseph, 122, 168.
Purdie Chris, 122, 123.
Quigley Eileen S., 121.
Rafaeli Anat, 168.
Raymond Williams, 26, 116.
Rayport Jeffrey, 168.
Raz Aviad, 217.
Reavis Cate, 168.

Risse Kappen Thomas, 116, 215.
Ritzer George, 122, 168, 183.
Robertson Roland, 26.
Rosenau James N., 24, 26, 230.
Sarris Andrew, 70.
Sassen Saskia, 118.
Schatz Thomas, 70, 73, 111, 123.
Schumpeter Joseph, 144, 145, 152, 153, 167, 169.
Schuyler Moore M.,
Scott Allen, 47, 71, 73, 231.
Sidhu Nancy, 118.
Sikkink Kathryn, 75.
Siwek Stephen, 164.
Sklair Leslie, 121, 122.
Smart Barry, 122, 212.
Smith Andy, 227.
Smith Anthony, 214.
Smith Dave, 73, 116, 165, 232.
Sparks Colin, 72, 165.
Squire Jason E, 71, 117, 231.
Staiger Janet, 26, 32, 40, 70, 72, 216, 231.
Stewart James, 70, 72, 73, 74, 167, 168, 170, 171, 215, 232.
Stiegler Bernard, 167.
Stokes Melvyn, 77, 217.
Stopford John, 75, 230.
Strange Susan, 25, 26, 64, 75, 76, 170, 227, 229, 230.
Sussman Gerald, 118, 119.
Sutton Robert, 168.
Swedberg Richard,
Telotte Jay Paul, 116, 168.
Thiroux Sophie, 211.
Thompson Kristin, 32, 40, 70, 72, 170, 231.

Tomlinson John, 26, 211, 230.
Tracy James, 119.
Tuan Yi-fu, 133, 165.
Ulff-Moller Jens, 74.
Utsler Melissa, 133, 165.
Van Der Pilj Kees, 121.
Veblen Thorstein, 164, 213.
Vogel Harold, 117.
Waintrop Edouard, 73.
Wang Shujen, 75.
Wang Tin, 74, 118, 231.
Wasko Janet, 25, 71, 72, 118, 122, 123, 134, 142, 165, 166, 170, 171, 186, 211, 212, 213, 214, 231, 232.
Wasser Frederick, 101, 120.
Watts Steven, 39, 71, 72, 73, 82, 116, 155, 164, 165, 168, 169, 232.
Weber Max, 25, 70, 71, 150, 210.
Weinbaum Batya, 213.
Weinberg Charles, 77.
Williams Raymond, 26, 116.
Willis Paul, 26, 164, 214.
Wolf Michael, 117, 210.
Wolton Dominique, 214.
Wyatt Justin, 70, 231.
Zukin Sharon, 25, 212.

Index analytique

A

Activités audiovisuelles :
- Arrivée de la télévision, 13, 45, 67, 85.
- DVD, 64, 67, 147, 180, 205.
- Exploitation en salles, 43, 45, 48, 67.
- *Home video*, 68, 86, 98, 99, 104, 111, 113, 142, 147, 186, 199, **233**.
- *Pay per view*, 98.
- *Video on demand*, 98.

Activités dérivées :
- Créativité des activités dérivées, 130.
- Croisières, 140.
- Disney Stores, 135, 146, 165, 187.
- Jouets, 15, 94, 138, 175, 180, 200, 201, 202.
- Kamen Herman,
- Publications, 133, 202.
- Types d'activités dérivées, 131-134.
- Vêtements, 15, 138, 180, 205.

Amérique latine, 59, 62, 80.

Attractions :
- Parcs Disney,
  - Création des parcs Disney, 80, 140.
  - Disneyland Anaheim, 80, 140.
  - Disneyland Hong Kong, 140, 208, 209.
  - Disneyland Paris, 36, 68, 107, 110, 140, 141, 150, 156, 187, 202, 103, 208.
  - Disneyland Shanghai, 208.
  - Disneyland Tokyo, 140, 208.
  - Walt Disney World, 106, 132, 140, 162.
- Autres parcs :
  - Astérix, 141, 203.
  - Mer de Sable, 141.
  - Nigloland, 141.

C

Chaînes et programmes télévisés :
- AXN,
- Cartoon Network, 49.
- Club Mickey Mouse, 83, 135, 138.
- CNN, 84.
- Comcast, 85.
- Disney Channel, 83, 84, 97, 205, 206, 233.
- ESPN, 83.
- Fox, 84.
- Home Box Office, 58.
- Hungama,
- JETIX,
- *Networks* américains, 85, **234**.
  - ABC, 61, 80, 81, 83, 85, 234.
  - CBS, 80, 234.
  - NBC, 80, 234.
- Nickelodeon, 206.
- Playhouse Disney, 206.
- Sky, 116.

- Star, 116.
- Telemundo, 207.
- Toon Disney,
- Turner Classic Movies, 84.
- Univision, 207.

Code Hays, 43, 50, 73.

D

Départements du Groupe Disney :
- Buena Vista, 34, 44, 70, 77, 104, 105, 110, 147, 148, 159, 199.
- Buena Vista Home Video, 37.
- Buena Vista International, 58, 59, 97, 101, 102, 120.
- Consumer Products, 19, 129, 134, 161.
- Disney-ABC Television Group, 84.
- Disney Publishing Worldwide, 133.
- Imagineering, 107, 151.
- Media Networks, 19.
- Studio Entertainment, 19.
- Walt Disney Feature Animation, 93, 94.
- Walt Disney International, 65, 77.
- Walt Disney Parks and Resorts, 19.
- Walt Disney Pictures, cf., société de production.
- Walt Disney Theatrical Productions, 136.

Disney (Walt Elias), 15, 36, 38, 40, 44, 46, 48, 69, 80, 81, 82, 112, 135, 140, 141, 148, 149, 155.

Disney (la compagnie) :
- Contestations conservatrices, 14, 161.
- Critiques libérales, 158, 162.
- Culture de l'entreprise, 48.
- Disney Studies, 25.
- Disney Studios, 104, 105.
- Ère Eisner, 37, 40, 46, 113, 157, 158, 162, 182, 224.
- *Franchiseur* mondial, 129, 137, **233**.
- Label Disney, 48, 82, 83, 105, 108, 111, 112, 132, 156, 157, 159, 160, 161

E

École de Francfort, 20, 38, 114, 143, 148, 175 :
- Irréductibilité de la création, 36, 148.
- Standardisation des biens culturels, 20, 143.

Économie-monde, 24, 29, 31, 55, **60**, 64, 125, 146, 183, 190, 221, 222.
- Accumulation du capital culturel, 20, 29, 31, 37, 39, 41, 219, 223, 224.
- Capitalisme culturel, 20, 24, 31, 110, 114, 129, 223, 226.
- Centre du cinéma-monde, 20, 35, 48, 61, 219.
- Hiérarchisation du cinéma-monde, 60, 91.
- Synergie culturelle, 16, 65, 81, 127, 132, 134, 136, 150, 187.

Espagne, 59, 68, 95.
Europe, 35, 41, 42, 62, 67, 68, 95, 96, 141, 189, 203.

F

Films d'animation :
- Groupe Disney :
  - *Aladdin*, 162, 207.
  - *Alice au Pays des Merveilles*, 130.
  - *Atlantis*, 36, 153.
  - *Bambi*, 211.
  - *La Belle au bois dormant*, 130.
  - *La Belle et la Bête*, 137, 162.
  - *La Belle et le Clochard*, 130.
  - *Blanche-Neige et les sept nains*, 44.
  - *Cars*, 49, 75, 109, 133, 193, 211.
  - *Cendrillon*, 130.
  - *Chicken Little*, 56, 75, 77, 153, 169.
  - Les *classiques* Disney, 113, 178, 200.
  - *Fantasia*, 200.
  - *Hercules*, 153.
  - *Les Indestructibles*, 109.
  - *Mickey Parade*, 201.
  - *Mulan*, 153.
  - *Nemo*, 145, 193.
  - *Oliver & Company*, 149.
  - *Peter Pan*, 130.
  - *La Petite Sirène*, 94, 149.
  - *The Piano*, 158.
  - *Pinocchio*, 178.
  - *Pocahontas*, 162, 199.
  - *The Princess and the Frog*, 162
  - *Le Roi lion*, 150.
  - *Rox et Rouky*, 178.
  - *Runaway Brain*, 138.
  - *Silly Symphonies*, 44.
  - *The Singing Fool*, 147.
  - *Steamboat Willie*, 44, 137, 148.
  - *Tarzan*, 57, 75, 153, 167.
  - *Toy Story*, 138, 153, 160, 193, 199, 200.
  - *Trois petits cochons*, 38.
  - *Valiant*, 49.
  - *The Whoopee Party*, 130
  - *The Wild*, 49.
- Autres productions :
  - *L'Age de Glace*, 49, 57, 65.
  - *Azur et Asmar*, 194, 195.
  - *Betty Boop*, 148.
  - *Chicken Run*, 154.
  - *Fourmiz*, 154.
  - *Kirikou et les bêtes sauvages*, 195.
  - *Oswald le lapin*, 134, 137.
  - *Popeye*, 148.
  - *Porco Rosso*, 199.
  - *Le Roi et l'oiseau*, 200.
  - *Shrek*, 49, 75, 154, 193.

Films de cinéma :
- Groupe Disney :
  - *Armageddon*, 163.
  - *Chérie, j'ai rétréci les gosses*, 46.
  - *Les Chroniques de Narnia*, 77, 110, 162.
  - *Cocktail*, 46.

- *Dogma*, 161.
- *Down and Under Out in Beverly Hills*, 33.
- *Fahrenheit 9/11*, 158.
- *Four Men and a Baby*, 89.
- *The Game Plan*, 208.
- *Gangs of New York*, 158.
- *Ice Princess*, 205.
- *Invincible*, 208.
- *Kids*, 118, 122, 160, 161.
- *The Legend of Zorro*, 75.
- *Lizzie McGuire Movie*, 83.
- *National Treasure*, 109.
- *The Nightmare Before Christmas*, 46.
- *Off Beat*, 157.
- *Outrageous Fortune*, 157.
- *Pearl Harbor*, 75, 156, 163.
- *Pirates des Caraïbes*, 49, 65, 136, 147, 157, 194.
- *Pretty Woman*, 46.
- *The Priest*, 161.
- *The Princess Diaries*, 205.
- *Pulp Fiction*, 158, 161.
- *The Secret of Mystery Lake*, 83.
- *The Simple Things*, 138.
- *Sixième Sens*, 163.
- *Treasure Island*, 46.
- Autres productions :
  - *Batman*, 70, 112, 123.
  - *Capitaine America*, 100.
  - *Captain Blood*, 148.
  - *Chronicles of Riddick*, 208.
  - *Da Vinci Code*, 119.
  - *Le Fabuleux Destin d'Amélie Poulain*, 95.
  - *The Hurricane*, 120.
  - *The Jazz Singer*, 147.
  - *King Kong*, 67.
  - *La Marche des Empereurs*, 95.
  - *Matrix : Revolutions*, 67.
  - *Mission to Mars*, 120.
  - *La Rolls Royce jaune*, 108, 122.
  - *Signes*, 207.
  - *Star Wars*, 153.
  - *Superman*, 65, 100.
  - *Titanic*, 87, 101.
  - *Trainspotting*, 158.
  - *X-Men*, 65, 87.

H

Hollywood :
- *Affinités électives* avec le capitalisme moderne, 31, 37.
- Délocalisations d'Hollywood, 49, 88, 89, 92, 94, 219.
- Désautonomisation d'Hollywood, 85, 111.
- Dichotomie Hollywood New York, 36.
- Diplomatie d'Hollywood, 31, 50, 55.
- *Ethos* d'Hollywood, 21, 31, 35, 49, 107, 219.
- Libre-échange, 55.
- MPA/MPAA, 50-56, 221.
- *Nouvel Hollywood*, 111.
- Placement de produits, 108.
- Pratiques hollywoodiennes :
  - *Blind-selling*, 43.

244

- *Block-booking*, 43.
- *Blockbusters*, 49, 62, 111, 194, **233**.
- Gestion internationale vs. mondiale, 95, 98-102, 225.
- *High concept*, 32.
- *Sequel*, 32, 70, 75, 113, 135, **234**.
- Propriété intellectuelle, 29, 51, 53, 112, 221.
- Rapports avec Washington, 22, 51, 55, 89, 158, 225.
- Solidarité organique d'Hollywood, 42, 48, 88, 219, 242.
- *Studio system*, 35, 43, 45, 57, 65, 80, 86, 88, 219, 231.
- Trajectoires des responsables production, 104.

I
Industries de la culture,
- Dégradation de l'art, 129, 143.
- Dichotomie artistique-commercial, 114, 200, 201.
- Marchandisation des émotions, 15, 20, 79, 103, 107, 129, 135, 143, 145, 151, 176, 177, 183, 242.
Italie, 95.

J
Japon, 57, 75, 94, 95, 137, 199, 203, 208.

L
Loisirs :
- Civilisation américaine des loisirs, 21, 115, 127, 128, 191, 221.
- Loisirs déterritorialisés, 60, 63.

M
Majors :
- Buena Vista/Walt Disney Studios, cf., Disney (la compagnie).
- Columbia, 26, 44, 64, 85, 87, 116.
- Définition classique des *majors*, 31, 35, 43, 45, 86, 88.
- Dichotomie *majors*/indépendants, 47, 48.
- Lobbying des *majors*, cf., diplomatie d'Hollywood.
- Paramount, 33, 46, 64, 72, 73, 99, 101, 157, 165.
- 20th Century Fox, 64, 84, 87, 101, 199.
- Universal, 44, 64, 85, 120, 123, 140.
- Warner Bros., 64, 66, 75, 84, 104, 112, 147, 163, 166, 167.
Mondialisation :
- *Glocalisation*, 59, 100.
- Types de mondialisation, 186.
Music-hall :
- *Disney sur Glace*, 137.
- Lancement de productions *music-hall*, 137.
- Rénovation de la 42ème Avenue West, 137.

P

Piraterie internationale, 50, 53, 54, 96, 163.
Prépondérance américaine :
- *American way of life*, 11, 24, 71, 96, 116, 125, 127, 128, 164, 196, 225, 232, 243.
- Domination économico-culturelle, 23, 226.
- Pouvoir structurel, 22, 64, 114, 125.
- Structure des savoirs, 225.

Programmes télévisés :
- Groupe Disney,
  - *The Adventures of Spin and Marty*, 83.
  - *The Blackboard Jungle*,
  - *Davy Crockett, King of the Wild Frontier*, 13, 81.
  - *Disney Club*, 97.
  - *Lizzie McGuire*, 83.
  - *The Mickey Mouse Club*, 13, 82.
  - *The Wonderful World of Disney*, 25.
- Autres productions :
  - *Dallas*, 199, 200, 214, 215, 232.
  - *Hannah Barbera*, 49, 131, 164.
  - *Hélène et les garçons*, 200.

R

Réception des productions hollywoodiennes :
- Appropriation aléatoire, 196, 223.
- *Attention oblique*, 190.
- Consommation *non-chalante*, 190.
- Consommation *ostentatoire*, 192.
- *Cultural Studies*, 164, 198.
- Distinction sociale, 192.
- École de Birmingham, 130, 164.
- Re/décodages infra-nationaux, 125, 197.

Royaume-Uni, 49, 59, 135, 136.

S

Sociétés de production et de distribution :
- Blue Sky Studios, 57, 154.
- Dreamworks, 37, 41, 64, 154, 155, 193.
- Gaumont, 58, 199.
- Ghibli, 58, 199.
- Hollywood Pictures, 46.
- Iwerks-Disney Commercial Artists, 44.
- Laugh-O-Gram Films, 44.
- Marvel, 100.
- Miramax, 16, 85, 157, 158, 161, 170.
- Pesmen-Rubin Commercial Art, 44.
- Pixar Studios, 16, 36, 37, 109, 133, 138, 153, 154, 155, 160, 193, 224.
- Revolution Studios, 101.
- Touchstone Pictures, 46.
- UGC, 199.
- Walden Media, 110.
- Walt Disney Pictures, 46, 83, 105, 108, 148, 205.

Z

Zones neutres, 190.

Table des matières

Sommaire 11
Préface 13
Introduction 19

Partie I
L'imposition d'une économie-monde des divertissements 29

Chapitre I
Un capitalisme du septième art dans le cinéma-monde 31

1. **L'*ethos* hollywoodien des divertissements** 31
   La rationalisation incomplète de la création cinématographique 31
   La constitution hollywoodienne d'une solidarité organique 42

2. **Les stratégies d'expansion du cinéma-monde** 50
   La collaboration des grands studios dans un univers mondialisé 50
   Hollywood : carrefour incontournable des loisirs déterritorialisés 60

Chapitre II
L'emprise hollywoodienne sur les marchés médiatico-culturels .. 79

1. **L'intégration d'Hollywood dans des stratégies globales** 79
   La transformation organisationnelle des studios 79
   La fragmentation mondiale des processus cinématographiques 87

2. **Les *majors* au cœur de l'économie mondiale** 94
   Une stratégie de diversification multimédia 94
   La marchandisation des émotions cinématographiques 103

Partie II
La constitution mondiale de symboliques commerciales....... 125

Chapitre I
L'émergence d'une économie des divertissements 127

1. La civilisation hollywoodienne des loisirs....................................127
  Une domination globale sur les divertissements culturels 127
  La montée en puissance des activités dérivées..134

2. Les contraintes symboliques des *majors*....................................142
  L'exigence récurrente d'un renouvellement créatif..................................... 143
  L'ajustement des *majors* aux mutations socio-culturelles........................ 156

Chapitre II
Vers une structuration hollywoodienne des imaginaires ? 173

1. Une diffusion transnationale des narrations cinématographiques... 173
  Des symboliques attractives dans une production de masse 173
  Une reconnaissance inégale des symboles hollywoodiens 184

2. Une appropriation aléatoire de l'*American Way of Life*..........196
  La permanence des re/décodages infranationaux 197
  La fragmentation transnationale de la demande 204

Conclusion... 219
Bibliographie 229
Glossaire 233
Index des noms de personnes citées 235
Index des noms d'auteurs... 237
Index analytique 241

L'HARMATTAN, ITALIA
Via Degli Artisti 15 ; 10124 Torino

L'HARMATTAN HONGRIE
Könyvesbolt ; Kossuth L. u. 14-16
1053 Budapest

L'HARMATTAN BURKINA FASO
Rue 15.167 Route du Pô Patte d'oie
12 BP 226
Ouagadougou 12
(00226) 50 37 54 36

ESPACE L'HARMATTAN KINSHASA
Faculté des Sciences Sociales,
Politiques et Administratives
BP243, KIN XI ; Université de Kinshasa

L'HARMATTAN GUINÉE
Almamya Rue KA 028
En face du restaurant le cèdre
OKB agency BP 3470 Conakry
(00224) 60 20 85 08
harmattanguinee@yahoo.fr

L'HARMATTAN CÔTE D'IVOIRE
M. Etien N'dah Ahmon
Résidence Karl / cité des arts
Abidjan-Cocody 03 BP 1588 Abidjan 03
(00225) 05 77 87 31

L'HARMATTAN MAURITANIE
Espace El Kettab du livre francophone
N° 472 avenue Palais des Congrès
BP 316 Nouakchott
(00222) 63 25 980

L'HARMATTAN CAMEROUN
Immeuble Olympia
Face à la Camair
Yaoundé

647692 - Avril 2016
Achevé d'imprimer par